JN164192

パイドロス

プラトン

西洋古典叢書

凡例

一、この翻訳の底本としては、Oxford Classical Texts（OCT）のバーネット校訂本（*Platonis Opera, recognovit brevique adnotatione critica instruxit, Ioannes Burnet, tomus II, 1901, repr. 1947*）を使用し、これと異なる読み方をした箇所は訳註によって示す。使用文献については解説末の「参照文献表」を参照されたい。

二、本文上欄の算用数字とＢＣＤＥの記号は、慣用となっているステファヌス版（一五七八年）の頁数と各頁内のＡＢＣＤＥの段落づけとの（おおよその）対応――ただしＡは省略する――を示す。

三、ギリシア語をカタカナで表記するにあたっては、

(1) φ, θ, χ と π, τ, κ を区別しない。

(2) 固有名詞は原則として音引きを省いた（たとえば、普通名詞の恋は「エロース」、固有名詞の神の名は「エロス」とした）。

(3) 地名人名、術語等は慣用に従って表示した場合がある。

四、本文中の改行は必ずしも底本に従わない。――はほぼ底本に従ったが、訳文の流れにより、訳者がつけ加えたものもある。

五、訳語に原語を示す必要がある場合、（　）にカタカナで記した（たとえば、「恋する者（エラステース）」）。［　］は訳者の補足を示す。

六、二重かぎ括弧『　』は書名を示す。訳註で著者名をつけないで示したものは、『スーダ』（後十世紀の語彙辞典）以外、すべてプラトンの著作である。

七、巻末に「索引」を付す。

目次

パイドロス

脇條靖弘 訳

登場人物

ソクラテス

パイドロス

ソクラテス　やあ、パイドロスじゃないか、どこから来た？　どこへ行く？

パイドロス　ケパロスの子リュシアス[1]のところからでして、ソクラテス。そして、城壁の外の歩道の方へ行こうと思いましてね。というのも、あそこで朝早くからほんと長い時間座って過ごしてましたものですからね。私はそこの道で散歩することにしてるんです。アクメノス[2]はあなたの友でありまた私の友ですが、彼の言うことに従ってね。彼が言うには、屋根のある走路（ドロモス）[3]での散歩よりも医者たちの言う「回復

（1）ケパロスはシュラクサイ出身のきわめて裕福な居留民（メトイコス）であった。その子のリュシアスは、高名な弁論作家であった。彼はアテナイの外港ペイライエウスで兄ポレマルコスといっしょに父の家に住んでいたと考えられる。『国家』の対話はケパロスの家が舞台である（第一巻三二八B）。この日リュシアスは、アテナイ市内に出向いて来ていたのである。

（2）このアクメノスは従来、エリュクシマコス（『饗宴』に登場する医者で、パイドロスの友人）の父で医者のアクメノスとされてきた。二六八Aに名前が出てくるアクメノスは明らかにこのアクメノスである。しかし、パイドロスと同世代でやはり医者である別人のアクメノス（エリュクシマコスの兄弟か従兄弟）とする解釈もある（Dover on *Symp.* 176B5）。

（3）ここでの「ドロモス」の意味は、屋根のある走路という説が主流である。ただ、体育場に付属した走路はむしろ野外が多かったという説もある（Wycherley, p. 88 n. 2）。『エウテュデモス』二七三Aでは、「屋根のあるドロモス」という表現があるが、これはむしろ例外的なドロモスだったかもしれない。

(227) B

効果」とやらが高いということですので。

ソクラテス　うん、なるほどあの人の言うとおりだ。そんなことよりさ、君の話じゃ、リュシアスが市内に来てたってことかい。

パイドロス　ええ。エピクラテス(1)の家にね。ほら、あそこのオリュンポスのゼウスの聖域の近くの贅沢屋敷［モリュコスの館］(2)にいたのですよ。

ソクラテス　それで、君は何をやって「時間を過ごした」っていうんだい。いや、ほんとのところは、リュシアスが君たちに彼の言論のレッスンというご馳走(3)を腹一杯ふるまったんだろう。見え見えじゃないか。そうなんだろう。

パイドロス　歩きながら聞いてくれる暇があるのでしたら、話してあげてもいいですよ。

ソクラテス　何だって。それは［暇があろうがなかろうが］、ピンダロスの台詞の、「仕事にさえ勝ることがら」だろう。「お主とリュシアスがいかに時を過ごしたか」(4)を聞くことはね。(5)ぼくがそういうふうに考えるだろうと君は思わないのかい。

C

パイドロス　じゃ、先導してください。

ソクラテス　きっと話してくれよ。

パイドロス　いいですよ、ソクラテス、実際あなたが聞くのにこれほどぴったりの話はないですよ。というのも、われわれが時間を過ごしていたその話というのはですね、そりゃもう何とも手の込んだ仕方で恋（エロース）を論じたものなのです。だって、リュシアスの話に書かれてるのは、ある美少年が口説かれるところなんですけれども、口説いてるのが恋する者じゃないんですよ。まさにここのところがほんとうまくできてまして。つまりですね、その子は恋している者よりも恋していない者の求めに応じるべきだ、と言うの

---

(1)「エピクラテス」はよくある名前だが、ここに言われている人物はおそらく民主派の著名な政治家である。アリストパネス『女の議会』七一行に名前が出てくる。三十人政権の時期に民主主義を回復するのに貢献した。リュシアスの第二十七弁論の話者の告発によって処刑された人物である可能性が高い。

(2)エピクラテスの家の以前の所有者の名前から「モリュコスの館」と呼ばれていたのである。テクスト註（227B5）参照。モリュコスという人物は贅沢な暮らしをしたので有名だった。アリストパネス『蜂』五〇六行、『アカルナイの人々』八八七行、『平和』一〇〇八行参照。

(3)モリュコスの贅沢な食事が身体において実際に低級な欲望を満たしたのと同じように、リュシアスの弁論が魂において同じことをしたという含意が読み取れる。身体／食事と魂／言論の類比については、『ゴルギアス』四四七A、『国家』第一巻三五四A—B、第九巻五七一D、『ティマイオス』二七Bを参照。

(4) *τεήν* ではなく、写本の *σήν* を読む。テクスト註（227B10）参照。

(5)『イストミア祝勝歌』の冒頭（第一歌一—三行）「私の母よ、金の盾を持つテバイよ、私は汝のことがらを私の仕事よりも上に置くでしょう」をもじって語っているのである。テクストはB一〇で *ποιήσασθαι* ではなく *ποιήσεσθαι* と読む。テクスト註（227B9-10）参照。

ですよ。(1)

ソクラテス　これはこれは、何とやんごとなき人！　求めに応じるなら、金持ちより貧乏人にとか、若者よりも年寄にとか、そういうことをほんとにどうか彼が書いてくれますように。他にも私とか、私らのうちの多くの者に備わっているかぎりのすべてのありようについてね。ほんと、そういう話なら洒落ているし、公衆の役にも立つというものだろう。ともあれ、ぼくはそれを聞きたくてたまらないよ。どれほど聞きたいかって？　そりゃもう、君が歩いて歩いてメガラまで行っても、そして、ヘロディコス(2)の言うことを聞いてメガラの城壁まで行ってそこに触れてまた戻る往復運動をしても、絶対君から離れないよ。

D

パイドロス　何を言いますか。おめでたいですよ、ソクラテス。そんなことを私ができるものですか。リュシアスが暇のあるときにたっぷり時間をかけて作り上げたものを、なにしろ弁論の作文にかけては当代で彼の右に出る者がないというリュシアスが作ったものを、それをど素人の私がリュシアスの名前を汚さないような仕方で暗誦できるだろうなどとお考えですか。とてもできるものではございません。とはいえ、もし願いがかなうものなら、私が大金持ちになるよりもずっとそちらの方を望みはいたしますけれどもね。

ソクラテス　あのねぇ、パイドロス、ぼくがパイドロスのことが分からないくらいなら、ぼくは自分が誰かも忘れてしまってたことだろうよ。でもあいにくどちらでもないよ。だからよく分かってるんだよ。彼(3)［パイドロス］はリュシアスの言論を聞いたとき、それをただ一回聞いただけではなく、何度も何度も自分に繰り返し語るように命じたのである、そして、リュシアスと言えばそれに喜んで従ったのである。だが、彼［パイドロス］にはそれでさえ十分ではなかった。ついに彼はその巻物を取り上げて一番気に入ったところを

B

入念に調べ上げていたのだ。そして朝早くから座ってそれをやっていたので疲れて散歩に出ようとしていた。犬に誓って、[4] 思うにすでにその言論を暗記してしまっているはずなのだ、もしそれがあんまり長いものでないのならば。そして、練習をするために城壁の外へと歩いていたのだ。そこで言論を聞くことの病気にか

(1) 対話篇全体、特に最初の二つのスピーチを理解するために、古代ギリシアにおける少年愛の習慣についてのある程度の知識が必要である。それは性的、社会的習慣であって、成人の男性（恋する者、エラステース）が若い男性（恋される者、エローメノス、いい子、パイディカ）を口説いて、うまく行けば性的交渉を持つ。相手の子はエラステースから成人になるための教育を与えてもらうことで、エラステースに感謝し、愛情を持つが、それは性的な欲望、快楽とは別であって、快楽を持つのはもっぱらエラステースに限られる。この関係はアテナイの上流階級の生活の基本的部分として社会的に認められていたもので、アテナイの文化、芸術において広く見られる。

(2) セリュンブリアのヘロディコスはメガラ出身の医者、体育教師で、単に延命のみを目的とする療法をプラトンから非難されている（『国家』第三巻四〇六A―B。『プロタゴラス』三一六E参照）。ヘルメイアス二四・二五―三〇は、出典を明らかにしていないが、ヘロディコスの発案したとされる運動を記述している。それは、適当な距離の壁まで何度も往復して走る運動である。ここでソクラテスは二つのかけ離れたイメージ（四〇キロメートルも離れたメガラにでもついて行くというイメージと、壁までの往復運動というイメージ）を無理やり組み合わせるジョークを言っているのである。

(3) ここから始まるソクラテスの弁舌は、訴訟の相手に見立てたパイドロスを三人称で指すなど、法廷弁論のスタイルで行なわれている。テクスト註（228C4）参照。

(4) 犬（一説によるとジャッカルの頭を持つエジプトの神アヌビスに由来する）に誓うのはソクラテスのお気に入りだが、彼の専売特許ではない。アリストパネス『蜂』八三行参照。犬に誓うのは、ソクラテスが神の名を出すのをはばかるのだというのも当たらない。ソクラテスはゼウス、ヘラなどの神に気兼ねなく誓っている。Cf. Dodds 1959, pp. 262-263.

かっている例の男［ソクラテス］に出会ったのである。そしてパイドロスはその男を見て、ほんと実際にその姿を目にしたときにいっしょにコリュバンテスの儀礼[1]を受ける相手となるだろう者を見つけたというので喜んだ。それで、彼に「先導してください」と命じたのだ。ところが、例の言論に恋する者［ソクラテス］から語るように頼まれると、まるで語りたくないかのようにはにかんでみせた。だが最後には、もし誰も進んで聞いてくれなくても無理やりにでも語るつもりだったのである。さて、そういうわけだからね、パイドロス、君はその男［パイドロス］に頼みたまえ。その男がいずれ間違いなくやることになるだろうことを、今もうやってしまうようにとね。

C

パイドロス　やれやれ、もうほんとに、私の力でできるかぎりの仕方で語るというのが、私にとって最善の選択ということですね。だって、私がとにかく何とかして語るまで、あなたは私を絶対離してくれないように見えますから。

ソクラテス　そうとも、君の思っているとおりだよ。

パイドロス　では、こうすることにいたしましょう。だって、けっして嘘じゃないんですよ、ソクラテス、そのですね、一字一句を私は覚えているわけじゃないんですから。でも、恋する人と恋していない人の事情がどういうところで違うかということについてですね、そのほぼすべてのだいたいの中身、内容をですね、それをかいつまんで一つ一つ最初から順に語ることにしますよ。

D

ソクラテス　いいけどさ、ほんと君は愛すべき者だ、ほれ、そこの着物の下に左手で[2]何を持っているんだい。それを出してからにしてくれよ。まさしくその言論そのものを君は持ってるとぼくはにらんだぞ。もし

E

そうならね、いいかい、ぼくについてこう考えてくれたまえ。ぼくは君がたしかに大好きだ、でも、リュシアス本人が実際ここに居るというのに、自分を君の練習台として提供するというのは、ちょっといかがなものかと思うのだよ。さあ、いさぎよく出したまえ。

パイドロス　もういいです。あなたは私の望みを完全に打ち砕いてしまいました。あなたを相手に練習をしようと思ってましたのに。あーぁ、それでどこに座って読んだらよろしいでしょうか。

229

ソクラテス　ここで道を逸れて、イリソス川を下って行こう。それでもって、どこでもいいけど、静かなところで腰を降ろそうじゃないか。

パイドロス　どうやら、好都合なことに、たまたま私は履物を履いて来なかったんですよ。あなたが裸足

---

(1) 本来、コリュバンテスたちは、プリュギアの女神キュベレを太鼓と舞踏によって崇拝する、武器と冠を持つ踊り手たちであるが、アテナイに伝わって行なわれていたコリュバンテスの儀礼（*τελετή*）がどのようなものであったかはあまりよくわかっていない。典型的には、心の苦しみを持つ被験者が、治癒のためにこの儀礼を受けた。また、当時非常に人気を集めた儀礼であったので、単に楽しみのためにこれを受ける者、中には中毒のようにのめり込む者もいたようである。儀礼の中心では、儀礼を与える者たちが被験者のまわりで古いプリュギア特有の音楽を（プリュギアのリードパイプと打楽器を用いて）奏で、踊る。被験者は恍惚状態に至り最後にはいっしょに踊り始める。狂乱の踊りが終わると、被験者は心の平静を回復する。二三四D、二六五B、『クリトン』五四D、『イオン』五三三D—五三六D、『エウテュデモス』二七七D—E、『饗宴』二一五E、『法律』第七巻七九〇D—七九一A、Linforth 参照。

(2) パイドロスがリュシアスの言論を右手ではなく、左手に持っていることは、後の左右の恋（エロース）の区別（二六六A—B）を考えると意味が込められているかもしれない。

なのはいつものことですけれどもね。[1] 全然平気ですよ、われわれが水辺伝いに足を濡らしながら下って行くのはね。気持ちいいですしね。特に一年のうちのこの季節、しかも、この時間ですからね。[2]

ソクラテス　では案内したまえ。そして、そうしながら、どこに腰を降ろすか見ていてくれよ。

パイドロス　じゃあ、あのすごく高いプラタノス[3]が見えますか。

ソクラテス　もちろん。

B　パイドロス　あそこに日陰がありますよ。そして、草の上に座れますし、寝ようと思えば寝ころべますし。

ソクラテス　じゃあ、案内してくれ。

パイドロス　ねえ、ソクラテス、どうなんでしょうか、その、このあたりじゃないですか。イリソス川からボレアスがオレイテュイアを拐ったと[4]言われてるのは。

ソクラテス　そういうことが言われてるね。

パイドロス　それ、ずばりここでしょう？　だって、実にいい感じで、清らかで透明なせせらぎ[5]じゃないですか。水辺で娘たちが遊んだというのにふさわしいところですよ。

C　ソクラテス　違うよ。ここから川下にだいたい二、三スタディオン[6]のところだ。アグラの神殿[7]へ渡る[8]場所だよ。そのあたりにボレアスの祭壇らしきものがある。

パイドロス　そんなのがあったの全然気がつかなかったなあ。でも、ゼウスに誓ってソクラテス、言ってくださいよ。あなた自身はこの話を本当だと信じますか。

ソクラテス　いや、知識人たちのやるように、もしぼくが信じないとしても、それほど独創的ではなかっ

(1) ソクラテス（とその弟子たち）の裸足の習慣については、『饗宴』一七四A、二二〇B、アリストパネス『雲』一〇三、三六三行、クセノポン『ソクラテス言行録』第一巻第六章二を参照。また、この文のニュアンスについてはテクスト註（229A3）参照。

(2) 真夏の、（後で分かるように）正午少し前なのである。二四二A参照。

(3) スズカケの木（*platanus orientalis*）。

(4) 伝説によれば、オレイテュイアはアテナイの王エレクテウスの娘であったが、北風の神ボレアスによって拐われ、ボレアスの故郷のトラキアに連れ去られた。ヘロドトス『歴史』第七巻一八九によれば、このことからペルシア戦争時（前四八〇年）、アテナイ人はボレアスを義理の息子とみなし、ボレアスに犠牲と祈りを捧げたところ、たちまち強風が吹いて停泊していたペルシアの艦隊を壊滅させたと言われていた。ヘロドトスは強風の原因が祈りであることについて懐疑的であるが、アテナイ人はボレアスに感謝し、アテナイに帰った後イリソス川のほとりにボレアスの社を建立した、と記録している。

(5) オレイテュイアの時代にはイリソス川は清らかな流れだったかもしれないが、ソクラテスとパイドロスの対話の頃は皮革のなめし工程で汚染がひどかったようである。皮を浸したり、なめし作業の廃棄物を川に捨てることを禁じる石碑を川の両側に立てるように、アルコン・バシレウスに指令することを記した石碑が見つかっている。*IG* I^3 257.

(6) 一スタディオンは約一八五メートル。

(7) アグラ（あるいはアグライ）は、イリソス川南岸のこのあたりの地名。アルテミス・アグロテラ（狩りのアルテミス）の神殿があった（パウサニアス『ギリシア案内記』第一巻第十九章六）。また、小秘儀が行なわれたメトロオンと呼ばれるデメテルの神殿があった。

(8) 橋ではなく、浅瀬があったと考えられる。水量が少ない季節にそこを渡るのである。

ただろうね(1)。それで賢(かし)こぶってこう言うのさ。近くの崖でパルマケイア(2)といっしょに遊んでいた彼女を北風（ボレアス）が突き落したのだ、そして、そうやって彼女が死んだのがボレアスに拐って行かれたと言われる D ようになったのである、とかね。――あるいは、アレイオスパゴス(3)から落ちたのだ、とかさ。拐われたのはあそこからで、ここではないというような話も語られているからね。ぼくとしてはだね、パイドロス、まあそういったやり方はしゃれたものだとは一応思うのだけれどね、そういうのはほんとに有能で労苦をいとわない男のすることで、そういう男はあまり運のいい男ではないと思うよ。だって、仮に他に何も不都合はないとしてもだよ、そういう男はこの後にヒッポケンタウロスたち(4)の姿を訂正しなければならないし、さらに次は、キマイラ(5)だ。そして、そういうものどもの大群が押し寄せてくる。ゴルゴンたち(6)、ペガソスの類(7)、そ E の他、数の点でも奇妙さの点(8)でもとても手に負えたものじゃない、不思議な怪物たちの大群がね。

　誰かがそういった怪物たちを信じないで一つ一つをもっともな理屈に無理やり合わせていくというようなことをしようものなら、その人にはとんでもなく長い時間が必要になる。知恵をこねくり回しすぎるとかえって悪趣味になるからね。ぼくにはそんな暇は全然ないんだよ。その理由というのはね、君は友だちだから言うんだが、こうなんだ。デルポイ(9)の碑文にある、自分自身を知るということがぼくはまだできない。それをまだ知らないのに自分とはかかわりのない余所事を探求するというのは、ぼくにはほんと笑うべきこと 230 に思える。だから、そういうことは放っておいて、そして、そういったことについては慣習として認められていることを信じることにして、そのうえで、さっき言ったことだけど、そういうことじゃなくてぼくは自分自身を探求しているのだよ。その自分自身が、テュポン(10)よりも捻れてからまった、もっと猛り狂う獣なの

（1）神話の合理的解釈は特に前五、四世紀にさかんになった。「自分がもし彼らのようにこの神話の説明をしたとしても奇抜ではなかった」というソクラテスの言葉には、このボレアスとオレイテュイアの神話の合理的解釈の陳腐さに対する皮肉が込められていると解釈する（Yunis）。テクスト註（229C5）参照。

（2）パルマケイアについては不明。このオレイテュイアの遊び相手は、（パルマコン＝薬に由来する）名前からして治癒の力を持つ泉のニュンペーのようである。

（3）アレイオスパゴスはアテナイ中心にあった丘。

（4）上半身が人間、下半身が馬と通常考えられていた野生の怪物たちの部族。エリス、アルカディア、テッサリアなどの山や森に住むとされた。たとえば、ホメロス『オデュッセイア』第二十一歌二九五行以下参照。

（5）前が獅子、後ろが蛇、まん中が雌山羊と三つの体を持つ怪物。神の血筋を持ち、火を吐く。英雄ベレロポンに殺された。ホメロス『イリアス』第六歌一八一行、ヘシオドス『神統記』三一九行以下参照。

（6）ゴルゴン三姉妹は海の神ポルキュスとケトの娘たち。末のメドゥーサは英雄ペルセウスに退治される。恐ろしい怪物。丸くて醜い顔を持ち、髪は蛇で、人を石に変えてしまう目を持っていた。ヘシオドス『神統記』二七〇行参照。

（7）メドゥーサが死ぬとき生まれた、翼を持ち天を飛ぶ馬。ヘシオドス『神統記』二八〇行参照。ペガソスは一頭しかいないが、ここでは複数形が用いられている。

（8）Papyrus Oxyrhynchus 1016の読み *πλήθει καὶ ἀτοπίᾳ* を採用する。テクスト註（229C5）参照。

（9）パルナッソス山の南の麓、コリントス湾から六〇〇メートルほど高い高地にある、古代ギリシアで最も重要な聖地で、古い歴史をもつ。地球の中心とされる「へそ（オンパロス）」と呼ばれる石があり、その地の神殿でアポロンの神託が巫女ピュティアにより下される。「汝自らを知れ」などの訓戒が神殿に彫りつけられていた。

（10）ホメロス、ヘシオドスに出て来る怪物テュポンは、腰から下に蛇をまとい、龍の頭の指を持つ。龍の頭は黒い舌で神が理解する言葉を話し、また同時に、すべての動物の声を出すことができた。テュポンはゼウスの稲妻に打たれる。ここで用いられている「［特に稲妻によって］燃え上がる」という意味の動詞 *ἐπιτύφομαι* はこれによる（「猛り狂う」の部分）。また、この怪物は、後のギリシア人によって、嵐、台風を意味する *τυφῶν, τυφώς* と結び付けられていた。この怪物の概念は、神話的側面と気象学的側面を併せ持つわけである。

か、それとも、もっと穏やかでもっと単純な生物で、何か神的なもの、ふくれ上がっていないものを本性上分け持っているのかをね。(1)

B

あ、君、話の途中だけど、これがその木じゃないか。君がぼくらを導いて目指してたのは。

パイドロス　はい、まさしくこれです。

ソクラテス　これは、ヘラに誓って、なんて美しい休息の場所なんだ。——このプラタノスはいと広く高く、(2)アグノス(3)の高きこと、またその深い木かげはこの上なく美なり。花の盛りの頃なれば、実に極上のかぐわしさをこの場に与えよう。雅を極めた泉がプラタノスの下を流れ、その水の何と冷たきこと。我が足がそれを証言するかぎりは。(4)なにがしかのニュンペーたち(5)とアケロオス(6)の聖域と拝見する。献納された少女像

C

と、神像がいくつかあることから察すれば。また、君がお気に召すか、この場の風通しのよさは何とも愛すべきもの、しびれるほど心地良いではないか。いかにも夏らしく、甲高く蟬たちの合唱隊の声がこだましている。だが、何よりも趣き深いのはこの草場なり。穏やかな傾斜があって、寝ころんだときの頭の位置の保ちぐあいがとてもよい。かくして、最高の先導であったのだ、パイドロス、君の客人案内は。

パイドロス　あなたときたら……、ちょっとおかしいですよ。どうやら、あなたにはほんとにこういう場所はめずらしいんですね。だって、あなたはあなたの言葉どおりにまるで案内されてるよその国の人みたいで、自国人ではないみたいですもの。度が過ぎてますよ。市内から国の外へ出掛けることもなければ、そもそも城壁の外へ出ることもないみたいじゃないですか。(7)

D

ソクラテス　君なら、ぼくのこと分かってくれるよな。ぼくは学ぶのが好きなんだ。田畑とか樹木はぼく

に何も教えてくれようとしないけど、市内の人間たちは教えてくれるだろ。だけど、君はどうやらぼくを外出させる薬を見つけたね。つまりこんなぐあいさ、腹ぺこの家畜を連れ回す人たちがいるだろう。あの人たちが葉っぱのついた枝とか、野菜とかそんなものを家畜の鼻先で振って連れ回すじゃないか。ちょうどそのやり方で、君はぼくの鼻先にそうやって巻物の中の言論を差し出しながらアッティカ中[8]をぐるぐる引っ張り回せるようだね。他のどこでも君の好きなところへ連れていけるというわけさ。[9]ともかく、今のところはこ

E

(1) 二三〇A二―三で、ἄν を読まない。

(2) 以下のソクラテスの台詞は、まるで霊感に打たれたような詩的な調子で語られている。

(3) セイヨウニンジンボク（*vitex agnus castus*）。紫あるいは白の花をつける地中海地方の低木。性的興奮を抑える効果があるとされることもあり、ここではこの後展開されるエロスについての話を貞節を保って聞かねばならないという含意が込められていると考えるような解釈もあるが、その必要はないだろう。

(4) 底本によらず、ὥς γε と読む。テクスト註（230B7）参照。

(5) ニュンペーは下位の女神で特に泉、水に関連する。

(6) ボイオティアのアケロオス川はすべての川の父として、河川一般を意味する。

(7) それにもかかわらず、ボレアスの社の場所を知っているのはパイドロスではなく、ソクラテスであった（二二九C）。ソクラテスが三度戦地に出ていることを別にしても、他の対話篇で、ソクラテスは普段から城壁の外に出ていたことがわかる。『リュシス』の冒頭では、ソクラテスはアカデメイアからリュケイオン（どちらも城壁の外にあるギュムナシオン）に向かっている。また『クリトン』五二Bではソクラテスがイストミア祭に行ったことがあると言われている。

(8) アテナイを含む地方。

(9) 言論を鼻先で振り回して、好きな所に導くということの状況は、後に「魂を言論を通じて導く」という弁論術の定義と呼応している。

こにやって来たわけだが、ぼくはここに腰を降ろそうと思う。君はどうするのが一番読みやすいかね。何でも一番楽に読めると思う体勢を選んで読んでくれたまえ。

パイドロス　じゃあ、聞いてください。

231

私の事情[1]については君は知っているし、そのことが成就したならわれわれの利益となるというのが私の考えだということも、すでに君は聞いたわけだ。私は君に恋する者（エラステース）ではないが、その理由で、私の求めるものが得られないのは正当ではないと思う。彼ら恋する者たちはいったん欲望が失せてしまうと、いろいろよくしてやったことを後悔するものだ。それに対して、恋していない者の場合は、いつか心変りするというようなことはないのである。というのは、彼らは強制によってではなく、自発的に、自分のことがらについて最善を計るやり方で、自身の能力の範囲内で相手によくしてやるからだ。さらにまた[2]、恋する者たちは、自分の所有しているものの中で恋のおかげで悪い状態になってしまったものと、これまでよくして（B）やったことを比べて差し引き勘定する。そして、自分がした労苦をそれに足し算して、恋される者に自分はすでにとっくの昔に正当な恩恵を支払ったとみなす。それに対して、恋していない者たちの場合は、そのことで[3]自分の所有するものが配慮されなくなったと言い訳することもありえないし、過去の労苦を勘定に入れることもありえないし、親戚と不和になったと不平を言うこともありえない。その結果、これだけの量の悪が取り去られたからには、後に残るのはただ、何であれ、それをすれば相手を喜ばすだろうと彼らが思う（C）ところのことを心から進んでなすことだけである。さらにまた[4]、恋する者どもはこういうことを言う。人は恋する相手を一番よく愛するものだと、そして、たとえ自分の言動、行動の両面で他の人たちと敵対したとしても、自分たちは恋する相手を進んで喜ばせるのだと。だがもしそのことのゆえに恋する者たちを大事にするのがよいというのならば、次のことが容易に分かる。つまり、彼らの言うことが本当ならば、恋する者は、後々恋に落ちる相手すべてを現在の恋の相手よりもっと大事にするだろう。そして、新しい相手から求められれば、今度は現在の恋の相手に害を加えるだろうということは明らかだ。しかるに、どうして君のそ

D

ういう大切なものをただで与えてやるのがよかろうはずがあるだろうか。それを与える相手が大変な難病に掛っているというのに。その病気たるや、それを経験したことのある者なら誰一人として、それを避けようと試みさえしないほどの難病なのに。というのは、彼らも認めているのだ。自分たちが病気であって正気ではないことを。そして、自分の精神がまともでないと知っているけれども、自分を制御することができない[5]

(1) τὰ ἐμῶν πράγματα. この「私の事情」は、自分は恋していないが、相手と性的な交わりを持つことを望んでいること、そして、その交渉条件（見返りの恩恵など）を指すが、あからさまな言葉遣いを避けて、遠まわしに述べられている。このリュシアスの弁論全体にわたって、同様に、性行為は「それ」「そのこと」など遠まわしに述べられている。

(2) ἔτι δέ という接続詞は、論理的なつながりをあまり持たない平板な列挙に用いられるが、このリュシアスの短い弁論の中で四回も用いられている。リュシアスの言論に適切な構造が欠けていることは後にソクラテスによって（二六四A―E）批判される。

(3) 相手との性的な交わり。遠まわしな言い方。前註（1）参照。

(4) 前註（2）参照。四回中二回目である。

(5) これも遠まわしな言い方。前註（1）参照。

E　232　B

ことを。だから、彼らが正気に戻ったときには、そういう病気の状態で考えていたことが立派なことだとどうして判断することができるだろうか。そして実際には、①もし君が最善の者を選ぶのに、恋する者たちの中から選ぼうとするなら、君の選択肢はごくわずかだと言わざるをえない。それに対して、もし他の人たちの中から君に一番ふさわしい人を選ぶなら、多数の候補があろう。だから、多くの候補者を持っていた方が、君の愛情に値する者に出会える見込みはずっと大きいのだ。さらに、②もし君がすでに成立している法、習慣というものを恐れて、人々がうわさを聞きつけて君に非難が起こるということがないようにと考えるなら、こういうことになりそうだ。つまり、恋する者たちの方は、自分たち自身が思っているのと同じように、他の人たちからも幸せ者だと思われるだろうと考えて、彼らの労苦が徒労ではなかったことを③言いふらし、すべての人に対して自慢げに見せびらかして舞い上がってしまうものなのだ。それに対して、恋していない者は、自分自身を抑制することができるので、人々からどう思われるかということよりも、最善のことを選択するものなのである。④さらにまた、⑤恋する人たちが恋の相手の後を付いて回り、それを仕事のようにしていることは、多くの人に気づかれ見られるところとならざるをえず、その結果、彼らと会話を交しているところを人に見られたときには、彼らがいっしょにいるのはすでに欲望の行為⑥が成就したか、あるいは、まさに成就しようとしているのだと思われるのである。それに対して、恋していない者たちを、相手といっしょにいるからといって人々は非難などしようとはしない。友情ゆえに、あるいは、何か「欲望の成就とは」別の心地よさのために、誰かと会話を交さざるをえないことを人々は知っているからである。

　さらに実際⑦、もし君に怖れがあるとしたならばどうだ。つまり、愛が長続きするのは難しいと君が考えて、

C そして、他の場合には不和が起きたときには災難は両者にとって公平[8]だが、君が大切にしているもの[9]を与えた後では、君の方に大きな害悪が生じるだろうと君が考えたならば、君は恋する者の方をより怖れるのが当然だ。なぜなら、彼らに苦痛を与えるものは数多くあり、彼らは起こることは何でもかんでも、自分たちを害するために生じると考えるからだ。それゆえまた、彼らは恋の相手が他の人たちといっしょにいるのを妨げようとする。財産を持っている人が金で彼らを競り負かすのではないかと怖れ、また、教育のある人が知識の点で自分より優っているのがわかってしまうのではないかと怖れるのだ。そして、他のよい性質持って D いる人たちがいたら、そういう人みんなの力を警戒する。だから、もし彼らがそういう他の人たちと仲違いするように君を説得してしまったとしたら、彼らは君を友だちのいない一人ぼっちにしてしまうだろう。逆に、君が自分のことをよく考えて彼らの言うことを聞かなかったとしたら、君は彼らと不和になるだろう。

---

(1) *καὶ μὲν δή* これも列挙する言い方である。このスピーチで計五回も出てくる。一七頁註(2)参照。

(2) *τοίνυν.* 通常は「そうならば」という推論を表わすのだが、ここではこれも列挙の言葉として用いられている。一七頁註(2)参照。

(3) これも遠まわしな言い方。一七頁註(1)参照。

(4) ソクラテスが大切にする善を求める生き方を表現する言葉が、このように打算的快楽主義者の論理に使われているのは皮肉が効いている。

(5) 一七頁註(2)参照。四回中三回目。

(6) これもぼかした遠まわしな言い方。一七頁註(1)参照。

(7) 二三一D六と同じ列挙の句である。五回中二回目。一七頁註(2)参照。

(8) *ἄν* を読まない。

(9) これも遠まわしな表現である。一七頁註(1)参照。

それに対して、恋はしていなくて、卓越性［徳］のゆえに求めることを成し遂げた(1)人は、いっしょにいる人をねたむようなことはなく、いっしょにいようとしない人の方を嫌うだろう。というのは、そういう人から E は軽んじられたと考え、いっしょにいる人からは利益を得ると考えるからである。その結果、そのことから、君たちには憎しみよりも友好が生じる望みの方がずっと大きいのである。

　実際また(2)、恋する人の多くは、相手本人やその身内のことを知り、懇意になる前に、まず肉体を欲求するものである。それゆえ、いったん彼らのその欲求が終わったときに、まだ彼らが友好的であることを望むか 233 どうかわからないのである。それに対して、誰であれ恋していない人の場合は、すでに互いに親しい者であったうえでそのことを(3)成し遂げるのであって、彼らがよい思いをしたとしてそのことが彼らの親しさを減ずるということは考えにくく、それは将来さらに生じるそういう行為の記念として残るのである。実際また(4)、君は私に従った方が、恋する者に従うよりもより優れた者になることが当然見込まれるのである。というのは、彼らは最善のことに反していても、君の言うこと為すことを何でも称賛する。それは、嫌われるのを怖 B れるのもあるが、彼ら自身でも欲望のおかげで判断がおかしくなっているからである。なぜなら、恋（エロース）の働きとは次のようなものだからだ。すなわち、首尾よく行かないときには、他の人には苦痛を与えないものも彼らは苦痛とみなすようにしてしまう、首尾よく行くときには、快に値しないようなものでも、彼らからの称賛を得るように強いるのだ。だから、恋される相手は、彼らを真似るべき模範とするのではなく、みじめなやつだと思うのがより当然のことなのである。それに対して、もし君が私を受け入れてくれる C なら、まず、私は目先の快楽に囚われて君と交際するようなことはせず、将来生じる利益こそを重んじるだろう。私は恋に負けるようなことはなく自分自身を制御できるからだ。また、些細なことで強い敵意を抱くようなことはなく、重大なことで稀に腹を立てることがあってもその怒りはおだやかである。故意でないことは大目に見て、故意のことは未然に防ぐように試みる。こういうことが、友愛が長い間続くことの証拠なのだ。だがもしかして、人が本当に恋をしていないなら強い友愛は生まれないという考えが君にあるなら、次のことに気づかなければならない。つまり、もしそれが正しいなら、われわれは息子を大切にすることもなく、父や母を大切にすることもないということになってしまうのだ。信頼できる友も、そのような欲望からではなく他の営みが原因で友となるような者も、われわれは所有することがないということになってしまう。

D

さらにまた、(5)求める程度が一番大きい者の求めに応じるべきだということならば、他の場合でも人々は一番上級の者ではなく一番欠乏した者によくしてやらなければならないということになる。最大の悪から解放されるときにこそ、相手に対して最大限に感謝するだろう、という理屈になるからだ。さらに実際、(6)とりわ

(1) これも遠まわしな言い方で性的交渉のことを述べている。一七頁註（1）参照。
(2) この列挙の語は、二三一D六と同じで、五回中三回目である。一七頁註（2）参照。
(3) 遠まわしに性交渉を指す。一七頁註（1）参照。
(4) この列挙の語は、二三一D六と同じで、五回中四回目である。一七頁註（2）参照。
(5) この列挙の言葉は最後の四回目である。一七頁註（2）参照。
(6) この列挙の言葉は最後の五回目である。一七頁註（2）参照。

E け私的な出費で会食の宴を持つ場合でも、友だちを呼ぶのではなく、腹をすかせている者、何でもいいから腹を満たすことを求めている者を呼ぶべきだ、ということになってしまう。そういう者は、ありがたがるだろうし、ついて来るだろうし、家の前に来てたむろするだろうし、はなはだしく喜ぶだろうし、最大の感謝をするだろうし、相手によきことが多く起こりますようにと祈ってくれるだろうから。しかしおそらく、求 234 めに応じてやるべき相手は、最大限に欠乏している者ではなく、最大限に実のある返礼ができる者であろう。また、恋している（1）だけの者ではなく、それに応じてやるに値する者であろう。また、君の花ざかりの若さを享楽するような者ではなく、君が年長になったときに自分たちの持っているよきものを分け与えてくれるような者であろう。また、事が成就した後（2）で他人に自慢するような者ではなく、恥を知って誰にもしゃべらな B い者であろう。また、短い期間だけ熱を上げる者ではなく、生涯を通じて変わらず友となるような者であろう。また、欲望が失せると仲違いの口実を探すような者ではなく、君が花盛りを過ぎたときに自分自身がよい素性〔徳〕を持つことを示すような者であろう。だから君は、これまで言われたことをよく覚えて、次のことを心にとめておきたまえ。すなわち、恋する者に親しい人は、その営為を悪いことであると考えて、恋する者に注意するのであるが、恋していない者を身内の者は誰もけっしてとがめるというようなことはない。恋していない者がその事のせいで自分に不利益になるような判断をしていると考えることはないのだ。

たぶん君は尋ねるだろう。恋していないすべての者の求めに応じることを勧めているのか、と（3）。私が思うに、恋する者でさえ（4）、恋するすべての者に対して君がそのような考えを持つ（5）ように命じることはなかろう。
C というのは、そういう場合それを獲得する者は（6）〔相手が一人の場合と〕同程度の感謝を持たないのが当然であるし、また、他の人に知られないようにと君が望んでも、［相手が一人のときと］同じように隠すのは不可能だからだ。当のことがらからは[7]害悪は何一つ生じず、利益が両者にとって生じるのでなければならないのだ。さて、私は、これまで私が述べたことで十分であると考える。だが、君が何かまだ言い残されていると考えて、さらに求めることがあるなら、尋ねたまえ。[8]

パイドロス　どう思います、ソクラテス、この話は。抜群の出来栄えじゃないですか。とりわけ言葉の選び方が。

D

ソクラテス　いや、［抜群どころか］人間業を越えてるよ、君、ぼくは打たれてしまったよ。そして、そう

（1）προσαιτοῦσι ではなく、ἐρῶσι と読む。テクスト註（233E7）参照。

（2）これも遠まわしに性交渉を指す。話者は意味ありげにウインクするかのようである。一七頁註（1）参照。

（3）この最後の反論は、あまりに容易に打ち破れるものに見える。リュシアスは、ノックアウト確実な対戦相手を決勝で倒して勝ち誇るかのようである。ただ、このスピーチ全体が演示的な遊び（παίγνιον）であることを忘れてはならない。

（4）訴訟の相手が自分の見解に同意することを示すという法廷弁論の常套手段の例示になっている。

（5）これも婉曲な言い方で性交渉に応じることを指す。一七頁註（1）参照。

（6）原文では「それ」に当たる語はなく、「獲得する者」とだけ言われている。わざとぼかした表現である。一七頁註（1）参照。

（7）これも遠まわしな言い方。一七頁註（1）参照。

（8）最後の「尋ねたまえ（ἐρώτα）」が、「恋（エロース）」の対格（ἔρωτα）と（アクセントと語尾の母音の長短を除いて）同じであるのは、意図的である。

なったのは君のせいなんだよ、パイドロス、君から目を離せなくなっちゃったんだ。君が読んでる間、その話の力で君の顔がピカピカ輝いているように見えたからね[1]。こういうことに関してはぼくよりも君の方がよく知っていると思ったから君について行ってたんだがね。ついて行って結局、君といっしょにバッコスの狂宴に与る[2]ことになっちゃったよ。いやぁ、君は神々しい人だ。

パイドロス　もうっ。ほんと、そうやって茶化せばいいと思ってるんですね。

ソクラテス　えっ、君はぼくがふざけていて、心底真面目じゃないと思ってるのかい。

パイドロス　もう、いいかげんにしてください！　ソクラテス。ほんと、友情の神ゼウスにかけて言ってください。ギリシア人のうちで誰か他の人が語ることができると思いますか。これと同じことについてこれよりも大がかりで、その、立派な話を。

ソクラテス　なんだって。そういう面でも、その話は、ぼくと君から称賛されなければならないのかい。作者が語るべきことを述べた、というのかい。言葉のうえの表現が一つ一つ明確で練られていて、その、まるで精密な工程を経て製作されたもののようだという、そのことだけでは不足なのかい。もし、そうしなければならないというなら、まあ君がそう言うからにはそう認めなければならないということだね。だって、ぼくは全然いいと思わなかったんだ。ぼくの判断なんかまったく値打ちがないのだろうけどね。ぼくはこの話の「言葉ではなく」弁論としての側面[3]だけに注意を向けていたのだよ。そして、この点については、リュシアスも自分で十分だとは考えていない[4]と思ったね[5]。実のところね、パイドロス、君は違うと言うかもしれないけど、彼は同じことを二度も三度も語ったとぼくは思った。同じことについていろいろ別のことをたくさん言わなければいけないのにそれがあまりうまくできないみたいだったね。あるいは、もしかしたら彼はそういう繰り返しをしないで別のことを言うことなんかまったくしようとしてなかったのかもしれない。彼は若者のように振る舞っているように見えた。自分の力を見せびらかしてね。同じことを一つの仕方で語り、また別の仕方でも語り、そのどちらでもすごくうまく語れるんだぞ、ってね。

B

パイドロス　何を言ってるんですか、ソクラテス。まさしくあなたが欠けているというその点は、この話が特に優れているところじゃないですか。このことがらについて語る値打ちのあることを何一つ欠いていない、ってことですよ。リュシアスが語ったこと以外に、他にもっと多くのことを、そして、もっと値打ちのあることを語ることは誰もできはしないでしょう。

---

(1)「パイドロス（φαῖδρος）」という名前と、（喜びに）輝くという意味の形容詞「パイドロス（φαιδρός）」との言葉遊びが込められていると考えられる。

(2)二二八Bで「いっしょにコリュバンテスの儀礼を受ける」と言われていたのと同じような意味である。笛と太鼓による音楽を用いて、精神の浄化を行なうという共通点を、バッコス（ディオニュソス）の儀礼とコリュバンテスの儀礼は持っていた。九頁註（1）参照。

(3)Yunis の指摘するとおり、ここでの「弁論としての側面」は、弁論術の本来の機能である説得力があるかどうかについての側面であり、表面的な言葉の使用の使い方と対比されている。解説一八五頁、テクスト註（235A1）参照。

(4)Ast らが挿入している ἄν を読まず、写本に従う。テクスト註（235A2）参照。

(5)リュシアスの弁論は演示的な遊びであるので、リュシアス本人も説得力に重きを置いていないことは十分ありうることである。

(235)

ソクラテス　その点についてはもはや君に従うことはできないぞ。だって、昔の賢者たちがこのことについて語ったり書いたりしているけれども、もし君を喜ばせるためにぼくが君に同意したなら、その人たちが男も女もぼくを論駁しにかかるだろうからね。

C

パイドロス　誰ですか、その人たちは。いったいどこであなたはこれより立派なことを聞いたというのですか。

ソクラテス　いやあ、ちょっと今すぐには思い出せないな。でも誰かから聞いたことは確かなんだ。さて、佳人サッポー(1)からだったか、それとも賢者アナクレオン(2)からだったか、あるいは、誰か散文作家からだったか。いったいどんな証拠があってぼくがこんなことを言っているのかって。なんだかぼくの胸がふくらんで、奇妙だね、君、感じるんだよ、リュシアスの話と張り合ってそれに負けない話を話せるんじゃないかって気がするんだ。もちろん、ぼく自身の側では、そういうことについて自分で思いついたものは何一つないことはよくわかっている。自分の無知を知ってるからね。残る可能性として思い当たるのは、どこかぼくの外の流れから、聴覚を通じて水がめのようにぼくはすっかり満された、ということだ。でもまた鈍いものだから、そのこと自体さえもぼくは忘れてしまったよ。どうやって、誰から聞いたのかをね。

D

パイドロス　いや、あなたは何ともやんごとなきお方だ、すばらしいことを言ってくれました。まず、誰からどうやってあなたがそれを聞いたかということは、たとえ私が尋ねても、けっして言わないでください。そうじゃなくて、あなたが今言ったまさしくそのことを実行してください。あなたはこの巻物の中のものよりも立派で規模も劣らないものを、これとは別に内容もこれを離れて、語ることを引き受けました。そうしてくだされば私は、ちょうど九人のアルコーンたち(3)が約束するように、等身大の金の像をデルポイに奉納することを約束します。私の像だけでなく、あなたのもね(4)。

E

ソクラテス　ほんと好きだよ、君、本当に全身が金で出来ているほど値打ちのある人間だよ、君は、パイドロス。リュシアスがすべての点でへまをやっているとぼくが言っているなんて、そして、ぼくが「そこに君が持ってる巻物に書いてある」それらすべてを否定してそれと違うことを語ることができるなんて、もしそんなふうに君が考えているのならね。あらゆる点で間違うなんてことは、最低レベルの作家でもやりっこな

(1) サッポーは、前七世紀の女性の詩人。レスボス島のミュティレネで、アプロディテとムーサたちを祀り、多くの少女がメンバーとなっていた宗教グループの中心人物であった。サッポーは彼女らと生活を共にして、愛情を持って親密な関係を持ち、彼女らについて故郷の言葉で詩を作り、彼女らの婚礼を歌で祝った。その作品（多くは断片的な詩）は、九巻にまとめられていたと考えられている。

(2) アナクレオンは前六―五世紀の抒情詩人。ペルシアの脅威から、故郷テオスを離れトラキアのアブデラに植民地を開いた人々の一人であった。サモス島、アテナイなどでも活躍した。六巻に編集された作品の中に、恋の歌が多数残る。

(3) アルコーンは、アテナイ民主制における行政長官職で、人数はもともと三人だったのが、前六世紀の始めに九人となり、前五世紀始めからはくじで選ばれるようになった。

(4) アリストテレスは『アテナイ人の国制』第七章一で、アテナイのアルコーンたちは職につくに当たり、「何かの法に違反したならば、金の像を献納する」ことを誓わなければならなかった、と述べている。デルポイのこと、像の大きさについては述べられていない。「等身大（*ἰσομέτρητον*）」（文字どおりには「同じサイズの」）というのはパイドロスのおおげさな付け足しで、さらに彼は「デルポイに献納する」というよく用いられるフレーズを即興的に組み合わせ、そのうえその像を二体にした。とにかく、これはまず絶対に負けるはずがない取引だとパイドロスは言いたいのである。

いとぼくは思うよ。早い話が、この話の主題についてもね、考えてもみなよ、恋している人よりも恋していない人の求めに応じなければならないと論じているときにだよ、一方の人に思慮があることを賛え、他方の人が思慮を欠いていることをとがめるということを放棄して、それらはいずれにしても議論において認めざるをえないことであるにもかかわらずだよ、そのうえで何か他のことを述べることができるような人がいると君は思うかい。そういうことは語り手に許さなければならないし、大目に見なければならないとぼくは思う。そして、一方でそういったことについてはその発見ではなく構成を称賛すべきであり、他方で論じざるをえないこと以外のこと、発見するのが難しいことについては、その構成に加えてその発見も称賛すべきなのだ。

パイドロス　あなたの言うことを認めてあげます。まっとうなことを言われたように思えますから。では私もまっとうにこうすることにします。恋している人は恋していない人に比べて病気の状態にあると仮定することをあなたに認めてあげます。あなたはそれ以外のことで私の手許にあるこのリュシアスの話よりも多くのこと、より値打ちのあることを語ったならば、そのときにはどうぞあなたはオリュンピアで、鋳造された像としてお立ちください。キュプセロスの子孫たちの捧げた像に並んでね。

B

ソクラテス　本気で怒っちゃったのかい、パイドロス。君をひやかして、君の愛するいい子［リュシアス］を攻撃したからなのかい。まさか本当にぼくが語ろうとすると思ってるのかい。あの人の知恵の及ばないような何かまた別のもっと手の込んだことなんかをさ。

パイドロス　それについては、親しきあなた、私が今あなたを捉まえた組み手は、先ほどあなたが私を捉

C まえたのと同じ組み手なんですよ。あなたの方は何はともあれ、力の及ぶかぎり語らざるをえない状況なのです。気をつけてください、喜劇の舞台でよくある低俗な振る舞いをわれわれがやらざるをえないようだと困りますよ。[3] 同じ言葉をお互いに投げ合ったりしてね。どうぞお願いですから、私にあの言葉を言わせないでください。「ソクラテス、ぼくがソクラテスのことが分からないくらいなら、ぼくは自分も忘れてしまってたことだろうよ」とか、「語りたくてうずうずしていたのに、はにかんでみせた」とかね。あなたが胸のうちに持っていると言った、そのことをあなたが語るまで、私たちはこの場所を後にすることはないだろう

D と思ってください。ここにいるのはわれわれ二人だけで、私の方が腕力があって若いのですよ。そういうことを全部勘定に入れて、「われが汝に言うことを悟れ」[4] ですよ。力に訴えることになるよりは、自分から進んで語る方が身のためですよ。

ソクラテス　君はほんと幸せな人だ、パイドロス、ぼくは笑い者になるだろうよ。素人が優れた作家に対して、同じことがらについて即興で語って張り合うなんてね。

---

(1) ここでパイドロスは持っている巻物を振りかざしてしゃべっている。

(2) 前七世紀にコリントスの僭主であったキュプセロス（あるいはその子のペリアンドロス）がオリュンピアのヘラの神殿に献納したゼウスの柱像（*κολοσσός* 両足のくっついた直立の像）は金製であったようである。ポティオス『辞典』一二八〇、*Κυψελιδῶν ἀνάθημα* の項参照。

(3) C一の *ἵνα* の後に *δὲ* を読み、さらにC二の *εὐλαβήθητι* を削除しない。

(4) ピンダロス「断片」一〇五-一（Snell-Maehler）のよく知られたフレーズで、『メノン』七六Dでも引用されている。

パイドロス　今の状況を分かってるんですか。私に対してはにかんでみせるのは止めてください。なぜってね、どうやら私にはいい手があるんですよ。それを言ったらあなたは無理にでも語ることになるでしょうね。

ソクラテス　なら、絶対言わないでくれ。

パイドロス　そうはいきません。言いますとも。私は誓って言いましょう。すなわち、私はあなたに誓いますが、――えーっと、誰に誓うかな、どの神にしようか。そうだ、このプラタノスでいい――ここに我は誓う、もし他ならぬまさにこのプラタノスの面前で汝がその言論を語らぬならば、我は汝に今後誰の言論であれ、何一つ言論を読み伝えることもなく、教え告げることもないだろう。

ソクラテス　うげっ。汚いぞ、君。なんてうまい手を見つけたんだ、言論好きな男に何でも命令してやらせる強制力を。

パイドロス　無駄な悪あがきです。往生際が悪いですよ。

ソクラテス　もう降参だ。君はその誓いをやってしまったんだから。だって、そういう［言論の］ご馳走に手をつけないでいるなんて、どうしてぼくができようか。

パイドロス　じゃあ、語りなさい。

ソクラテス　ぼくがどうするか分かるかい。

パイドロス　何のことですか。

ソクラテス　ぼくは衣にくるまって話すんだよ。できるだけ早く話の最後まで走り抜けるためにね。だって、君を見てたら恥ずかしくて言葉に詰まってしまうもの。

パイドロス　何でもいいから話しなさい。他はどうぞお好きなようになさっていいですから。

ソクラテス　ムーサたちよ[1]、あなたたちが「明瞭な声の（リゲイア）ムーサ」と呼ばれることになったのが、あなたたちの歌声の質のためであれ、音楽に優れたリギュア人の種族のためにその名前を持つことになったのであれ、どうかこの話において「我を助けたまえ」[2]。ここにいる大変立派な男が私にその話を語るように強要するのですが、その目的は、彼の友［リュシアス］が、すでに彼には知者であると思われているにもかかわらず、さらに今よりいっそう知者だと思われるようになるように、なのです。　B

（1）古代ギリシアにおいて、「ムーサたち（Μοῦσαι）」は、一般には、詩、文学、音楽、舞踏の女神たちである。さらに後の時代には、天文学、哲学などあらゆる知的な営みにかかわる神々とされた。ヘシオドス（『神統記』二五行以下）以来、ムーサたちの人数は九が標準であるが、その名前と役割にはさまざまなヴァリエーションがある。二五九B―D参照。

（2）ムーサたちに「リゲイア」という枕詞を付けるのは型どおりの言い方であるが（ホメロス『オデュッセイア』第二十四歌六二行参照）、ソクラテスはここでその由来について二つの可能性を挙げているわけである。一つは、ムーサたちの声の質に由来するという可能性であるが、もう一つの「リギュア人」から由来するという可能性は、相当自由な空想である。リギュア人は北イタリアからフランスにかけて住んでいた（プラトンから見て）遠い西方の種族である。ヘルメイアスによれば、リギュア人は飛び抜けて音楽に長けていて、戦においてすら全軍で戦わず、軍隊の一部だけが戦い、残りは傍らで歌ったという。「我を助けたまえ（ξύμ μοι λάβεσθε）」は、トゥメシス（動詞の分割）、σύ の代わりに ξύ を使っていること、μ の前の ν を μ にすることなどの特徴から明らかに詩のフレーズのもじりであるが、元になった特定の作品は不明。

(237)

あるとき一人の子が、いやむしろ、少年がいた。彼は大変美しかった。その子に恋する者は大変多くいた。そのうちのある一人は狡猾[1]であった。彼は誰にも劣らず恋していた[2]にもかかわらず、自分は恋していないとあらかじめその子に信じこませてしまっていた。そのうえであるとき強く迫って、こういうことをその子に説得しようとしていた。つまり、恋している者よりも恋していない者の求めに応じるべきだ、と。そしてこう言ったのだ。

C　何事についても、子よ、立派に熟慮しようとする者が最初にすべきことはただ一つである。すなわち、何であれ熟慮の対象となっているそのことを知らねばならないのだ。そうでなければ、何事についてもやり損うことは必然である。ところが、多くの人は、自分たちが各々のものの正体を知らないのにそれに気づかない。それで、すでに知っていると思っているものだから、彼らは考察の初めに共通の理解を得ることをせず、そして先の方に進んでしまった後で当然の罰を受ける。つまり、自分自身に対しても、話の相手に対しても話のつじつまが合わなくなるのである。だから、私と君は、われわれが他の人たちを非難しているその点で、同じ目に合わないようにしよう。私と君の前に置かれている問題は、恋する者と恋しない者のどちらと親しD くするべきかという問題であるのだから、恋（エロース）について、それがいかなるものであり、どのような力を持っているのかを、共通の理解によって定義を立てたうえで、その定義にしっかりと目を向け参照しながら考察をしようではないか。恋が利益をもたらすのかそれとも害悪をもたらすのかを。さてそこで、恋が何らかの欲望であることは、誰にとっても明らかである。他方でまた、たとえ恋していなくても美しいものを人は欲望することもわれわれは知っている。では、いったい何によって恋している人と恋していない人をわれわれは区別すればいいのだろうか。次のように考えなければならない。われわれの各々の中では二つの種類のものが支配し導いている。われわれはその二つに従ってそれらが導く方に向かう。そのうちの一つは生まれつき持っている快楽への欲望であり、もう一つは後天的に獲得される思いなし（ドクサ）であって、

E

それは最善のことを目指すものである。これら二つはわれわれの中で意見を同じくするときもあるが、互いに争うこともある。そして、あるときには一方が、またあるときには他方が勝利する。さてそこで、思いな

238

しが理（ロゴス）によって最善の方に導き、勝利するとき、その勝利は「節制」と名付けられる。他方、欲望が理（ロゴス）なしで快楽に向けて引っ張りわれわれの中で支配してしまったとき、その支配には「放縦（ヒュブリス）」という名前が与えられる。しかし、放縦は多くの名前を持ち、――多くの四肢を持ち多くの種類を持つからだが(3)――その多くの形態の中から何かが顕著になるとき、それを持つ人はその顕著になったものの名前で呼ばれるようになる。それは美しい名前でもなく、持つ値打ちのある名前でもない。たとえば、

B

食べることに関して理（ロゴス）と最善を、さらに他のいろいろな欲望を打ち負かすとき、その欲望は暴食

（1）この「狡猾（*αἱμύλος*）」という詩の言葉はプラトンでは非常にめずらしい。

（2）これはリュシアスのスピーチにはなかった重要な要素である。

（3）*πολυμελὲς γὰρ καὶ πολυειδές* と読む。テクスト註（238A2）参照。

と呼ばれ、それを持つ人は同じ名前［「暴食漢」］で呼ばれるようなるだろう。また、酔っぱらうことについて欲望が支配権を奪い、それを持つ人をそちらの方向へと導くならば、どのような名前が与えられるかは明らかである。これらの名前と同族の名前、それから、これらと同族の欲望のうちでその都度支配権を握る欲望の名前については、それを持つ人がどういう名前で呼ばれるのがふさわしいかは即座に明らかである。

C　これまでのことすべてがどの欲望のために語られたかはすでにほぼ明白である。しかし、実際に述べられた方が述べられないよりもどんな場合でもいっそう明らかである。そうなのだ、正しいものに向かう思いなしを理（ロゴス）を欠いた欲望が打ち負かし、美しさの快楽へと導いて、そしてまた自分自身と同類の諸々の欲望によって身体の美に向かって勢いよく（エッローメノース）力を与えられ（ローステイサ）、その導きにおいて勝利するとき、まさにその力（ローメー）から名前を与えられ、それは恋（エロース）と呼ばれるのである。[1]

こりゃいかん、ちょっと待ってくれ、大好きなパイドロスよ、君もぼくと同じように思うかい。なんだか神に取り憑かれたような状態にぼくがなってるって。

パイドロス　ほんと、そう思いますよ、ソクラテス。いつもと違って淀みない流れみたいなものがあなたに取り憑いています。

D　ソクラテス　じゃあ、黙ってぼくの話を聞いていてくれよ。だって、ほんとにこの場所は神のいる場所みたいだからね。だからひょっとして話が進んでいったときにもしぼくがニュンペーに取り憑かれてしまっても、驚かないでくれよ。だって、今もぼくの語り方はほとんどディテュランボスだったじゃないか。[2]

パイドロス　まさしく、そのとおりです。

ソクラテス　これは本当に君のせいだ。でも、残りの話を聞いてくれ。もしかしたら何かに取り憑かれるのを避けられるかもしれないから。だけど、それは神のおぼしめし次第だろう。ぼくたちは再び語りによってあの子に向かわなければならない。

さて、高貴な子よ。われわれの熟慮の対象が本当は何であるかということはこれで語られ、定義された。

E

そこで、これからはそこから目を離さずに論じることにしよう。どのような利益、あるいは害悪が恋する人とそうでない人からその求めに応じた者に生じるだろうと見込まれるか、を。実際、欲望によって支配され、

（1）エロース（ἔρως）の語源についての言葉遊びである。ἐρρωμένως ῥωσθεῖσα から ἔρως となったというのを、重ねて「ῥώμη から由来して」と説明しているわけである。この文は「欲望」に一致する分詞が延々と積み重ねられた巨大な主語が述べられた後に、「恋と呼ばれる」という短い述語で突然終わる。まるで引き伸ばされたカデンツァの後で突然終始する音楽のようである。直後にソクラテスは自分の語りをディテュランボスのようだったと形容している。

（2）ディテュランボスは、元来からディオニュソス神を讃える賛歌であったが、文学作品の形式となり、アテナイに導入され、ディオニュソス祭などでコンクールの対象となって長く続いた。前五世紀始めに変革があり、大げさな音楽と、新奇でもったいぶった、感情的な言葉を用いるようになった。ソクラテスはここで、自分のスピーチの尊大な性格をディテュランボスのようだと自虐的に評価していると考えられる。

快楽の奴隷となっている者は、おそらく恋される者を自分にとって最も快い者にしてしまうのが必然である。しかるに、病気にかかっている人にとっては、抵抗しないものはすべて快く、力が強いものや対等なものは敵である。したがって、恋する者は自分の恋の相手が自分より強かったり、対等であったりするのが我慢できないだろう。そして、常に相手を自分より弱い者、劣った者にしようとする。しかるに、無知な者は知恵のある者よりも弱く劣っているのであり、臆病な者は勇気ある者よりも、語る能力のない者は弁の立つ者よりも、愚鈍な者は鋭敏な者よりも弱く劣っているのである。頭の働きについてのこれだけ多くの悪が、そしてさらにもっと多くの悪が恋される者に生じるときに、あるいは生まれつき備わっているときに、恋する者は喜び、そしてまた［不足していれば］そういう悪を調達してくれるのが必然である。そうでなければ、手許にある快楽が奪われてしまうのだ。必然的に彼はねたみ深くなる。そして、恋の相手が他の多くの有益な交わりを持たないように妨げる。何よりもそういう交わりから恋の相手は立派な大人になれるであろうに。

それを妨げることによって、恋する者は大きな害悪の原因となるのが必然なのだ。そして彼が最大の害悪の原因となるのは次のときだ。すなわち、恋の相手が将来最も知恵のある者となれるような交わりから妨げられるときである。それは他でもない、神的な愛知の営みであり、恋するものは相手の少年をそこから遠くに遠ざけようとするのが必然だ。相手から軽蔑されるのをひどく恐れるからだ。そして他にもあらゆる手段を講じて相手が万事について無知のままでいて、万事恋するものだけに目を向けているようにする。恋の相手はそういう者になることによって、恋する者にとっては最も快い者となるのであるが、自分自身にとってはこれほどの害悪はないであろう。さてこういうわけで、頭の働きに関する点について言えば、

C 恋（エロース）という病にかかっている男は、後見人や交際者として有益な者であるとは全然言えないのである。

さて、善よりも快を追い求めることを強いられる者が、誰かの身体を自由にできることになった場合、その身体はどのような状態になるであろうか、また、彼はその身体をどのように世話するであろうか。そのことを次に見なければならない。当然、彼は何か軟弱で堅固さに欠ける身体を追い求めるのが見られるだろう。曇りない太陽の下ではなく、不純な日陰で育った身体を求めるのだ。男子のすべき労働や体育場でかく乾いた汗[1]を知らず、ひ弱で男子的でない生活に慣れた身体を。よそから持って来た色や飾りで身体を飾るのは、

D 自分自身の持つべきものを欠いているからだ。他にもこれらに類するあらゆる［女々しい］営みに従事するのだが、それらは明らかであり、これ以上立ち入る価値はない。われわれは一言の要約を規定として与えたうえで、別の論点に進まなければならない。つまり、そういった身体は、戦争やその他すべて重大な試練が起こったときに、敵は安心してそれに立ち向かってくるし、味方はと言えば、恋する者自身でさえその頼りなさに恐れを抱くような、そのような身体なのである[2]。

（1）ヘルメイアス、『スーダ』によれば、「乾いた汗」は体育場でかく汗で、「湿った汗」は入浴によるものである。ただこの説明が正しいかどうかは不明。

（2）『饗宴』のパイドロスのスピーチでは、逆に、恋する者と恋される者の関係は、戦場などの危険な状況で勇敢に戦うことに貢献すると語られている（一七八E―一七九A、一八二C）。この種の議論によって恋の関係を正当化することはよくあることだったらしい。ここでソクラテスはその習慣を破壊する議論をしているのである。

E このことは明らかなこととしてこれで置き、次の論点に移らなければならない。それは、恋する者と交際し、彼を後見人にすることが、所有するもの［財産］に関してどのような利益、害悪を与えるだろうか、である。次のことは誰にとっても明らかであり、特に恋する者にとって明らかである。つまり何よりも、最愛の所有物、最大の支援者であり最も神的な財産から恋される者が孤児となることを、恋する者は祈るだろう、240 ということだ。つまり、恋の相手が父や母や親戚や友を奪われることを見て彼は喜ぶのだ。それは、そういう人たちを、相手の子との最も快い交わりを妨げる邪魔者、口うるさく文句を付けてくる者とみなすからだ。さらにまた、恋の相手が金銭やその他の資産を財産として持っているなら、そういう相手はそうでない相手と同じように容易に捕まえることはできないし、捕まえた後では自分の好きなように扱うのが難しくなると彼は考えるだろう。このことから、恋する者は相手の子が財産を持つのを嫌がり、財産が失われれば喜ぶのがまったくの必然なのである。だからさらに、恋する者は恋の相手ができるだけ長い間、妻なし、子なし、家なしになることを祈るだろう。できるだけ長い間自分自身が甘い蜜を吸うことを欲望するからである。

B たしかに他にも悪はある。しかし、それぞれ誰かある神霊（ダイモン）がほとんどの悪に一時の快楽を混ぜてくれた。たとえば、おべっか使いは、恐ろしい獣で大きな害悪であるが、それでも自然はある種の、まあ気のきいていないこともない快楽をそれに加えて混ぜてくれた。また、人は娼婦を害悪だと非難するだろうし、そして、他にもそういった方面で飼い慣らされた輩とか、そういった営みの多くを非難するだろうが、それらは少なくともその日かぎりは快楽この上ないことがありうるのである。しかし、恋の相手の子にとっC て恋する者は害悪であることに加えて、日々生活を共にするとなると苦痛極まりない者なのである。同じ年頃の者は同じ年頃の者を喜ばせる、と昔のことわざにも言う。——思うにそれは、時間の等しさが等しい快楽へと導いて類似によって親しさを与えるからであるが——それでも、そういう同年者との交わりでさえ飽きることがあるものだ。ところで、何ごとに関してであれ強制されることは誰にとっても重苦しいものであると言われている。そして同じ年頃でないだけでなく、まさにその強制ということを、誰よりも恋する者は相手の子に対して差し向ける。彼は年長者としてより若い相手といっしょにいるわけであるが、昼も夜も自

D

分からは一人になろうとせず、強制という虻（あぶ）によって追い立てられる。彼が恋の相手の子を見て、聞いて、触って、あらゆる感覚でもって相手を感じるそのたびごとに虻は快楽を与え、それによって彼を引っ張り回すのだ。そのために、彼は快楽を感じながらぴったりと相手の子にかしずく。しかし、彼は恋される者にどんな慰めを、あるいはどんな快楽を与えるというのか。そんなに長い間いっしょにいる者を極度の苦痛に至らせないようにすることなどできるだろうか。その子は老いて盛りを過ぎた相手の姿を見なければならない。

E

これに類する不快なことはこれだけではない。それが言われるのを耳にするだけでも気持ちのよいものではないのに、実際に行為によってそれに従事することを強制されるのだからたまったものではない。常時誰と会うにも疑ぐり深く監視される。場違いで大げさな褒め言葉を聞くかと思えば、今度は非難だ。その非難の言葉ときたら、恋する者がしらふのときでさえ耐えがたいものなのに、酔っぱらったりしようものなら耐えがたいだけでなく醜悪である。彼のあけすけなもの言いは、野卑で制御というものがまったくない。

そして、恋している間は彼は害悪であり苦痛であるのだが、恋を離れたその後の時に至っては彼は不実な者となる。彼はそれまで多くの誓いと嘆願によって数多くの約束をした。それによって、相手の子がそのと

きの苦しい交際を善の希望によって我慢するように、やっとのことで引き止めていたのである。それなのに、さて代償を支払わなければならないというときに、彼は自分の中の支配者、指導者を交代させる。恋(エロース)と狂気の代わりに正気と節制を立てるのだ。[1] そうして彼はすっかり別人になってしまうが、相手の子はそれに気がつかない。そして、その子は過去に起こったことへの感謝を彼に求める。同じ人と対話していると考えて、為されたこと、語られたことを思い出させる。ところが当人の方は、自分が別人になってしまったとは恥ずかしくて言うことはできず、かといって、以前の無思慮な支配者が出した誓約や約束を認可するようなこともできない。すでに正気の状態になり、節制を持ってしまったのだから。以前と同じことをやると、再び以前と似た者、同じ者になってしまうからそんなことはできないのだ。[2] これらのことから、彼は逃亡者となる。

B こうして、かつての恋する者は、詐欺を働くことを強いられ、陶片を投げて逆の面が出たというわけで、反転して大急ぎで逃げる。[3] あの子の方は、怒りのあまり呪いの言葉を吐きながら追いかけるのを強いられる。その子は最初からすっかり知らねばならなかったのだ。いついかなるときも、恋している者、必然的に思慮を欠いている者の求めに応じるようなことはしてはならず、恋していない者、正気を保っている者の求めにずっとよりいっそう応じるべきだったのだ、と。もしそうでなければ、不実で、不満が多くて、ねたみ深くて、不快で、財産に害を与え、身体の状態に害を与え、そして何にもまして魂の教育に最大の害を与える者に自分自身を譲り渡すことになってしまうだろう、と。真に、人間にとっても神々にとっても、この魂の教育よりも大切なものはないし、これからもないであろう。だから、子よ、君はこれらのことをよく考えなければならない。

C そして、これを知らねばならない。すなわち、恋する者の愛情は善意から

D ではなく、食べ物のように腹を満すために生じるのだ。「狼が子羊を好むそのように、恋する者（エラステース）は子を愛でる」(4)。

さっき言ったとおりだ(5)、パイドロス。もうこれ以上はぼくは君に語らないよ。すまないが、これでこの話は終わりにしよう。

パイドロス　えっ、でも私は話はまだ途中だと思ってました。その話は恋していない人についても同じだけの分量のことを述べるだろうと思ってましたよ。ずっとそちらの人の求めの方に応じるべきだ、と。逆にそちらの方がどれほどの善があるかを語ってね。こんなことになっちゃうなんて……。ソクラテス、どうしてやめるのです。

（1）「狂気（μανία）」はこの対話篇のキーワードの一つであるが、ここが初出である。
（2）リュシアスのスピーチでは、恋する者は他の相手に心変わりするのだが、このソクラテスのスピーチでは、恋＝狂気から正気に心変わりする。
（3）ソクラテスは、恋する者／恋される者が追いかける／逃げるの役割を反転させることを、オストラキンダという子供の遊びになぞらえている。これは、子どもたちが二つのグループに分かれ、その間に白と黒の面がある陶片を投げ、出た面の色に応じてどちらかが逃げ、もう一方が追いかけるという遊びである。
（4）ソクラテスは、教訓的な寓話の最後をことわざで締めくくるという伝統に従っている。この最後のフレーズは、ほぼ叙事詩の一行の韻律になっている。テクスト註（241D1）参照。
（5）二三八Dでソクラテスがニュンペーに取り憑かれるかもしれないと言ったことを指す。

E

ソクラテス　君は気づかなかったのかい、幸せな男だ。ぼくはもはやディテュランボスではなく叙事詩の調子で語り始めてるってことをさ。それも非難しながらね。もしぼくがもう一方の人を称賛するのを始めたりしたら、ぼくはいったい何をやらかすと思う？[1]　そりゃ、ニュンペーに取り憑かれてしまうに決まってるさ、分からないか。そのニュンペーたちの前にぼくをわざと放り出したのは君じゃないか。そういうわけだから、ぼくは一言で済ますことにするよ。「一方の人をぼくはいろいろ悪しざまに言ったが、それらすべての反対の善がもう一方の人には備わっている」と。それにどうして長い話がいるかね。両者について十分に語られたではないか。だからもうこれだけにして、この話はこの話でもうこれで、それにふさわしい定め[2]を受けさせることとしよう。そしてぼくはぼくでこの川を渡って帰るよ。君に何かもっと大それたことを無理強いされる前にね。

パイドロス　何を言っているんですか、ソクラテス。暑さがおさまってからにしましょうよ。だって、ご覧なさい。今ちょうど真昼になろうとしてますよ。「正午、天頂で止まる太陽[3]」と言われてますよね。しばらく待って、そして、その間さっき語られたことについて話しましょうよ。その後で涼しくなったらすぐ帰るということにして。

B

ソクラテス　おぉ、君は言論に関してはほんと神のような人だ。驚異的としかいいようがないよ。だってぼくが思うところではね、君の人生の期間の中で生まれた言論のうちで、君ほど多くの言論が生み出されるのに貢献した者は誰もいない。君自らがそれを語るのであれ、何かしらのやり方で人に強要するのであれ。――テバイのシミアス[4]は勘定に入れないが、君は他の人には完全に優っている。――今も君はまた新たにある一つの言論が語られることの原因になっている、とぼくには思えるんだ。

パイドロス　それは悪い言い知らせじゃありませんね。それはいったいどういうわけですか。その言論とは何ですか。

c

ソクラテス　よき人よ、ぼくが川を渡ろうとしたとき、ダイモンの合図、例のぼくにいつも起こるしるしが起こったんだよ。――それが起こるとそれはいつもぼくが何かをやろうとしているのを止めるんだ。――そしてまさしくそのしるしからぼくは何か声が聞こえたように思った。その声は、ぼくが償いをするまで立ち去るのを許さないと言っている。何と、ぼくは神のことがらに対して何か過ちを犯してしまったようなのだ。ぼくは一応予言者なんだ。あまり上等な予言者じゃないけどね。苦労してやっとこさ文字を読める人たちのように、ぼくの予言は自分自身のことに限っては当たるんだよ。それでね、その過ちというのが何かもうだいたいはっきりと分かっているんだ。友よ、魂もまた予言者の一つなんだね。というのはね、ぼくがさっき言論を語っているときに、それ［魂］は何かぼくに胸騒ぎを起こさせたんだ。そして、なぜかしらぼくは当惑していたんだ。イビュコス(5)の詩にあるように、ぼくは神々に何か

(1) 叙事詩の調子は英雄の偉業を讃えるものであるのに、非難にさえ使っていたのだから、もし称賛し始めたらどうなるかわからない、という意味。

(2) ふさわしい定めとは話が終わることである。

(3) 単に真昼というだけでなく、正確に正午を意味すると読む。

(4)『パイドン』でシミアスはケベスと伴にソクラテスの行なった魂の不死の議論に満足せず、それを根本的にやり直すことに導く役割を果たしている。

(5) イビュコスは前六世紀の抒情詩人で、恋の歌が多い。

(242) D

罪を犯すことによって、代わりに人間から名誉を得ているのではなかろうか[1]

とね。でも今はもう過ちに気がついたよ。

パイドロス　それで、いったい何の過ちのことを言っているのですか。

ソクラテス　恐ろしい、パイドロス、恐ろしい話を、君は自分でも持って来たし、ぼくにも語るように強要したのだ。

パイドロス　どういうことですか。

ソクラテス　その話は愚かで、少々不敬虔なのだ。それよりも恐ろしい話があるだろうか。

パイドロス　ないです。あなたの言うことが本当なら。

ソクラテス　どうだね。エロス神は女神アプロディテの子で、何らかの神であると君は考えないか。

パイドロス　そう言われてはいますね。

E

ソクラテス　リュシアスの話だと、全然そうじゃないことになるぞ。それに、君の言論においてもだ。「君の」というのは、ぼくの口から語られたけれどもそれはぼくが君に魔法をかけられて語ったものだからね。もしエロスが神、何か神的なものであるなら、それは間違いなくそうなんだけど、もしそうなら恋は悪いものではまったくないはずだろう。でも、さっきの二つの話は恋についてそれがまるで悪いものであるかのように語ったじゃないか。だからまずその点で神エロスについてその二つの話は過ちを犯したし、さらにその二つの話の愚かさときたらそりゃすこぶる気のきいたものさ。健全なことは何一つ、また真なることも何一つ語っていないくせに、まるで何か値打ちのあるものであるかのように思って偉そうな振りをしているとい

243

うそのことがね。人間どもを何人かとにかくだまして、そういう者の中で有名になれば偉いのだ、とね。ともかくぼくは、友よ、みそぎを行なわなくてはならない。物語を語ることについて過ちを犯した者には、古くからの浄め方がある。ホメロスはそれを知らなかったが、ステシコロスは知っていた。[2]というのはね、ヘレネのことを悪く言ったので視力を奪われたんだが、ステシコロスはホメロスのように無知ではなかったわけさ。教養があった［ムーサの徒だ］からね、原因が分かったんだね。それで彼はすぐに詩を作った。

この話はまことではなかった。
あなたは漕ぎ手の座席の連なる船に足を踏み入れたこともなく
トロイアの砦に行ったこともない。

（1）この断片はプルタルコス『食卓歓談集』七四八Cで一行前から引用されていて、「私は恐れる。私が神々に何か／罪を犯すことによって、代わりに人間から名誉を得ているのではなかろうか」となっている。プラトンは一行目を口語的に言い直し、二行目から引用している。

（2）二人の詩人はどちらも、夫メネラオスを捨ててパリスとトロイアに行ったヘレネを不貞の妻として非難したということであるが、ホメロスについては、実際には『イリアス』でヘレネは厳しく非難されているわけではない。ホメロスがヘレネの怒りを買って視力を奪われたという後代の逸話は、『パイドロス』のこの箇所に由来すると考えられる。
ステシコロスは前七—六世紀の抒情詩人であり、その作品は二六巻にまとめられていた。叙事詩からテーマを選んだスケールの大きい詩が多かったようである。『ヘレネ』という作品でヘレネのことを悪く言ったため盲目にされたが、ここに断片が挙げられる『パリノーディアー（取り消しの歌）』でヘレネがトロイアに行ったことを取り消して視力を回復した、という伝説があった。

(243)
B

そしてほんとに『取り消しの歌（パリノーディアー）』と呼ばれている詩を完成したとたんに、たちまち視力を回復したんだ。だけど、ぼくはまさにこの点では彼らよりも賢明だということになるだろう。というのはね、エロス神を悪く言ったことで何かひどい目に合う前に、その神に取り消しの歌を償いとして歌おうと思うんだ。頭を丸出しにして、さっきみたいに恥ずかしいからと衣にくるまったりせずにね。

パイドロス　これはこれは、ソクラテス、あなたが何をおっしゃったとしても、これほど私にとって快いことはありませんよ。

C

ソクラテス　だって本当にね、パイドロス、君はいい人だ、わかるだろう、どれほど恥知らずなことをあの二つの話が語ったか、さっきの話とその巻物を読み上げた話の二つがさ。というのはね、もし誰か高貴で性格の穏かな人が自分によく似た相手の者に恋をしているとか、あるいは、昔そういう相手に恋していたとして、その人がぼくたちの話をたまたま聞いたとしたらどう思うだろうか。恋する者たちは些細なことで大きな不満を抱き、相手の子に対してねたみをもち、害悪を与えるとか何とか、ぼくたちが語っているのをその人が聞いたら、この話をやっているやつらはどこか船乗りたちの間で育ったろくでもないやつで、自由人にふさわしい恋など見たことがないような連中だときっとその人は考えるだろう。そしてその人はぼくたちがエロス神を非難していたことに同意するようなことはありえないだろう。君はそう思わないか。

D

パイドロス　ゼウスに誓って、そのとおりでしょう、ソクラテス。

ソクラテス　ぼくはその人の前で恥ずかしいと思うんだ。そして、エロス神自身を恐れるんだ。だから、いわば耳に残る塩辛さを真水の言論で洗い流したい。そしてぼくはリュシアスにも忠告するよ。恋していない者よりも恋している者の求めにお返しとして応じるべきだ、とできるだけ早く書くようにとね。

E

パイドロス　それは、そうなるだろうということは請け合いますよ。あなたが恋する者の賞賛を語ったなら、リュシアスがまた同じことについて言論を書くのを私に強制されるのは、絶対間違いありませんから。

ソクラテス　それについては信じるよ。君の性格が別人のようになってしまわないかぎり間違いないね。

パイドロス　では安心して語りなさい。

244

ソクラテス　ぼくが語りかけていたあの子はどこにいる。どうかあの子がこれも聞いてくれますように、そして、聞かないで早まって恋していない者の求めに応じることがありませんように。

パイドロス　あの子はあなたのすぐそばにずっといますよ、あなたがお望みなら。

ソクラテス　ではこのように考えてくれ、美しい子よ。先ほどの話はピュトクレスの子、ミュリヌス区のパイドロスの話である。他方、これからぼくが語る話はエウペモスの子、ヒメラの人ステシコロスの話である、(1)と。その話はこのように語られねばならない。

---

(1)「エウペモス（Εὔφημος）」は、「喜ばしい語り」という意味を持つので、ソクラテスがこれから語るスピーチの話者の父の名前としてふさわしいものである。ステシコロスの父が実際誰だったかについては他の伝承もあり定かではない。エウペモスについてはプラトンの創作かもしれない。「ヒメラの人（Ἱμεραῖος）」は、このスピーチの中で語られる「ヒーメロス［こがれ］（ἵμερος）」との関係で、やはりふさわしい地名である。これもプラトンの創作かもしれない。

一方の者が狂気の状態に、他方の者が正気の状態にあるからというただそれだけの理由で、恋する人がそばにいるのにむしろ恋していない人の求めに応じなければならない、と言う言論はなんであれ、真なる言論ではない、と。というのは、もし狂気が丸ごと全部悪であるのならそれは立派に語られたことになるであろうが、実際はわれわれにとっての善のうちで最大のものどもは狂気を通じて生じるのだからである。狂気と言ってもそれは神が与えたものとしての狂気であるけれども。デルポイの巫女もドドネの女神官たちも狂気にとら
B われたときには多くの立派なことを公的にも私的にも[1]ギリシアに対して貢献したが、正気のときにはほとんど何も貢献しなかったと言ってよい[2]。そして、シビュラ[3]や他の者たち、神に取り憑かれた予言を用いて多くの人に多くのことをあらかじめ教え、未来に向けて正しく導くすべての者たちのことをわれわれが持ち出して語るなら、誰にでも明らかなことを述べて話を長引かせるだけになるだろう。しかし、次の事実は証拠として挙げるのに値する。つまり、古（いにし）えの人たちのうちで名前を立てる作業をしていた人たちは狂気を恥ずべきも
C のだとか、非難されるものだとか考えてはいなかったということだ。もしそう考えていたなら、最も立派な技術、未来のことがらを解釈する技術にまさしくその名前を織り込んで「マニケー［狂気の術］」と呼ぶようなことはしなかったはずだからである。狂気は神の分け与えによって生じるときにはよきものであると、そう考えて彼らはこの名前を立てたのであるが、現代の人々は、美をわきまえず、タウ（τ）を中に投げ込んで「マンティケー［予言術］」と呼んだのだ[4]。またこういうこともある。正気な者たちの技術、それは鳥とかその他のしるしを通じてなされる未来のことがらの探求なのであるが、それは考察を働かせることから、人間の思考（オイエーシス）によって洞察（ヌース）と探求成果（ヒストリアー）を調達しようとするので、「占い術（オ

D

イオノイスティケー）」と古人は呼んだのだが、それを今は「オイオーニスティケー」と、若い人たちは長い「オ」（オーメガ）でもったいをつけて呼ぶのである。(5) そういうわけで明らかに、予言術の方が占い術よりも、名前と名前を比べても、働きと働きを比べても、完全さも貴さもまさるその分だけ、それだけいっそう神に由来する狂気は人間どもの側で生じる正気よりも立派なものであると、古えの人々は証言しているのである。

---

(1) デルポイの神託を求めたのは、ヘロドトスが記録しているような、国家による公的なものだけでなく、個人によるものもあった。『ソクラテスの弁明』二一Aのカイレポンの例を参照。

(2) デルポイについては一三頁註（9）参照。ドドネ（ドドナ）はギリシア西部エペイロス地方にある非常に古い聖域で、ゼウスの神託が下される場である。二七五B参照。儀礼の中心は樫の木で、その木の葉のそよぐ音をセッロイと呼ばれる（男女の）地べたに座る裸足の神官たちが神託として解釈する。ホメロス『イリアス』第十六歌二三五行参照。

(3) シビュラは伝説上の女神官でさまざまな場所に結び付けられているが、後に複数形で、また「女神官」の意味の普通名詞として「どこどこのシビュラ」と言われるようになる。この箇所では単数のシビュラである。

(4) 「狂気」は「マニアー（μανία）」であり、「狂気の技術」（何と逆説的か）が「マニケー（μανική）」＝「予言術」であるのが本来なのだけれども、そこに美をわきまえない現代の人々がτを入れて「マンティケー（μαντική）」としている、という説明である。この語源の説明はもちろんプラトンの空想であるが、エウリピデスの『バッコスの信女』に登場するテイレシアスもディオニュソス神について狂気と予言力を結びつけている（二九九行）。

(5) 「知恵によって（οἰήσει）洞察（νοῦν = νόον）と探求成果を（ἱστορίαν）」から「占い術（οἰονοιστική）」とするのが本来の形であるはずが、若者たちは短いοを長いωに変えてしまって、οἰωνιστική と呼んでいる、という説明である。この語は明らかに「鳥（οἰωνός）」に由来するのであるが、それを完全に無視するために、C六の「鳥」は οἰωνῶν ではなく ὀρνίθων が用いられている。

さらに、どこか古い罪に由来するきわめて重い病と労苦からの解放を狂気は見つける。一族のある者どもの中に狂気が生じて神託を与え、それを必要とする者にそれらの病と労苦からの解放を発見してやったのだ[1]。神々への祈りと礼拝に訴えて。まさにそこから浄めと秘儀を得て狂気はそれを分け持つ者を[2]、現在においてもまた未来にわたっても健全にしてやったのだ。正しい仕方で狂い取り憑かれる者に目下の悪からの解放を見出して[3]。

E

245

第三の狂気はムーサたちに取り憑かれる狂気であり、柔らかくて踏み荒されていない魂を捉えて、歌とその他の詩歌に合わせて目覚めさせバッコスの狂気へと導き、古人の無数の偉業を讃えて後世の人々を教育する。他方、ムーサたちの狂気を持たずに詩作の諸々のとびらに来たる者は誰であれ、小手先の技術を使ってひとかどの詩人となれるだろうと信じているわけだが、彼自身は成功しない［秘儀を受けない[4]］者となり、また、正気の者の詩作は狂気に取り憑かれた者の詩作に圧倒されて見る影もなくみすぼらしく映るのだ。

神に由来して生じる狂気にはこれだけ多くの、そしてさらにもっと多くの立派な働きがあることを、私は語ることができる。だから、他ならぬこのことについてはわれわれは恐れることのないようにしよう。つまり、何かある言論が、心が乱れている人よりも思慮のまともな人を親しい者として選ばなければならない、と言ってわれわれを脅して動揺させるようなことがないようにしよう。そして、そのことを示すだけでなく次のことも示したときにはじめて、その言論に勝利の褒美を取らせるようにしよう。つまり、恋（エロース）が恋する者と恋される者に神々から送られるのは有益さのためではない、と示したときだ。われわれの方は正反対のことを論証しなければならない。そのような狂気［恋］が神々から与えられるのは最大の幸福のた

B

C

めなのである、と。実にこの論証は、ただ如才ないだけの者には信じられないが、知恵のある者には信じられる。さてまず最初に、神と人間の魂の本性について、それが経験することとそれが及ぼす働きを見たうえで、真実を理解せねばならない。これ［次のこと］がその論証の始まりである。

魂はすべて不死である。というのは、常に動くものは不死だからだ。しかし、他のものを動かし他のものから動かされるものは、動の終わりを持つがゆえに、生の終わりを持つ。だから、自らを動かすものだけが、自らの本性を違える（たが）こと［自分を見捨てること］がけっしてないがゆえに、けっして動くのを止め（や）ない。それだけでなく、動かされるかぎりの他のすべてのものにとって、それが動の源であり始源である。そして、始源は生成しない。というのは、すべて生成するものは始源から生成せねばならず、始源は何ものからも生成しないのが必然だからである。というのは、もし何かから始源が生成するなら、生成するすべてのものは始源から生成することにはならないだろうから。(5) そして、生成しないのであるから、それは消滅しないのも必

D

（1）テクストは句読点の打ち方を変えて読む。テクスト註（244D5-245A1）参照。

（2）E三の *ἑαυτῆς* を削除しない。テクスト註（244E3）参照。

（3）この第二の神与の狂気は、「神託を与え」という言葉も用いられているので、第一のそれ（予言）と区別が難しい。しかし、基本的にはこの第二の神与の狂気は、利益を受ける人々本人が狂気を直接分け持つ点で予言とは異なると思われる。第一、第三の神与の狂気においては、利益を受ける人は狂気を得る人（予言者や詩人など）とは別人で、一方は他方を通じて利益を得る。

（4）「成功しない」と「秘儀を受けない」という *ἀτελής* の二つの意味がかけられている。二五〇C—D参照。

（5）Burnet が採用している Buttman の *ἔτι ἀρχή* という推測を採らず、写本どおりに *ἐξ ἀρχῆς* と読む。テクスト註（245D3）参照。

然である。というのは、始源が消滅してしまったとしたら、どうしてもすべてのものは始源から生成しなければならないのならば、それ［始源］が何かから生成することも、他のものがそれ［始源］から生成することもけっしてないだろうからである。こういうわけで、自分で自分を動かすものは、動の始源なのである。E それは消滅することも生成することも不可能である。そうでなければ、宇宙全体と、すべての生成が[1]倒れて静止してしまい、再び動かされて生成することはどうしてもできないだろう。自分によって動かされるものが不死であると明らかにされたわけだが、魂の本質と定義はまさしくそれ［自分によって動かされるもの］であると人は言ってはばかることはないだろう。すべての物体［身体］は、動かされるということがそれの外から来るので、魂を持たない。他方、動かされるということが自分で自分から来るところのものは魂を持つ。246 それが魂の本性だからだ。そしてこのこと、すなわち、自分で自分を動かすものが魂以外のものではないということが、そのとおりであるならば、必然により、魂は不生、不死であるだろう。

　魂の不死については十分に語られた。一方、魂の姿については次のように語らねばならない。それがどのようなものであるかについては、神による長大な叙述を必要とするのはどうしても動かしがたい、と。しかし、それが何に似ているかについては、もっと短い人間の叙述で可能である、と。だからそういう仕方で語ることにしよう。

　さて、魂は、翼を持った二頭立ての馬と［翼を持った］馭者の、本来からいっしょになった力に似ているB とせよ。神々の馬と馭者はすべて自らも善きものであり、また善きものに由来するが、他の者の場合、そうでないものが入り交じっている。そして、まずわれわれの支配者［馭者］は二頭の馬の手綱を取るわけであるが、さてその馬のうちの一頭は善美の性格を持ちまたそういう由来を持つのに対して、もう一頭は逆の由来を持ち逆の性格を持つ。だから、われわれの場合その手綱さばきは困難で神経を使うものにならざるをえない。さて、どうして[2]死すべき動物と不死の動物が区別して呼ばれるのかを言うことを試みなければならない。魂はすべて魂を欠くものすべての世話をする。そしてその時々で異なる姿で現われて宇宙全体にめぐりわたる。魂が翼を持って無傷である間は、空をめぐり宇宙全体を統治するが、翼を失った魂は何か固いものにつかまるまで運ばれる。そして、そこに住み着き、土の性質を持つ物体〔身体〕をつかまえる。その物体は自分で自分を動かすかのように見えるのだがそれは魂の力によるわけである。そしてその全体が動物と呼ばれる。そして、魂と物体〔身体〕がくっつけられているので、「死すべき」という名称を得るのである。他方、それ〔動物〕が「不死」と呼ばれるのは、しっかり考えられた議論からというわけでは全然なくて、われわれは神を見たことも十分に思考によってとらえたこともないので、何か不死なる動物というようなものを捏造しているにすぎない。それは魂を持っていて、また、それは身体を持っていて、そして全時間にわたってそれは結び付けられたその二つを持っている、というように。しかし、これについては、神の心にかなうような仕方で、そういう仕方であるとし、また語られるとしよう。だが、翼の喪失の原因、どういう理

C

D

（1）写本どおりに読む。Burnet は γῆν εἰς ἓν というピロポノスの読みを採用している。それだと「すべての大地が」となる。テクスト註（245E1）参照。

（2）すでに魂はすべて不死であると証明されたにもかかわらず、どうして魂を持つもの（動物）に死すべき／不死の区別があるのかという疑問を表わす。

由で翼が魂から落ちるのかを把握しなければならない。それは次のようなわけなのだ。

翼の力は重いものを上に持ち上げて、神々の種族が住むところまで運ぶ本性をもつ。そして身体［物体］にかかわるものどものうちで、それは何か最大限に神的なものと交わるのである。そして、神的なものとは、美しいもの、知恵のあるもの、善きもの、そういったすべてのものである。そういうものによって魂の翼は最もよく育まれ成長するのであって、醜いもの、悪いもの、そういう反対のものによって、しぼみ、滅びる。

E 見よまず、天の偉大な導き手ゼウスが、翼を持った戦車を駆って、一番に行進する。すべてを秩序づけ、それらの面倒をみながら。それに従うのは、神々とダイモンたちの軍勢で、十一の部隊に整列されている。247 というのは、ヘスティアはひとり神々の住みかに留まるからである。ヘスティア以外で十二の数の中に首長として置かれた神々は、それぞれが与えられた持場において［軍勢を］先導する。[1] 天空への外出と眺めは、おびただしくも至福であり、幸福な神々の種族は、各自自分の役目を果たしながらその行き来を行なう。そして、いつでもそれを望みその力があるものはそれについて行く。神々の舞踏にねたみはないからである。B それで、神々が食事の宴に向かうときには、天蓋の下の丸天井の頂点へと急な坂を登っていく。そこへは、神々の乗物は釣り合いがよく手綱をとりやすいので容易に登るが、他の者はやっとのことでたどりつく。というのは、悪い性格を分け持った馬は重く、駆者によって立派に調教されていないなら、[2] 地面に向けて傾き、御者を下へと引っ張るからである。まさにここで、魂には最大の労苦と苦闘が課せられる。不死と呼ばれる[3] C 魂たちは、頂点に達すると、外に出て天の背に立つ。立つと彼らを天の回転が運ぶ。そして、彼らは天の外側を眺めるのだ。

天を越えた場所のことを、それにふさわしい仕方で歌ったものはこの地上の詩人ではまだ誰もいないし、これからも歌うことはないであろう。こういうことなのだ。――こう述べるわけは、とりわけ真実［在］について語るときには、真なることを語ることをあえて試みなければならないからだ――すなわち、色がなく形がなく触れることができない真にあるところの存在は、魂の舵取りである思惟によってのみ見られるのであり、真の知識の種族はそれについて成立するのであるが、それはそこ［天の外］に場所を持つのだ。さて、神の思考は純粋な思惟と知識によって育まれる。その神の思考は、そして、本来の食事を受けることを配慮するかぎりのすべての魂の思考も同じであるが、そういうわけで久方ぶりに真実在を見て喜び、真実を眺め栄養を得て楽しむ。それは、回転運動が一周するまで続く。その周回の中で、それは正義そのものを見る。節制［そのもの］を見る。知識［そのもの］を見る。知識と言っても、それに生成が付加されているような知識ではなく、また、われわれが今「ある」と呼んでいるようなものごとの中に成立する知識でもない。そう

D

(1) 標準的なオリュンポスの十二神が想定されている。プラトンの弟子のエウドクソスによれば、標準的な十二神は、ゼウス、ヘラ、ポセイドン、デメテル、アポロン、アルテミス、アレス、アテナ、アプロディテ、ヘルメス、ヘパイストス、ヘスティアである。パルテノン神殿の東の浮き彫りの十二神も、一つの例外を除いて（ヘスティアの代わりにディオニュソス）同じである。囲炉裏の神ヘスティアが留まるのは、囲炉裏がこの神の持場だからである。ヘスティアはまた、地球（大地）とも結び付けられる。エウリピデスの「断片」九四四（Nauck²）参照。

(2) ἣν ではなく、写本のとおり ἣ と読む。

(3) 神のこと。もちろん本当は神の魂だけでなくすべての魂は不死である。

E いう知識は、別のものごとの中では別のものになる。そういう知識ではなくて、真に存在するところのものの中に成立する真の知識を見るのである。そして神々の魂はそれ以外の真実在を見て饗応を受けた後、再び天の内側に入り、家路につく。住みかに帰ると、馭者は馬たちをかいばおけのところに繋ぎ、アンブロシアを投げ与え、それに加えてネクタルを飲ませる。[1]

248 これが神々の生である。他の魂たちはといえば、最もよく神に従い、最も神に似た魂は馭者の頭を外の場所に持ち上げて出し、そしていっしょに回っていくが、馬が暴れるので、苦労して真実在を見る。ある魂は、頭を持ち上げたり沈んだりする。そして、馬たちが言うことを聞かないので真実在のうちのあるものは見るが、あるものは見ない。他の魂たちは皆上方に行きたくて、ついていこうとするのだが、それができず、水 B 面下で運ばれて行く。踏みつけあったり、押しあったりして、とにかく他よりも先に出ようとする。そこで混雑と争いと汗の極みが生じ、まさにそこで馭者たちの不手際によって多くの魂は翼に損傷を受け、また多くの魂は羽を大量に折ってしまう。長いこと苦労したが真実在を見るという秘儀に与ることがかなわなかった魂はすべて去っていくが、去った後は思いなしによる栄養を用いる。何のために真実の平原がある場所を C 見ようとするこれほど大変な熱意があるのか。それは、魂の最もよい部分にふさわしい牧草はあの場所の牧場から得られること、そして、翼の本性、それによって魂が飛翔する［軽くなる］のだが、その翼はそれによって育まれることからなのだ。

そして、アドラステイア[2]の掟は次のことを定める。どの魂であれ神に付き従うことによって真なるもののうちの何かを見たものは、まず次の回転までは無傷であること、そしてこれをすることができているかぎり、常に傷のないものであること。しかし、魂が神についていけずに真実在を見損ない、何か不運に会って忘却と悪徳に満たされて重くなり、重くなって翼を失なって地上に落ちたときには、そのとき法はこう定める。

D

その魂を最初の誕生においてはいかなる獣の本性にも植え付けてはならなず、最も多くを見た魂は何か哲学者［知を愛するもの］、美を愛する者、ムーサの徒、恋する者［エロースの徒］のたねに植え付け、第二位の魂は法に基づいた王、戦士、支配者の、第三位は何か政治家、家をとしりきったり、金儲けをする者の、第四位は体育において喜んで労苦を引き受ける者や(3)、身体の治療にかかわることになる者のたねに、そして第五位の魂は何か予言の生、秘儀にかかわる生を持つ者のたねに植え付けなければならない。

E

第六位の魂には何か詩人とか模倣にかかわる生がふさわしく、第七位の魂には職人や農夫の生が、第八位の魂にはソフィストの、あるいは民衆を煽動する生が、第九位の魂には僭主の生がふさわしい。これらすべての者の中で、正しく生を過ごした者は次回にはよりよい割り当てを得るし、不正に生を過ごした者はより悪い割り当てを得る。

（1）この箇所は、ホメロス『イリアス』第五歌三六八―三六九行「そこで風のように足の早いイリスは馬たちを止め、くびきをはずし、アンブロシアのかいばを投げ与えた」のもじりである。ホメロスにおいて、アンブロシアは神の食べ物、ネクタルは神の飲み物である。プラトンの神の馬は、ホメロスの神の食べ物を食べるが、プラトンの神はホメロスの神とはまったく別のもの（イデア）を食べる。

（2）アドラステイアの掟は、その女神の名（その神から走って逃れることができない）が示すとおり、不可避の法である。復讐などを執行するネメシスの別名でもある。アイスキュロス『縛られたプロメテウス』九三六行、エウリピデス『レソス』三四二行参照。

（3）ἢを挿入しない。テクスト註（248D6）参照。

249 実のところ、それぞれの魂がまさにもともとそこから来た場所へは、一万年の間どれも帰ることはないのだ。――それはそれだけの時間がたたないと翼が備わることはないからだ。――ただし、誠意をもって哲学した者、哲学によって子を恋することをした者の魂は例外だ。そういう魂は、千年の周期の三回目で、もしそういう生を三回連続で選択したならば、そのときには翼を具え三千年目に帰還する。その他の魂は、最初の生を終えたとき、審判を受ける。そして審判を受けた後ある魂は地下の牢獄に行って罰を受けるが、ある魂は天の中のとある場所に女神ディケ［正義］によって軽々と持ち上げられて、人間の姿で過ごした生にふさわしい仕方で時を過ごす。そして千年目にどちらの魂も二番目の生を選ぶくじと選択にやって来て、各々が望む生を選択する。[1] そこでは人間の魂が獣の生を受けることもあるし、かつて人間であった者が獣から再び人間に B なることもある。というのは、真実を一度も見たことのない魂はこの姿［人間の姿］になることはないからだ。

というのは、人間は実相（エイドス）の下で語られるものを理解するべき者であるからだ。それ［実相の下で語られるもの］は多くの感覚から由来するが、理知の働きによって一つに統合されるものである。そしてそれは、かつてわれわれの魂が神といっしょに行進しながら、われわれが今「ある」と言っているものどもを無視して、本当にあるところのものの中に頭を浮かせて見たところのものどもの想起なのである。だから C 実際、哲学者の思考だけが「他より早く」翼を具えるのは正当なことである。というのは、神がそれらのものの［実相］のそばにいることによって神的な存在であるところの、そのそれらのものに、哲学者の魂は記憶によって可能なかぎり常にそばにいるからである。まったく、人はそういうふうな想起の手段を正しく用いることによって、完全な秘儀を恒常的に達成することができるのであって、ただそのひとだけが真に完全な

D ［秘儀を受けた］者となるのである。[2] 彼は人間どもの熱心になっていることを捨てて、神的なもののそばにいるのだが、一方では大衆によって正気を失なっていると叱責されるが、他方では神に取り憑かれているために大衆のことを気にかけることはない。

さて、第四の狂気についてのこの話全体は、とうとうここまでやって来た。――その第四の狂気だが、人がこの地の美を見て、真の美を想起するなら、その人は翼を生やそうとする。飛び上がろうと熱望して再び翼を具えようとするが、飛び上がることはできずに、鳥のように上方を見上げ、下方を顧みず、気が狂ったと非難される。E そういう狂気であるが――すなわち、実際は、神に取り憑かれることすべてのうちで、この狂気こそは、それを持つ者にとってもその狂気［を持つ者］と交流する者にとっても、最善（アリステー）でありかつ最善のものに由来するものだとわかるのだ。そして、美しい者[3]に恋する（エローン）者はこの狂気に与ることで、恋する者（エラステース）と呼ばれるということなのだ。[4] というのは、すでに語られたように、人間の魂はすべて本性上、真実在を見たことがあるのだ。そうでなければ、その魂はこの動物［人間］には

(1)『国家』第十巻の最後のエルの物語で語られている（六一七D―六一八B）ように、ここでのくじは選択の順番を決めるもので、順番が来たら魂は残っているものから自分の好きな生を選択する。

(2)「完全な（*τέλεος*）」、「秘儀（*τελετή*）」、「達成する（*τελεῖσθαι*）」の語に共通する *τελε-* という語幹が四度繰り返される言葉遊びになっている。

(3) *τῶν καλῶν* を男性と読む。中性に読めば、「美しいものに恋する者は……」となる。

(4)「恋する者、エラステース（*ἐραστής*）」は、「恋する（*ἐρῶν*）」と「最善（*ἀρίστη*）」に由来するという語源説明である。

250 入って来なかったはずである。この地上のものどもからかのものども［真実在］を想起するのはすべての魂にとって容易であるわけではない。かのものどもをあのとき短い時間しか見なかった魂にとっては困難であるし、また、この地に落ちて不運に会い、その結果何らかの交わりによって不正へと向かい、あのとき見た神聖なものどもを忘れてしまった魂にとっても困難である。そういうわけで、思い出すということが十分に備わっている残りの魂は実に少数である。しかしその少数の魂は、この地のもののうちで、かのものどもを思い出させるきっかけになる何かを見たときには、打たれてしまってもはや自分を制御できなくなってしまう。B そして、［真実在の似姿を見ているということを］十分に判別することができず、その経験が何なのか分からない。

さて、正義や節制やその他魂にとって貴いものどもについては、それらのこの地での似像の中に何の輝きもなく、ほんの少数の者だけが、ぼんやりとした器官を通じてやっとのことで、それらの似像へと向かい、似せられた元の種族［真実在］を見て取るのである。だが、あのとき〈美〉は燦然と輝いて見られた。幸福な歌舞隊といっしょに、われわれはゼウスに、そして他の者は他の神に従って至福な光景と眺めを見たときだ。C あのときわれらが受けていた秘儀は、秘儀のうちでも「最も幸福な秘儀」と呼ぶのが掟である。その秘儀の儀礼を行なっていたときまずわれわれ自身は完全で、後のときにおいてわれわれを待ち受けて襲うことになる悪を何も被っていなかった。われわれはさらに、完全で、単純で、ゆるぎなく、幸福な現われを見る儀式を受け、清らかな光の中で最高位の拝観を許された。われわれは清らかだった[1]。今われわれが持ち回って「肉体（ソーマ）」と呼んでいるものの中に、蠣のように縛り付けられて、汚され／墓に入れられてはいな

かった（アセーマントイ）のだ。(2)

さて、これらを記憶への捧げものにすることにしよう。記憶のゆえに、あのときのことへの憧れから、今のことは必要以上に長く語られてしまった。だが、〈美〉については、われわれが述べたように、それはかのものどもといっしょにあのとき燦然と輝いていた。そして、われわれはこの地に来た後、われわれの持っ D ている感覚のうちで最も明瞭なものを通じてそれをとらえる。それは最も明るく輝いている。というのは、視覚はわれわれにとって、身体を通じた感覚のうちで最も鋭敏なものとしてやって来るからだ。視覚によって思慮は見られない。――もし〈思慮〉が何かそのような視覚に至る明瞭な似像を与えたなら、恐ろしいほどの恋をもたらしただろう。――その他の恋されるべきもの［〈正義〉など］も同じである。実際には〈美〉

（1）プラトンはここでエレウシスの秘儀の用語をいくつも用いている。エレウシスの秘儀には段階があって、最初の基本段階の秘儀を受けることは μυεῖσθαι と呼ばれる。少数の選ばれた者だけが与ることのできる最高位の秘儀は、「拝観（ἐποπτεία）」と呼ばれていた（「……儀式を受け、……拝観を許された（μυούμενοι τε καὶ ἐποπτεύοντες）」二五〇C四）。ソクラテスが垣間見る美のイデアの輝きは、エレウシスの最高位の秘儀、「拝観」になぞらえられている。拝観では聖なる松明の光が（「清らかな光の中で（ἐν αὐγῇ καθαρᾷ）」二五〇C四）夜の闇から突如として、隠されていた儀礼の対象物を照らす（「光景と眺め（ὄψιν τε καὶ θέαν）」二五〇B六、「現われ（φάσματα）」二五〇C三）。肉体に汚されていない魂の純粋な状態は、秘儀（「祝って（ὠργιάζομεν）」二五〇C一）の浄めに対応している。

（2）「肉体（ソーマ σῶμα）はわれわれにとって墓（セーマ σῆμα）である」という考えについては、『ゴルギアス』四九三A参照。セーマは、墓の印、墓標である。プラトンは「アセーマントイ」に二つの意味を込めている。肉体によって「印をつけられていない＝汚されていない」という意味と、肉体という「墓に入れられていない」という意味である。

E だけがその割り当てを得た。だから、それは最も明瞭で、最も恋しいのだ。

さて、秘儀を受けたのが最近でない者、あるいは、堕落してしまった者は、この地でそれ〔〈美〉〕と同じ名前で呼ばれるものを見ても、この地からかの場所へとすみやかに美そのものに向かって運ばれることはない。その結果、それを見ることに畏怖を覚えることはなく、快楽に身をまかせて四足の獣のように交尾のために乗りかかり、生殖の交わりをしようとする。そして、放縦（ヒュブリス）に染まってしまっているので、251 本性に反して快楽を追い求めることを恐れもしないし恥ずかしいとも思わない。他方、最近秘儀を受けた者で、あのとき多くを見た者は、〈美〉をよく映している神のような顔や身体の姿を見たときには、まず震えが彼を襲い、何かあのときの恐れの感情が彼に引き起こされる。次に、神を見ているように畏怖し、極度の狂気に陥っていると思われることを恐れなければ、神像や神に対してするようにその子に犠牲を捧げるだろう。

B そして子を見た後、[1]まるで悪寒の後でそうなるように、変化が起こって汗と妙な熱が彼をとらえる。というのは、目を通じて美の流れを受け取って、彼は熱せられるからである。羽はその流れによって養われる本性を持っているのだ。彼が熱せられると、羽が発芽する周囲が融ける。そこは、長らくかさぶたで塞がって芽が出るのを妨げていたのだが、養分が注ぎかけられて、魂の姿の全面にわたって羽の軸が膨らみ、根から C 生えはじめる。というのは、魂は全面にわたってかつて羽を持っていたからだ。さて、このとき魂全体は沸きたち、泡を吹く。そして、ちょうど歯を生やしはじめた人が歯のまわりで経験するようなこと、つまり、歯ぐきがむずがゆくなったり、いらだたしい痛みに悩まされたりするように、羽を生やし始めた人の魂は同じような目に合う。羽を生やそうとして、沸きたち、痛みにいらだち、むずがゆくなる。さて、子の美に目を向け、そこから流れて出て来る部分（メロス）――それはまさにこれゆえに「ヒーメロス［こがれ］」と呼ばれるのだが(2)――を受け取って潤って熱せられるときには、苦痛が休まり喜ぶ。しかし、その子の美と離れて干からびてしまうと、羽が生えてくる通路の口が乾いて固まって塞がってしまい、羽の芽が出るのを妨げる。そして、羽の芽は内部でこがれ（ヒーメロス）と共に閉じ込められてしまい、血管がドクドクとうずくように跳ね回り、芽のそれぞれが出口を突っつく。その結果、魂の全体がその全面にわたって突つかれて狂乱し、苦しむ。しかしまた逆に、子の美を思い出して喜びもするのである。　D

快苦両方がこう交じり合うことから、彼はその経験の奇妙さに苦悶し、どうしようもなくて狂ってしまう。そして、狂った状態で、夜は眠ることができず、夜が明けるやいなやどこであれ同じところにじっとしていることができず、ともかく美をもつ者の姿を見ることができると思うところに、それを求めて走って行こうとする。　E　そして、その姿を見てヒーメロスの流れの水路に浸ると、塞がっていたところが溶け、息を吹き返し、突つかれて苦しむことから解放される。その回復は、つかのまとはいえ最高の快楽として収穫されるのだ。　252　そういうわけで、自分からはすすんで離れようとはせず、美しい子よりも他の誰かを大事にすることもない。母も兄弟も知り合いもみんな忘れてしまう。ほったらかしにされた財産がなくなってしまっても何と

（1）この段落では、魂の状態を描写するのに、性的な興奮を描写する表現が用いられている。

（2）「ヒーメロス」は、「そこから流れて出て来る部分（*μέρη ἐπιόντα καὶ ῥέοντ'*）」（二五一C六―七）の *ἰέναι, μέρη, ῥοή* に由来するという語源説明である。

（252）も思わない。しきたりや体裁も、以前はそういうことを誇りにしていたにもかかわらず、すべて軽んじて、喜んで奴隷のように振る舞い、とにかくどこでも求める者の一番近くで、許されさえすれば、そこで寝ようとする。というのも、彼は美を持つ者を畏怖するだけでなく、最大の苦悶を癒やすただ一人の医者を発見したからなのだ。この経験を、美しい子よ、私の話はおまえに向けて語られているのだが、人間たちは恋（エロース）と名付けているのだ。しかし、神々がそれを何と呼んでいるかを聞いたなら、その奇抜さのためにおまえはたぶん笑うだろう。思うに、ホメロスの末裔のある者たちが、非公開の叙事詩の中から二行をエロスに向けて語っている。(1) そのうちの一行は、とても奔放であまり韻律を守っていないのだが、(2) 彼らはこのように賛歌を歌っている——

C

翼を持つその者を、死すべき者どもはエロース神と呼ぶが、
不死なる神々は、プテロース［翼を持つ神］と呼ぶ。翼を生やす必然のゆえに。

C

これを信じることもできるし、信じないこともできる。しかし、恋する者の経験とその恋の原因は、すでに述べた以上のことにほかならないのだ。さて、ゼウスに従った者たちのうちで、［恋に］とらえられた者は、翼から名を得た者［エロス］の重荷に、他に比べて威厳をもって耐えることができる。だが、アレスの従者でアレスといっしょに［天を］回転したかぎりの者どもは、エロス神にとらえられて、恋される相手から何か不正を受けたと思ったときには、殺人もいとわず自分自身と相手の子を犠牲に捧げようとする。そして各人はこのようにして各人の従った神のやり方にならうのである。各人はある神の歌舞隊の一員であったわけであるが、人はその神を崇めて、できるだけ真似をしながら人生を送るのである。人が道を踏み外して堕落

D

してしまうことなく、この最初の誕生の生を生きる間はそうなのだ。そして、恋される相手だけでなく、他の人たちに対してもこのやり方で交わり、接する。そこで、各人は美しい者たちの中から自分の性格に合った恋［の対象となる者］(3)を選択し、その子自身が自分にとって神であるかのように考えて、まるで神像のよう

（1）「ホメロスの末裔たち（Ὁμηρίδαι）」は、ホメロスの子孫（そもそも『イリアス』、『オデュッセイア』の作者のホメロスという一人の詩人がいたとしたらの話であるが）ではなくキオス島にゆかりのある高度専門技術者組合に所属した吟遊詩人たちである。彼らは特権的な地位を持ち、アテナイでの叙事詩のコンテストに関与したり、ホメロス作とされる詩をギリシア各地で吟唱したりした。彼らは詩人、作家ではなくパフォーマー、歌手であり、ソクラテスは自分がこれから提示する詩を、彼らが歌うホメロス作のものだとしているわけである。実際は、この詩はプラトンの創作と考えられる。一般には知られていないにもかかわらずホメロスの作であるのは、この詩は「非公開の」「秘密の」詩だからと言うのである。（後世は別として）プラトンの時代に「ホメロスの秘密の詩」なるものがあると考えられていたという証拠はなく、これはプラトンのジョークである。

「非公開の（ἀπόθετος）」の詩とは、『イリアス』『オデュッセイア』以外のホメロスの詩の意味で「外典」と呼ぶべきであるという提案もある。ただ、この箇所の二行の詩句がその外典に入れられていたとしても、それはおそらくプラトンの時代よりも後のことで、この『パイドロス』の箇所がその起源であると思われる。

（2）エロースは翼を持つ神なので、次の詩句がその点を述べるだけでは「大胆」であるわけではない。「大胆」なのは二行目の詩句についてであるが、それはこの二行目が韻律の規則を守っておらず風変わりであること（テクスト註（252B8-9）参照）、さらにそれがこれまで秘密のホメロスの詩句であること、「プテロース（πτέρως）」という新語のもじり言葉（「翼（プテロン）」と「エロース」から）を含むこと、そして、それがちょうどうまいぐあいにここでのソクラテスのエロース説を裏打ちしていることにある。

（3）D五で Ἔρωτα ではなく ἔρωτα と読む。

E にその子を作り上げ、飾り上げるのである。それを崇めて奉るためである。そこで、まずゼウスの徒は、彼らが恋する相手が魂において高貴な［ゼウス的な］者であることを欲する。[1] だから、彼らは相手が本性上知を愛する者で導き手にふさわしいかどうかを調べ、それに当たる者を見つけて恋したときには、万策を尽くして相手がそのような者になるようにする。そこでもし彼らが以前にはまだその活動に乗り出したことがなかったならば、すぐに始めて可能なかぎりあらゆるところから学びもするし、自分たちでも探求を行なう。253 そして、自分たちの神の本性を自力で追跡して再発見することができる。それは彼らがその神に目を向けることを強く［エロースによって］強いられているからである。そして彼らはあの記憶によってその神に触れて神懸かりの状態になり、人間が神に与ることができる最高限度において、その神から自分の習慣と活動を得る。そして、これらのことは恋する相手のおかげだと考えて、相手をますます大切にするようになる。そしてバッコスの女たちのように[2]ゼウスから霊感の流れを導き入れているならば、恋する相手の魂にそれを浴び B せかけて、相手をできるかぎり自分たちの神［ゼウス］に似た者にするのである。また、ヘラに従っていた者たちは皆、王の性格を持った者を求める。そして、それに当たる相手を発見したならばその相手のために同じようにあらゆることをなすのである。アポロンや他の神々に従っていた者たちも同様で、神に従って進み、自分たちの相手の子がその神の本性を持つことを求める。そして、そういう子を得たときには、自分たちも［神を］真似、また、その恋する相手の子を説得し、訓練してその神の活動と姿へと、それぞれの相手の力の及ぶかぎり、導くのである。そのとき恋する相手の子に対してねたみやけちな悪意を向けることはな C く、自分たちがお互いにも、そして彼らが崇める神にも完全に似たものとなることへと導くように最大限の試みを行ない、そのように振る舞うのである。さて、真実の恋をする者たちの熱望は、もし私が言うような仕方でその熱望するものを成就する場合には秘儀でもあるのだが、その熱望と秘儀は、恋によって狂気にとらわれている人の恋の相手にとってかくも美しく幸福なものとなるのである。相手が獲得されるという条件さえ満たされれば。そして、獲得される相手は次のような仕方で捉えられる。

この物語の最初にわれわれはそれぞれの魂を三つに分割した。二つの馬の姿と、三番目は馭者の姿へと。

D

今もまだ引き続きそうであるとしよう。馬のうちの一方は善く、他方は善くないとわれわれは言った。善い馬の善さ［徳］が何であるか、悪い馬の悪さ［悪徳］が何であるかをわれわれは詳しく語らなかったが、今語らなければならない。さて、二頭のうち美しい方の位置[3]にいる一頭は、姿勢はまっすぐで、［贅肉がないので］関節がはっきりしていて、頭を高く保ち、いくぶん鉤鼻で、見た目は白く、眼は黒く、節度と恥を持っ

(1) 対格で出ている「高貴な（δῖον）」という語は、本来「ゼウス（属格 διός）」とは関係ない語であるが、形が似ているので、二つをソクラテスは結びつけて語っているのである。プラトンが巻き込まれた晩年のシケリア事件でのディオン（Δίων プラトンの生徒で友人）への言及を読み取る解釈もあるが、ありそうもない。

(2)「バッコスの女たち（βάκχαι = Μαινάδες 狂った女たち）」は、ディオニュソス神から霊感を受け、歌と音楽と踊りで法悦的な狂乱の儀礼を行なう女たちである。つたやいちじくの冠をかぶり、獣の皮をかぶり、野山で人間の風習とは完全に無縁な野生の生活をする。ディオニュソスの霊感により、彼女らは木を根こそぎにしたり、野獣を殺したりする奇跡的な力を持つ。さらに、川や井戸から乳やはちみつを汲み出すとされる。『イオン』五三四A、エウリピデス『バッコスの信女』一四二、七〇八―七一一行参照。

(3) おそらく右側。

て名誉を愛する者であり、本物の名声の友であり、鞭で打つ必要がなく、命令と言葉だけで操縦できる。も E
う一頭は逆に、体が傾いていて、肥っていて、でたらめに組み立てられていて、首が強くまた短く、しし鼻で、色が黒く、眼は灰色で［青く］血走っていて、放縦と高慢の友であり、耳の周りは毛深く、言葉に耳をかさず［耳が悪く］、鞭と突き棒でようやく言うことを聞く。

254 さて、馭者が恋をかきたてる子の姿を見て、感覚によって魂全体をあたためて、うずきとこがれの棘で満たされ始めたときには、馭者の言うことをよく聞く馬の方は、いつものようにそのときも恥によって強制されて、自分を制御し、恋する相手に跳びかかったりはしない。しかし、他方の馬はもはや馭者の突き棒にも鞭にも意を払わず、飛び跳ねて無理やり進んでいく。そして、つながれたもう一方の馬と馭者に難儀をかけるのをやめようとせず、恋の相手の子に向かっていくように、そして、性的な交わりのよろこびを思い出すように強制[1]しようとする。B ［馭者とよい馬の］両者は恐ろしいこと法にはずれたことを強制されていると考えて、最初は怒って抵抗する。しかし最後には、災悪がいつまでたっても終わらないので、引っ張られて進んで行く。折れて、命じられることをすることに同意する。そして、その子のそばに来たとき、恋する相手の子の輝く顔を見る。馭者がそれを見たとき、美の本性に対する記憶が呼び起こされ、〈美〉が〈節制〉と伴に清らかな台座に立っているのを再び見る。そして見るやいなや、恐れが起こり、畏怖の念が沸き起こって仰向けに倒れる。C そしてそれと同時に手綱を後ろに思いっきり引っ張ることを強いられる。あまりに強く引くので二頭の馬はしりもちをつかされることになる。一頭は逆らって引っ張ったりはしないのですすんで腰を降ろすが、もう一方の放埒者は大変不本意である。子から遠くに離れると、一方の馬は恥ずかしいのと驚いたのとで汗をかいて魂全体を濡らすが、もう一方の馬は、倒れたときにはみから受けた痛みが止んで、息を吹き返すやいなや、激怒してののしる。臆病だ、勇気がない、持場を捨て同意を破ったと、馭者ともう一方のつながれた馬をさんざん罵倒する。そして嫌がる両者をもう一度子に近付いていくように無理強いしようとするが、両者がまた次回に延期するように頼むので、しぶしぶ譲歩する。約束の時が来ると、忘れたふりをしている両者に思い出させ、力ずくで、いななきながら、引きずって、以前と同じ理由を持ち出して再び恋する相手の子のところへ行くように強制しようとする。そして、近くに来ると、頭を下げて尻尾を伸ばし、はみを噛んで、恥知らずに引っ張っていく。馭者はさらに強くまた前と同じ経験をして、まるで自動機械のように反射的に[2]後ろに倒れ、さらに強くまた放縦な馬の歯から無理やり後ろにはみを引っ張り、悪口を言う舌とあごを血に染めて、足と尻を地面に突っ張らせて、「苦痛の手に引き渡す[3]」。そして、同じことを何度も経験すると、劣悪な馬は傲慢さを失ない、へりくだって馭者の意向にようやく従うようになる。そして、美しい子を見たときには、恐れで死にそうになる。その結果、ようやくそのときに、恋する者の魂は、恋する相手の子を畏怖し、恐れて付き従うことになるのである。

D

E

255

（1）「相手の子に思い出させるように強制しようとする」という訳が多いが、そうではない。テクスト註（254A6-7）参照。

（2）このたとえについては、さまざまな解釈がある。テクスト註（254E1-2）参照。

（3）ホメロスの文句のもじり。『イリアス』第五歌三九七行、『オデュッセイア』第十七歌五六七行参照。御者の悪い馬に対する勝利を締めくくるのに用いられることで、ある種の決め台詞の効果をもっている。この魂の格闘の描写は、全体としてホメロスの戦闘シーンの描写を彷彿とさせる。

さて、形ばかりの恋をする者からではなく、本当にその［恋の狂気の］経験をする者から、まるで自分が神に等しい者であるかのようにあらゆる奉仕を受けるので、そして、自分自身も奉仕してくれる人とは本性上親しくなる者であるので、たとえもし仮に以前に連れの友や他の者から、恋する者と交際するのは恥ずべきことだというような誤りを吹き込まれていたとしても、そして、そのことのゆえに恋する人を拒絶してい B たとしても、時が流れるとついに、その子の年齢［若さ］と［教育の］必要が、相手［恋する人］を交際に受け入れることへと導く。というのは、いついかなるときであっても運命は、悪い者が悪い者と親しくなることも、善い者が善い者と親しくならないことも許さないからである。交際を始めて会話と交わりを受け入れると、恋する人の思いやりに間近に触れて、恋される相手はそれに打たれる。そして、気づくのだ。他の友人や身内が与えてくれる愛情のすべてを合わせても、神を内に持つ友のそれに比べれば、それらはほとんど C 無に等しいのだ、と。そして、恋する者は継続して思いやりを示し、そして、体育やその他の交わりで接触もしながら交際するが、そのときついに、あの流出、それをゼウスは自分がガニュメデスに恋しているときヒーメロスと呼んだのだが(1)、恋する者へと大量に運ばれていたその流れが一方では彼の方に流れ続け、一方では彼の中で一杯になって外にあふれ出す。そして、あたかも風とかこだまが滑らかで固いものから跳ね返って再び元来たところに戻って行くように、美の流れが再び美しい者の中へと眼を通って入っていく。そ D の流れは魂へと向かう本性を持つので、そういうふうにしてそこに至りそれを興奮させる［羽ばたかせる］。そして、その流れは翼の出口を潤し、翼を生えさせ始め、逆に恋される相手の魂を恋（エロース）で満たす。

さて、その子はたしかに恋しているのだが、何に恋しているのか分からない。そして、自分が何を経験して

E

いるのか分からず言うこともできず、人から眼の病気をありがたくも頂戴したときのように、そのわけ［感染源］を言うことができない。ちょうど鏡の中に自分を見るように、恋する人の中に映った自分自身を見ていることに気がつかないのだ。そして恋する人がそばにいると、その人と同じように苦しみから解放され、離れると、また同じように求め、また求められる。その子の持つものは、恋（エロース）の像、恋反射（アンテロース）なのだ。彼はそれを恋（エロース）ではなく友情（ピリアー）と呼ぶ。それは友情なのだと考える。その子は、恋する者と同じように、しかし、少し弱く、相手を見て、触れて、口づけをし、いっしょに寝ることを欲する。そして実際、当然の成り行きであるが、その後間もなく、それらをするのである。

さて、いっしょに寝るときに、恋する者の放埒な馬は馭者にひとこと言うことがあって、多くの苦労の見返りにちょっとばかりの快楽を得るのが正当だともちかける。他方、恋される子の放埒な馬は何を言っていいかわからないが、欲望に膨れてどうしていいかわからず、恋する人を抱き、口づけをするが、自分が受け入れている人は大変思いやりのある人だから［そうしているのだ］と考える。そしていっしょに寝るときには、もし求められれば、自分としては恋する人の求めに応じるのを拒否しないという気持ちになる。いっしょに

(1) ガニュメデスはトロイアの王トロスの子で美少年だったが、ゼウスの給仕係としてさらわれる。ホメロス『イリアス』第五歌二六五行、第二十歌二三二行参照。古くはその誘拐の詳細は述べられていないが、ゼウスの計らいであったのは間違いない。父トロスには、その代償として驚異的に速い馬たち（あるいは、黄金のぶどう）が与えられた。後の伝承では、ガニュメデスをさらったのは鷲（あるいは鷲に姿を変えたゼウス自身）とされるようになる。そして鷲はわし座に、ガニュメデス自身はみずがめ座になったという。

つながれているもう一方の馬は、この子の場合もまた、馭者といっしょに恥と理性を持ってこれに抵抗する。そこで、もしよりよい思考の方が秩序ある生活、そう、哲学へと彼らを導いて勝利するなら、彼らがこの世 B で送る生は幸福で思いの一致したものとなる。自分自身を制御し、秩序を保つことによって、悪徳が生じる原因となる魂の部分を隷属させ、徳が生じる原因となる部分を解放するのだ。そして彼らが死ぬと、翼を具えて軽やかになり、本当の意味でのオリュンピア競技のレスリングの三つの勝利の一つに勝利する。[1] このことより大きな善を人に与えることは、人間並みの節制にも、神的な狂気にもできない。

C 　しかし、もし彼らの生き方がもっと俗であって、知を愛する仕方ではなく、名誉を愛する仕方であったなら、おそらく酒に酔ったときとかその他何か気が緩んだときに、彼ら二人の放埒な方の馬が無防備な魂をとらえて、いっしょに同じところへ導いて、大衆の言うところの「最も幸福な行為」をつかみ取り、一線を越えてしまった[2]かもしれない。そして一線を越えてしまったからには、それ以降またその行為をなすが、それは稀である。なぜなら、思考によって全面的によしと思われたことをなしているのではないからである。さ D て、この二人も先ほどの二人ほどではないが、恋の続く間もその後でも互いに親しい者となって人生を送る。そして、最大の信頼をお互いに与え、また受け取ったと考える。そしてその信頼を裏切って、仲違いするようなことは掟に背くことだ、と考える。そして二人が死ぬときには、翼は持たないけれどもあとわずかで翼を生やすまで至ったところで肉体を去る。その結果、彼らが恋の狂気から得る報償はけっしてつまらないものではないのだ。というのは、すでに天空の下での行進を始めた者たちが、闇の中へ、つまり、地下の路へ E と入っていくのは法に反するからである。彼らはいっしょに進みながら輝かしい喜びの生を過ごして幸福と

257

なり、もし彼らに翼が生えることがあるなら、恋のおかげでいっしょに翼が生えるのが法の定めなのだ。

子よ、これだけ多くの、そして、こんなに神的なこれらの贈り物が、恋する者と親しくすることからおまえに与えられるだろう。それに比べて、恋していない者から来たる交際は、死すべき者の節制と混じっているために、それが与える施しも死すべきもの、けちくさいものにすぎず、大衆から徳として賞賛されている、自由のなさを愛しい者の魂の中に産み出すだけであり、結局その魂は九千年の間地の近辺を巡って[3]、地の下で無知なままで放置されてしまうだろう。

愛するエロスよ、これをあなたに捧げ償いといたします。われわれの力のかぎり最も善美な取り消しの歌（パリノーディアー）です。この歌は、パイドロスのために、「とりわけ言葉の選び方[4]」において詩的な語り方をされなければなりませんでした。どうかさっきの話は大目に見て、そして、こちらの話をお喜びください。どうかご機嫌をお直しになり、慈悲をお示しになって、あなたが私に与えてくださいました恋（エ

（1）（ゼウスに捧げられる）古代オリンピックのレスリングでは、相手を三度投げた選手が勝利する。ここから「三度投げる（*τριάζειν*）、三度投げた者（*τριακτήρ*）」は「勝利する、勝利者」と同義に用いられる。

（2）写本に従い、*εἱλέτην τε καὶ διεπράξαντο* と読む。テクスト註（256C4-5）参照。

（3）人の肉体に宿った魂は、人生の長さをおよそ一〇〇年として、残りの九〇〇年を天上、あるいは地下で過ごす。この一〇〇〇年を一〇回繰り返さないと（哲学を三度続ける場合を除いて）翼を回復しない。一〇回すべて地下で過ごすとすると、その期間の合計は九〇〇×一〇＝九〇〇〇で、九〇〇〇年になる。

（4）これは二三四Cでパイドロスがリュシアスの弁論を褒めるときの言葉であった。

B (257)

ロース）の技術を怒って取り上げたり、無効にしたりなさらないでください。[1] そして、私が美しい人たちの間で今よりいっそう尊重されることをお許しください。もし以前の話の中で、パイドロスや私が何かあなたに失礼なこと[2]を述べたのでしたら、これらの言論の父親であるリュシアスにその責任があるとお考えください。そして、リュシアスにそういう話を止めさせて、哲学の方に向かわせてください。ちょうど彼の兄弟のポレマルコス[3]がすでにそちらに向かっているように。それはまた、リュシアスを恋するここにいる者が、現在のように二つの道を掛け持ちするようなことをやめて、ただ一つ哲学的言論とともにエロス神の方に向かって人生を過ごすためでもあるのです。

C

パイドロス　あなたといっしょにお祈りしますよ、ソクラテス、本当にその方が私たちにとってよりよいことであるなら、どうかそのようになりますように。しかし、あなたの話には驚きます。最初の方からずっと驚いていました。前の話と比べてどれだけいっそう美しくあなたがそれを仕上げるのだろうか、とね。それで、リュシアスが平凡に見えるんじゃないか、と恐ろしくなりますよ。そうか、でも、あの人が、あなたの話に張り合ってまたもう一つ話を出して並べるような気になるかどうかわかりませんね。というのはですね、そうそう、実は妙な話がありましてね、最近ある政治家がリュシアスをちょうどそのことで罵って非難してたんですよ。そして、その罵倒の中でひっきりなしにリュシアスを「作文屋[4]」と呼んでいたんです。だからたぶん、名誉を重んじて、リュシアスは作文するのは控えるだろうと私たちとしては考えなければならないでしょう。

D

ソクラテス　なんてばかげた考えだ、若いね君は。それに、君は友だちについて大きな見当違いをしているよ。もし彼が物音をそんなにびくびく恐れる人だと君が考えているのならね。それにたぶん君は彼を罵った人が非難するつもりでそういうことを言ったと思っているんだろう。

パイドロス　だって、そう見えましたもの、ソクラテス。あなたご自身もご存知でしょう。国の中で一番大きい権力を持ちまた権威のある人たちが、文章を作文して自分たちの書いたものを残すことを恥じてやらないということを。後世の評判を恐れるのですよ、後々ソフィストと呼ばれるのじゃないか、とね。

（1）『饗宴』二一二Bで、ソクラテスはすべての人がエロースを尊重すべきであり、自分自身も恋の道を尊重し、修練に励んでいるし、他の人にもそれを勧めている、と述べている。また、『リュシス』二〇四Cでは、ソクラテスは自分が恋している人、恋されている人をすぐ見分ける能力が神から与えられている、と述べている。

（2）写本どおりに *ἀπηνές* と読む。テクスト註（257B1）参照。

（3）三頁註（1）参照。

（4）「作文屋」と訳した「ロゴグラポス（*λογογράφος*）」は、訴訟当事者が法廷で弁論をするための、その弁論の作成を請け負って報酬を得るプロである。ロゴグラポスは民衆に対して責任を負わず、作文の技術を使って自分の利益のために司法プロセスを操作するのではないか、と考える大衆も多かった。だからここで言われているように、政治家が政敵を非難するのに「ロゴグラポス」という言葉を用いることはありうることである。しかし、リュシアスはアテナイ市民ではなかったので、政治家からのそのような非難の対象となったとは考えにくい。むしろパイドロスはここで架空の非難を持ち出して、ソクラテスに張り合う言論をリュシアスに書かせるという約束（二四三D―E）を果たさない言い訳をしているのだと解釈できる。パイドロスは今聞いたばかりのソクラテスの驚くべきスピーチに勝る（まさ）ものをリュシアスが書ける見込みはない、と判断したわけである。

ソクラテス　「曲がった航路の心地よきかな」とね、パイドロス、ナイル川の長くて曲がった水路がそう呼ばれているのに君は気がついていないね。(1) そして、その曲がった川のことに加えて、君が気づいていないことがある。政治の事に最大の自負を持っている人たちは、作文すること、そして作文したものを残すことを何よりも愛するということだ。だって、あの人たちときたら、いったん何か文章を書いたなら、それを褒めてくれる人がそれはそれは大好きじゃないか。どこでもそれを褒めてくれる人がいたら、その名前を最初のところに並べて書き加えるぐらいだからね。

パイドロス　それはどういう意味ですか。わかりません。(2)

ソクラテス　政治家の書いたものの(3)中にはね、まず最初に称賛者の名前が書かれているのに君は気がつかないかい。

パイドロス　何ですって。

ソクラテス　こういうふうに言うじゃないか。「評議会によって認められた」とか「国民によって認められた」とか、あるいはその両方で「評議会と国民によって」のこともあるが、そしてそれに続いて「誰それがこう言った」と続くんだよ。――ご自分様のことを、それはそれは、たいそうもったいぶって賛美しながら語るのさ、その作文者はね。(4)――そういうのを書いた後でやっと中身を述べるわけだけれども、自分自身の知恵を称賛者に演示するわけさ。(5) そのおかげでその作文は大変長いものになってしまうこともある。それとも、こういうのは、書かれた作文とは何か別のものだと君は思うのかい。(6)

パイドロス　たしかに違いません。

ソクラテス　そうだろう。そしてその作文が［評決で賛成多数で］持ちこたえると、作者は大喜びで劇場を去っていくのさ。でも、それが消されてしまって、不運なことに、作者の文章が書かれることがなく、そして、彼は作文するに値しないということに決まると、作者自身も彼の党派も嘆くのだ。(7)

---

(1)ナイル川の曲がった流れは航海が難しく実際は苦痛であるにもかかわらず、それを「心地よき曲がり（γλυκὺς ἀγκών）」と表面上反対の言葉で表わす慣用句があり、ソクラテスはそれを用いてパイドロスが政治家の言葉を文字どおりの意味に受け取ったことを注意しているのである。

(2)パイドロスはわからなくて当然である。ソクラテスは「作文」の意味を法案作成にまで拡張し、それが評議会や国民から認められていることまでも「称賛」と見なしているのであるから。

(3) *ἀρχῇ* を削除し、*συγγράμματι* を削除しない。テクスト註(258A1-2)参照。

(4)石に刻まれたアテナイの法令の最初には、「評議会（*βουλή*）によって認められた」、「国民（*δῆμος*）によって認められた」あるいは「評議会と国民によって認められた」という決まり文句が書かれていた（アテナイの評議会はクレイステネス以降、くじで選ばれた五〇〇人で構成されていた）。そしてその直後に法案を提案した政治家の名前が書かれる。政治家の提案を承認することで、人民は政治家の「称賛者」とみなせるとソクラテスは言っているのである。

(5)「演示する（*ἐπιδεικνύμενος*）」は、弁論家が自分の技巧があることを仮想的な弁論で誇示することに使われる専門用語である。ここでソクラテスは政治家の法案提示を弁論家の演示とあえて同一視しているのである。

(6)実際は、アテナイでの法案作成は法律関係の役人との共同作業で作られていた。アリストパネス『女だけの祭り』四三一―四三二行参照。ソクラテスはその手続きを単純化して、法案提案者を「作者」としている。

(7)法案は木の板に書かれて、可決されると石の壁に刻まれることになるが、否決されると（写しも含めてすべて）文字どおり消された。アンドキデス『密儀について』七六、八四参照。

(258)

パイドロス　まったくそのとおりです。

ソクラテス　だから、彼らがその書くという活動をつまらないと考えて軽んじているのではなくて、それこそ、それを崇拝しているということは明らかだ。

パイドロス　まったくです。

C ソクラテス　ではどうだね。そういう人が弁論家や王としてひとかどの者になったとして、リュクルゴスやソロンやダレイオスが持っていたような力を得て、国家において不死なる作文家になるほどだったとしよう。そうなったら彼は、自分で自分自身をまだ生きていながら神に等しい者と考えないだろうか。そして、後に生まれて来る人たちも、彼の書いたものを見て、彼について同じようにそう考えるのではないだろうか。

パイドロス　はい。

ソクラテス　だったら、そういう政治家たちの誰かが、仮にどんな点についてであれリュシアスが気に入らないのだとしてもだよ、まさにそのこと、つまり、作文をするというそのことでリュシアスを非難すると君は思うかい。

パイドロス　あなたのおっしゃるところから考えると、どうやらそんなことはしそうもないですね。自分のやりたいと思っているものを、どうやら、非難するということになってしまいますからね。

D ソクラテス　では、このことだけは誰にも明らかだ。文章を書くということそのことだけをとってみれば、それは恥ずべきことではないということはね。

パイドロス　もちろんそうです。

ソクラテス　だが、こちらのことは恥ずべきことということになるだろう。つまり、立派な仕方で語ったり書いたりせずに醜く悪い仕方でそうすること、だ。

パイドロス　明らかです。では、どういうやり方が立派に書くことであり、どういうやり方がそうでないのでしょうか。[3]

ソクラテス　それについては、パイドロス、われわれはリュシアスもちょっとばかり吟味する必要があるし、誰であれこれまで何かを書いた人、書くであろう人も吟味する必要があるのではないか。政治に関するものを書いたのであろうと、私的なものであろうと、また、詩人が韻文で書いたのであろうと、素人が韻を踏まずに書いたのであろうと。

E

パイドロス　必要があるか、ですって？　実際、まあ言ってみれば人は何のために生きているのでしょうか。もしそういうことから得られる快楽のためにでないのなら。苦痛を先に受けないとそもそも快楽を得ることもできないような、そんな快楽のためにではないでしょう。身体に関する快楽はそのほとんどすべてが

---

(1) 三人とも立法家として高名である。リュクルゴスは古く（年代は定かではない）スパルタで、ソロンは前七世紀から六世紀にかけてアテナイで立法に携わった。この二人はギリシア人にとっては立法家の典型であったが、ここにペルシアのダレイオス（前六世紀から五世紀）が加えられているのが興味深い。「王（*βασιλεύς*）」という言葉が使われている理由である。

(2) アテナイでは法が石の壁に書かれていたので、後の世代にわたって誰もがそれを見ることができたのである。

(3)「では、……そうでないのでしょうか」の台詞をソクラテスではなく、パイドロスの発言とする。テクスト註（258D6）参照。

そういうものなのですが。だから、そういう快楽は奴隷的だと言われるのは正当なのです[1]。

259

ソクラテス　どうやら、われわれにはこう思えるんだ。暑くなるといつもそうだが、蟬たちはぼくらの頭の上で歌っているけれども、彼らは実は互いに会話しながら、またわれわれを観察してもいるのだ、とね。もし彼らが、ぼくら二人がまるで大衆のように、真昼に対話もせず、思考が働かないために彼らの歌に魅せられて居眠りをしているのを見たなら、彼らが軽蔑して笑うのも正当だ。それこそ奴隷か何かが彼らの棲みかに侵入して来たと蟬たちは考えるだろうね。ちょうど子羊が泉のそばで居眠

B

りをして昼をやり過ごしているようにね。だがもし蟬たちが、ぼくらが対話をしているのを見るなら、そして彼らに魅せられてしまわずに、まるでセイレーンたちのそばを船で通り過ぎるように[2]彼らのそばを無事に通り過ぎるのを見るなら、彼らはおそらく感銘を受けて、彼らが人間たちに与えるために持っている神々からの褒美を与えてくれるだろう。

パイドロス　その蟬たちが持っている褒美とは何ですか。どうも、そういう話を私は聞いたことがないもので。

C

ソクラテス　いや、ムーサに愛される男がこういうことを聞いたことがないというのはいけないね。こう言われているのだよ。蟬たちはかつて、ムーサたちが生まれる前の時代の人間だった。しかしムーサたちが生まれ、歌が現われると、話によれば当時の人たちの一部は快楽に打ち負かされてしまって、歌いながら食物も飲み物もとらず、自分たちでも気づかないうちに[3]死んでしまった。その後この人々から蟬の種族は生まれた。彼らはムーサたちから特権を授かっていた。つまりその特権とは、生まれた後すぐ栄養をまったく必

要とせず、飲み食いせずに死ぬまで歌い続け、そしてその後ムーサたちのところへ行って、この世の人たちのうちの誰がムーサたちのうちの誰を尊重しているかを報告することなのである。そこでテルプシコラには、

D

歌舞においてこの女神を尊重した人たちを報告し、その人たちがこのムーサからいっそう愛されるようにする。エラトには、恋について、他のムーサたちにも、そういうふうにそれぞれの尊重の形に従って報告するのである。最年長のカリオペとそれに次ぐウラニアには、哲学の中で時を過ごしその二女神のもつムーサの術を尊重した人たちを報告する。まさしくムーサたちのうちでもとりわけこの二女神は、天にかかわり、そして人間たちと神々についての言論にかかわる女神たちであるがゆえに、最も美しい声を発するのである。(4)

---

(1) 肉体的快楽は、先に苦痛があってそれが止むことで得られるという考えについては、『パイドン』六〇B、『国家』第九巻五八三C—D参照。

(2) 「セイレーンたち (σειρῆνες)」は、半分が女で半分が鳥の姿の怪物で、ホメロス『オデュッセイア』では、そのそばを通り過ぎようとする船乗りたちを歌で魅了して、上陸させて殺す。オデュッセウスは、計略を用いて、セイレーンたちの歌を聞きながら、無事に通り過ぎる。『オデュッセイア』第十二歌一五三—二〇〇行参照。

(3) もちろん、死ぬ直前まで死ぬとは思わなかったという意味。死んだことに気づく人はいない。

(4) ムーサたちのうちここでは四神の名前が挙げられている。「テルプシコラ (Τερψιχόρα)」は、ヘシオドス以来伝統的にその名 (舞踏を悦ぶ) のとおりダンスのムーサである。取り消しの歌の中で魂が神に従って天に向かって行なう舞踏的行進をイメージさせる。「エラト (Ἐρατώ)」は伝統的に恋 (エロース) にかかわる。たとえば、二三五Cで挙げられたサッポーやアナクレオンら恋の詩人の活動を管轄するムーサである。しかし、ここではさらに、取り消しの歌での神から与えられたエロスのことが念頭に置かれて名が挙げられたに違いない。「カリオペ (Καλλιόπη)」は「美しい声 (語り)」を意味する伝統的に筆頭のムーサである。プラトンが声を使っ↙

そういうわけだから、そう、真昼に眠らずに何かを語らねばならない。それには、大いに理由があるのだよ。

パイドロス　語らねばなりませんとも。

ソクラテス　それでは、今考察の対象として置いたこと、すなわち、言論をどのように語り、また、書くのが立派であり、どのようにすれば立派でないのかを考察しなければならない。

パイドロス　明らかに。

ソクラテス　そこでだが、よくて立派な語りには、語り手の思考が、それも、何であれこれから語ろうとすることがらについての真実を知っているような、そういう思考が備わっていなければならないのではないだろうか。

パイドロス　いいですか、ソクラテス、それについては私は逆に次のように聞いています。弁論家になろうとする者が知る必要があるのは、何が本当に正しいことなのかということではない、というのです。［法廷では］判決を下そうとする当の大衆に思われるであろうところを知ること、そして［議会では］本当によきこと、立派な［美しい］ことではなくてそう思われるであろうことを知ることが必要なのだ、なぜなら、説得はそれらからもたらされるのであって、真実からではないのだから、と。

ソクラテス　「けっして投げ捨ててはならぬ言葉」のはずだよ、パイドロス、知恵のある人たちが言う言葉は何でもね。(1) 何か大事なことを言っているかもしれないから調べてみなければならないのさ。今言われたこともそうさ、放ってはおけないよ。

パイドロス　おっしゃるとおりです。

E

260

ソクラテス　それをこういうふうに考察しよう。

パイドロス　どのようにですか。

B

ソクラテス　もし敵を防ぐために馬を獲得することをぼくが君に説得しようとしていて、ぼくも君も馬が何か知らないが、ぼくは君について次のことだけを知っていたとしたら、どうだろうか。つまり、パイドロスは馬が家畜の一種で、とても大きな耳を持っていて――

パイドロス　ばかげたことになるでしょう、ソクラテス。

ソクラテス　まだだよ。でも、君を一所懸命に説得しようとして、ロバを称賛する言論を構成して、それを「馬」と呼んでこう語ったとしたらどうだ。その家畜は祖国においても戦地においても何よりも獲得する

C

値打ちがある、乗って戦争するのに有用だし、それだけじゃなく、物を運ぶことができるし、他にも多くの用途において有益だ、と。そのときには、……

↙た対話、そして、その最も美しい形態である哲学のムーサとしてカリオペを選んだのは当然であろう。「ウラニア（*Οὐρανία*）」は「天」を意味し、カリオペに次ぐ第二位のムーサである。天は哲学の探求対象となるだけでなく、天をめぐってイデアの観想を目指す魂の行進の場であり、哲学にふさわしいムーサである。

（1）ホメロス『イリアス』第二歌三六一行「私の言うことは、けっして投げ捨ててはならぬ言葉になるだろう（*Οὔ τοι ἀπόβλητον ἔπος ἔσσεται, ὅττι κεν εἴπω*）」という（弁舌で名高い）老雄ネストルの言葉の引用とパロディー。後半の「私の言うことは」の部分をソクラテスは「知恵のある人たち（*σοφοί*）」に変えている。

パイドロス　もうそれは、ばかさの極みになるでしょう。

ソクラテス　だけど、ばかげている方が、恐ろしくて害を加える敵よりもまだましではないだろうか。[1]

パイドロス　そのようですが。

ソクラテス　では、善と悪を知らない弁論家がいたとして、その人が同じく知らない状態にある国家をつかまえて説得しようとしたらどうだろうか。ロバの影[2]を馬としてというようなことではなく、悪を善としてそれについて称賛を作ったとしたら。そして、大衆の思いなしに抜かりなく配慮して善の代わりに悪をなすように説得してしまったとしたら、その後弁論術は自分が蒔いた種からどのような収穫を刈り取ることになるだろうか。

D

パイドロス　あまり上等な収穫ではないですね。

ソクラテス　だが、君、われわれが諸言論の技術を罵倒したのは度を越しているのだろうか。その技術はたぶんこう言うだろう。「君たちには驚くよ、何でそんなに悪口を言うのだ。真実を知らない者に語ることを学べと強いるようなことを、私は誰にもしていない。そうではなく、私の助言がいささかでも有用であるなら、その真実を獲得したその後ではじめて私を取るがよい、と言っているのだ。いずれにしても、私の自負するのはこのことだ。つまり、私なしには、技術によって説得するということを、真実を知っている者が、そうでない者よりもいっそうできるということはないだろう、ということだ[3]」。

E

パイドロス　そう言ったとしたら、それは正当な言い分ではないでしょうか。

ソクラテス　そうだ、ただしそれは、その「技術」に反対弁論をする言論たちが、それが［本当に］技術

261

であると証言したならば、の話だ。というのはね、まるである言論たちが進み出て来て、「それが言っているのは嘘だ。それは技術ではない。技術を持たない慣れ(4)にすぎない」と強く証言するのをぼくは聞くように思うのだ。ラコニアの人［スパルタ人］は言うじゃないか(5)、「語ることの本物の技術は、真理がしっかり把握されることなしは、存在しないし、今後も生じることはけっしてない」と。

パイドロス　われわれにはその言論たちが必要です。さあ、ここにその言論たちを引っ張り出して来て、

---

(1) *γελοῖον ἢ δεινόν τε καὶ ἐχθρὸν εἶναι* ［*ἢ φίλον*］と読む。テクスト註（260C3-4）参照。

(2)「ロバの影」は役に立たないものを意味することわざ的慣用句である。アリストパネス『蜂』一九一行への註釈によると、もともとこのことわざはある訴訟事件（ある男がロバを貸したが、ロバの影は貸していないのに、貸した相手の男がロバの影を日光を遮るのに使ったというので訴えた事件）に由来する。ソクラテスは直前のロバと馬の例のばかばかしさを「影」に言及することでいっそう強化し、これから述べる善悪、正不正の重要な問題との対比を強調しているのである。

(3) この立場は、『ゴルギアス』で弁論家ゴルギアスがとる立場に他ならない。四五六A―Bでは、ゴルギアスは医術の知識をまったく持っていないにもかかわらず、医者である兄が治療法について説得できない患者を、自分は弁論術によって説得できたと述べる。

(4) ソフィストの術、弁論術が技術（*τέχνη*）ではなく経験（*ἐμπειρία*）、慣れ（*τριβή*）にすぎないことは、『ゴルギアス』四六二B―四六五Eで念入りに論じられていたことである。『ピレボス』五五E、『法律』第十一巻九三八A参照。

(5)「ラコニアの人（*ὁ Λάκων*）」は特定の人物ではなく、スパルタ人一般を指す。スパルタ人は一般に寡黙で、弁舌を振り回すことはないが、実は彼らの言うことは知恵に満ちているということである。『プロタゴラス』三四二A―三四三Bでは、スパルタ人の優位は実は（自国のソフィストたちと交わって）知恵を愛し哲学をすることにあるにもかかわらず、スパルタの人たちはそれを秘密にしてあたかもボクシング、体育などのおかげであるかのように他の人たちをまんまと欺いている、というこっけいな話をソクラテスが語っている。

(261)

何をどのように語るのか尋ねてください。

ソクラテス　では、高貴な生きものたちよ、進み出よ。そして、美しき子供を持つ[1]パイドロスを説得したまえ。十分に哲学する［知を愛する］ことなしには、そもそも何ごとについても語るに十分な者になることもできないだろう、ということを。そして、パイドロスは返答したまえ。

パイドロス　尋ねなさい。

ソクラテス　では、全体として、弁論術とは、魂を言論を通じて導くことではないだろうか。法廷やその他の公的な集会においてだけでなく、私的な集まりにおいても、大きなことがらに関しても小さなことがら B に関しても同じ技術であり、重大なことがらについて生じてもささいなことがらについて生じても、正しさという点では、何らその貴重さが異なることはないような、そんな技術ではないだろうか。それとも君はこれらについてどのように聞いているかね。

パイドロス　ゼウスに誓って、全然そういうふうには聞いていません。反対に、まず何よりも裁判について、技術によって語ること、書くことが存在するのであって、また、議会についても語りが存在する、ということであって、それ以上は聞いたことがありません。

ソクラテス　何だって、君は、言論について、ネストル[2]とオデュッセウスの技術書しか読んだことがないのかい。その技術書を彼らはイリオンで時間のあるときに書き留めたのだが。[3]［それ以外に］君はパラメデス[4]の技術書を読んでないのかい。[5]

C パイドロス　ゼウスに誓って、ネストルの技術書なんか私は聞いたことがありません。あなたがゴルギアスをネストルとかに見立てているなら、あるいは、トラシュマコスとかテオドロスみたいな人をオデュッセウスとしているのなら別ですが。[6] [7] [8]

ソクラテス　そんなところさ。でも、もうその人たちのことは放っておこう。君の方は答えてくれ。裁判所で被告は何をするのだね。もちろん、彼らは反論するのではないか。それともわれわれはどう言うべきだろうか。

パイドロス　まさしくそれです。

(1) パイドロスは数多くの言論を生み出す父と見なされているのである。二四二A—B参照。

(2) ネストルについては八三頁註（1）参照。

(3) もちろん二人の英雄が弁論の技術書を著わしたというのはソクラテスの創作である。

(4) パラメデスは知恵に富む英雄である。オデュッセウスが狂気のふりをしてトロイアに参戦しようとしなかったとき、パラメデスは計略を使ってそれを暴露した。後に逆にオデュッセウスの計略にかかり裏切り者として処刑される。

(5) 法廷弁論、議会での弁論がそれぞれネストルとオデュッセウスの技術書に、そして残りの私的な弁論がパラメデスの技術書に対応させられている。ネストルとオデュッセウスの弁舌は非常に有名であり、この二人がパイドロス（や世の人々）によく知られているジャンルに割り当てられている。

(6) シケリア島レオンティノイの人で、当時の著名な弁論家でソフィスト。『ゴルギアス』の登場人物。哲学的に重要な著作『自然について、あるいは、あらぬものについて』は失われたが、弁論『ヘレネ頌』、『パラメデス』といくつかの断片は残っている。

(7) カルケドンの人で、当時の弁論家、ソフィスト。『国家』第一巻で正義は強者の利益であると主張し、ソクラテスと論戦を繰りひろげる。

(8) ビュザンティオンの人で、弁論の教師だった。前五世紀の終わりごろ、弁論術についての手引書を（いくつか）書いた。

（261）

ソクラテス　正、不正についてそうするのではないか。

パイドロス　ええ。

D

ソクラテス　では、技術によってそれをなす者は、同じことが同じ人たちに、あるときは正しく、そして、欲するならば、不正に見えるようにするのではないか。

パイドロス　そうです。

ソクラテス　そして、議会においては、国家に対して同じことがらがあるときには善く、あるときには逆に悪く思われるようにするのではないか。

パイドロス　そうします。

ソクラテス　ところで、エレアのパラメデス(1)は技術によって次のように語るのをぼくらは知っているのではないか。つまり、聞いている人たちに、同じことがらが似ていてかつ似ていない、一でありかつ多である、また静止していてかつ動いているように思われるように語るのだ。

パイドロス　大いに。

E

ソクラテス　では、反対論の術は、ただ裁判についてだけ、議会についてだけのものではないのだ。そうではなく、どうやら、それは語られることすべてについての何か一つの技術なのだ。もしそれが存在すればの話だが。そして、その技術によって人は、［そうできるものなら］どんな二つのものでも似せて見せることができる。そして、他の人がこっそりかくれて似せて見せようとしてもそれを明るみに出すことができる。

パイドロス　それはいったいどういう意味ですか。

262

ソクラテス　こういうふうに考察すれば明らかになるとぼくには思える。欺きがより生じやすいのは、大きく異なっているものの中だろうか、それとも少ししか異なっていないものの中だろうか。

パイドロス　少ししか異なっていないものの中です。

ソクラテス　さらに、君が少しずつ移動する方が、大きく移動するよりも、反対のものに進んでいっても気づかれないことが多いのだ。

パイドロス　そりゃそうです。

ソクラテス　そうすると、他人を欺き、自分が欺かれないようにしようとする者は、ものごとの類似性と非類似性を正確に知り抜く必要がある。

パイドロス　それは必然でしょう。

B

ソクラテス　さてそれでは、それぞれのものの真実を知らないで、その知らないものが他のものどもの中に置かれたときの類似性、非類似性の大小を見極めることができるだろうか。

パイドロス　不可能です。

---

(1)エレアのゼノンのこと。ゼノンは、師のパルメニデスの、あるものは一つであり、不動であり、分割できない実在であるという説を支持するために、それらを否定したときにパラドックスが生じることを示す議論を用いた。プラトンの『パルメニデス』はゼノンのそのような議論の一つをソクラテスが批判するところから始まる。ゼノンをプラトンは高く評価していたと考えられる。また、パラメデスもプラトンの著作のいくつかの箇所で高い評価を与えられている。『国家』第七巻五二二D、『法律』第三巻六七七D、『ソクラテスの弁明』四一B参照。

ソクラテス　では、本当のことに反した思いなしを持ち、欺かれる人たちの場合、何らかの類似性を通して彼らにその状態が忍び込んだということは明らかだ。

パイドロス　たしかに、そういうふうにして起こります。

ソクラテス　では、一つの有るものから出発して導きながら、その都度少しずつ離れて正反対のものへと類似性を通して少しずつ移動する、あるいは、自分自身はそのことを逃れるという技術を持った者になることができるだろうか、有るものどものそれぞれが何であるかをきちんと認識していないような人が。

パイドロス　けっしてできません。

C

ソクラテス　すると、友よ、真理を知らず思いなしを追い求める者の提供するであろう「言論の技術」とやらは、どうやら、何かばかばかしいもので、技術ではないのだ。

パイドロス　そのようです。

ソクラテス　では、君が持って来たそのリュシアスの話と、ぼくらが語った話[1]の中に、何か技術に欠けるもの、技術によるものがあるのを君は見たいかい。

パイドロス　ええ、ぜひ見たいですとも。だって、今の私たちの語り方は何か飾り気がないというか、十分な事例もなしにやっているものですから。

D

ソクラテス　では、実に運が良かったようだよ。語られたあの二つの言論[2]からはどうやら学ぶべきものがあるようだ。どうやって、真実を知っている人が言論の中で戯れて聞く者たちを逸らせて導くか、をね。そして、ぼくはね、パイドロス、それはこの場所にいる神々[3]の仕業だと思う。それにまた、ムーサたちの言葉を伝える、頭の上にいる歌い手たちが、ぼくらにこのご褒美を吹き込んだのかもしれない。だってぼくは語ることの技術なんか持っていないのだからね。

パイドロス　それはそういうことにしておいていいですから、ともかくあなたのおっしゃることをはっきりさせてくださいよ。

ソクラテス　では、リュシアスの話の最初をぼくに読んでくれ。

E

パイドロス　「私の事情については君は知っているし、そのことが成就したならわれわれの利益となるというのが私の考えだということも、すでに君は聞いたわけだ。私は君に恋する者（エラステース）ではないが、その理由で、私の求めるものが得られないのは正当ではないと思う。彼ら恋する者たちはいったん欲望が失せてしまうと、いろいろよくしてやったことを後悔するものだ」——

ソクラテス　そこまで。さあ、この人がどこで間違っているのか、この話のどこが技術を欠くものになっているのかを言わなければならない。そうだろう。

263

パイドロス　ええ。

（1）ソクラテスは、ここでも、自分が語った一つ目のスピーチはパイドロスの話であるとみなしている。二四二D—E参照。

（2）ソクラテスの第一のスピーチと第二のスピーチ（取り消しの歌）の二つと解釈する。補註K参照。

（3）ニュンペーたちとアケロオス（二三〇B）、（蝉を通じて）ムーサたち（二五九C—D）、それからパン（二六三D、二七九B）を指す。

(263)

ソクラテス　さて、少なくともこのことはすべての人に明らかではないか。つまり、そういうもの[1]のうちで、あるものについてはぼくらは意見が同じだけれども、あることがらについては意見が対立する、ということだ。

パイドロス　おっしゃることは分かるような気がしますが、もうちょっと説明してください。

ソクラテス　人が「鉄」とか「銀」とかの言葉を言うときには、われわれはみんな同じものを思い浮かべるのではないか。

パイドロス　まったく。

ソクラテス　では、「正」とか「善」の場合はどうだろうか。人それぞれ思うところは違って、お互いにも意見が対立するし、自分たち自身でも一致しないのではないか。

パイドロス　そのとおりですね。

B

ソクラテス　あるものについては一致するが、別のものについては一致しない。

パイドロス　そうです。

ソクラテス　われわれはどちらの場合によりだまされやすいのだろうか。また、弁論術はどちらの場合により大きな力を持つだろうか。

パイドロス　われわれの意見が定まらないものの場合であるのは明らかです。

ソクラテス　そうすると、弁論術の技術を追求しようとする者は、まずそれらを体系的に分割しなければならないのだ。そして、大衆の意見が必然的に定まらないものとそうでないもの、そのそれぞれの種類の特徴的な性格を把握しなければならないのだ。

C パイドロス　それはまた、立派なものを見極めたことになるでしょうね。それを把握した人は。

ソクラテス　ぼくが思うに、次にその人は、自分がそれぞれに出会ったのを見過ごさず、彼が語ろうとするものが何であれ、それがどちらの種類に属するかを鋭く知覚しなければならない。

パイドロス　たしかに。

ソクラテス　ではどうだ。恋（エロース）は異論のあるもの、そうでないもののどちらに属するとぼくらは言うだろうか。

パイドロス　そりゃ、異論のあるものですよ。そうじゃなかったら、あなたは語れたと思いますか。恋についてさっきあなたが語ったことを。まず、それが恋する者と恋される者にとって害悪であると語ったあとで、今度はまた逆に、それが善の中で最大のものであると語るようなことが。[2]

D ソクラテス　うまいぞ。じゃあ、このことも言ってくれ。――ぼくは神に取り憑かれたおかげで、まったく覚えていないんだよ――話の始めにぼくは恋（エロース）を定義したかどうか。

パイドロス　ゼウスに誓って、あなたの定義は大変力の入ったものでしたよ。

（1）この「そういうもの」とは何かは最初は不明である。ソクラテスは意図的にそれが何を指すかをぼかして語っている。よく理解できないパイドロスが質問し、それに答えることで「そういうもの」とは名前、言葉のことだということが、ようやくはっきりする。

（2）二六三C一一で、ἄν を読まない。

ソクラテス　ああ、君はアケロオスの娘のニュンペーたち、それに、ヘルメスの息子のパン[1]の方が、ケパロスの子リュシアスよりも、言論に関してどれほど技術において勝っていると言うのか。それとも、ぼくの言っていることは完全に間違っていて、リュシアスも恋のことを話し始めるときに、恋（エロース）[2]が、存在するものの中から彼自身が選んだ何か一つのものであると理解するようにぼくたちを強いたのだろうか。そして、その定義にそって隊列を整えて、後の話のすべてを最後まで語り通したのだろうか。その話の最初をもう一度読んでくれるかい。

E

パイドロス　読めとおっしゃるなら読みますが、あなたの探しておられるものはそこにはありませんよ。

ソクラテス　読んでくれ。リュシアス本人から聞きたいから。

パイドロス　「私の事情については君は知っているし、そのことが成就したならわれわれの利益となるというのが私の考えだということも、すでに君は聞いたわけだ。私は君に恋する者（エラステース）ではないが、その理由で、私の求めるものが得られないのは正当ではないと思う。彼ら恋する者たちはいったん欲望が失せてしまうと、いろいろよくしてやったことを後悔するものだ」。——

ソクラテス　この人はぼくらが求めていることを全然やっていないようだね。だってこの人は最初に置くべきことから語る気なんかなくて、最後［の結論］から［楽な］背泳ぎで逆向きに議論を泳ぎ通してしまおうとしてるじゃないか。議論が終わったあとで恋する者（エラステース）が恋の相手の子（パイディカ）に言うようなことから話を始めている。それともぼくの言うのはまったく見当はずれだろうか、パイドロス、親しき御身は[3]どう思う？

B　パイドロス　たしかにそれは議論の結論ですものね。それについて議論をしようとするところのもの、それの結論ですね。

ソクラテス　その他のところはどうだろうか。議論のそれぞれの部分は、ひとからげに全部まとめて放り投げられているように思えないかい。それとも、二番目に語られていることが何らかの必然性から二番目に置かれなければならなかったように見えるかい。語られた他のどの部分についてもそうなのだが。ぼくにはこう思えたんだ、それはぼくが何も知らないからなんだろうけどね。つまり、書き手は自分の心に浮んだことを無邪鬼な高貴さでそのまま書いたのだ、とね。君の方はどうだい。何か言論を書くことについての必然性があるのがわかったかい。その必然性によってあの人がこれらをこういうふうに次々と順に並べて置いた、と。

C　パイドロス　身に余る光栄です。私があの人の書いたものをそんなに正確に見抜く力があるとみなしてくださるなんてね。

ソクラテス　そして［もし君に見抜く力があるなら］次のことを君は肯定すると思うよ。つまり、議論の全体はちょうど動物のように何かそれ自身の身体を持って構成されなければならない、ということさ。頭がなく

（1）パンは父ヘルメスを通じて言論と結びつきのある神である。

（2）Ἔρωτα ではなく、ἔρωτα と読む。

（3）「親しき御身は（φίλη κεφαλή）」はホメロスの詩句の借用である。『イリアス』第八歌二八一行参照。

てもいけないし、足がなくてもいけない。まん中も端もなくてもいけない。そしてそれぞれの部分と全体にとってふさわしいことが書かれなければならないのだ。

パイドロス　そうでないはずがありません。

ソクラテス　じゃあ、君の友だちの言論を調べてみたまえ。そういうふうになっているか、そうでないかをね。そうすれば君は、それがあの碑文と全然違わないことがわかるだろう。ある人たちの言うところによれば、それはプリュギアの人ミダス[1]の墓石に書かれているのだが。

D

パイドロス　どういう碑文ですか。それがどうなっているというのです。

ソクラテス　それはこうなんだ。——

われは青銅の乙女なり。ミダスの墓の上に置かれている。
水が流れ、木々が高く育つかぎり、
嘆き多き墳墓の上のまさしくこの場に留まり、
通り過ぎる者たちに告げるのだ。ミダスがここにて葬られた、と[2]。

この詩のどの行も最初に語られようが、最後に置かれようがまったく〔意味は〕変らないことに君は気づくだろう、とぼくは思う。

E

パイドロス　私たち〔リュシアスとパイドロス〕の話をあなたはからかうのですね、ソクラテス。

ソクラテス　では、リュシアスの方は放免することにしよう。君を怒らせないためにね。——とはいえ、〔リュシアスの話には〕それに注目すればためになるようなたくさんの実例があるとぼくには思えるよ。それらの真似をしようとすれば、あまりためにはならないがね。——そして、残りの言論の方に移ることにしよう。それらの中には、ぼくが思うには、何か見るべきものがあったようだ。言論について考察しようと欲する者たちならばね。

パイドロス　おっしゃるのはどのようなことですか。

ソクラテス　二つの話はほぼ正反対のものであった。だって、一方は恋する者の、他方は恋していない者の求めに応じなければならないと論じたのだからね。

パイドロス　それはもう男らしく語りましたとも。

ソクラテス　君は本当のことを言うだろうと思ったがね。「〔それはもう〕気が狂ったように〔語りましたとも〕」とね。だけど実は、ぼくが考察しようとしていたのは、まさにそのこと〔狂気〕なんだよ。われわれは〔二つの話で〕恋（エロース）が、何らかの狂気であると言った。そうだろう。

パイドロス　はい。

（1）ミダスは前八―七世紀の半ば伝説的なプリュギアの王。ギリシア人以外ではじめてデルポイに捧げものをした。

（2）この碑文の詩の特徴は、直後にソクラテスが説明するように、四つの行がどのような順で置かれても文法的に正しく、意味が通るところにある。作者不詳『ホメロスとヘシオドスの歌競べ』一五は、これをホメロスの作としているが、年代的にありえない。ディオゲネス・ラエルティオス『ギリシア哲学者列伝』第一巻八九―九〇では、この詩は七賢人の一人リンドスのクレオブロスの作とされ、中間にさらに二行が加えられている（そのおかげで順序が入れ替えられなくなっている）。

ソクラテス　ところが、狂気には二つの種類がある。一つは人間的な病から生じるもの、もう一つは慣れ親しんだ習慣からの神的な解放から生じるものだ。

B

パイドロス　まったく。

ソクラテス　そして神的な狂気の方は、四つの神に属する四つの部分に分割した。予言術はアポロンに、秘儀の術はディオニュソスに、また音楽文芸の術はムーサたちに、そして四番目の狂気はアプロディテとエロスに取り憑かれることとして置いたのだ。(1) そのうえで、恋の狂気は最善のものであるとぼくらは語った。そして、どういうわけかぼくはわからないが、恋の状態をなぞらえて描き、そのとき何か真実に触れてはいたのだろうけれども、たぶん別のところに迷い込んでもいたと思うが、まったく説得力がないというわけでもない言論を調合して、よく釣り合った、そして、敬意を払ったやり方でエロス神に対してある賛歌の物語を戯れに作ったのだ。そう、ぼくと君の主人であるエロス神、美しい子らを見守るお方に対してね。

C

パイドロス　それはもう、私の耳には実に快く語られましたよ。

ソクラテス　では、早速このことを取り上げよう。つまり、どのようにしてこの議論は、非難することから賞賛することへと移行することができたのか、だ。

パイドロス　それは、どのようにしてだとあなたはおっしゃるのでしょうか。

ソクラテス　他のことはほんとに遊びで戯れに語られたのだとぼくには思えるんだが、何かの偶然によって語られた次のようなことがらの中にある二つの種類のものの力を、もしその二つのものの力を技術によって人が獲得できたなら、よかろうと思うんだがね。

D

パイドロス　何ですかそれは。

ソクラテス　一つは、多くの場所に散らばっているものを見渡して一つの姿へと導くことだ。それは、何であれ人がそれについてその都度教示を与えようとするものそれぞれを定義して明らかにするためなのだ。ちょうどさっきの恋（エロース）[2]についてのことも――それが定義されたときに恋が何であるか、だが――そうやっていたんだよ。つまり、うまく語られたかまずかったかは別にして、少なくとも明確で自分自身と一致したことをその言論が語ることができたのは、このことのおかげなんだよ。

パイドロス　それで、もう一つの種類は何だとおっしゃるのですか、ソクラテス。

E

ソクラテス　再びそれぞれの諸相へと分割できることだ。それも、自然本来の関節に沿って切り分けるのであって、けっしてどんな部分も、下手な肉屋のやるような仕方で切り離そうとしてはいけない。そうではなくて、ちょうどさっき二つの言論がやったようにするのだ。その二つの言論は、まず思考が正気を失った状態を、何か一つの共通な種類として捉えた。そして、一つの身体から自然本来に従って分かれて二つの同名のものがあるように、つまり、左半身と残りの右半身と呼ばれているものがあるように、そういうふう

266

（1）ソクラテスの取り消しの歌の最初の部分（二四四A―二四五B）で三つの神的狂気が述べられたときには、ムーサたちの名は挙げられたが（二四五A一）、アポロンとディオニュソスの名は挙げられていなかった。しかし、第一の狂気（予言）の例の一つとしてデルポイの神託が挙げられていたことから、アポロンとの連関は明らかである。また、第二の狂気（浄め）においても秘教的な神としてのディオニュソスとの連関は当然である。

（2）Ἔρωτος ではなく、ἔρωτος と読む。

(266)

に二つの言論は、思考が狂った状態をわれわれの内に本来ある何か一つの種類とみなしたうえで、一方の言論は左の部分を切り分け、さらにそれを切り分けるのを止めなかったのだ、それらの中に何か左の［悪い］恋と呼ばれるものを見つけて、それを正当にも大変激しく罵倒するまでは。そして、もう一方の言論は、狂気の右側の方へとわれわれを導いて、さっきと同じ名前をもつのだけれども、逆に何か神的な恋を見つけて、それを前面に展示して賞賛したのだ、われわれにとって最大の善の原因だ、とね。

B

パイドロス　ほんと、そのとおりですね。

ソクラテス　いや、ぼくはね、パイドロス、ぼく自身がこれらのやり方、つまり、分割と総合の方法に恋している者（エラステース）なんだよ。それは、ぼくが語ったり、考えたりすることができるようなるためなんだ。そして、誰か他の人が一つのものへと、そして、本来の多くのものへと見て取ることができるとぼくがみなしたなら、ぼくはその人の後を追いかける。「後ろから足跡を、まるで神の後を追うように(1)」ね。そして、それをなすことのできる人たちのことをぼくが正しい名前で呼んでいるかどうかは神のみが知るところだけれども、ともかく、今までぼくはその人たちを「問答家」と呼んできたんだ。だけど、今となっては、ぼくらは君とリュシアスから学びを得たのだから、この人たちを何と呼ばねばならないか、言ってくれ。

C

それとも、これはあれなのかい、その、これが言論の技術とかいうものなのかね。トラシュマコスとか他の人たちが使う技術のことだが。彼らはそれを使って自分たち自身も語ることの知者となったっていうじゃないか、そして他人もそういう人にしてやるんだろう、まるで王様に贈るように他の人が彼らに贈り物をする気になればだが。

パイドロス　あの人たちはたしかに王様のような人たちですが、あなたがお尋ねになっていることを知っているような人たちでは全然ありませんよ。ですが、先ほどあなたが述べられたことがらを「問答法」と呼んで、あなたは正しい名前で呼んでいると私は思いますよ。でも弁論術の方は、まだわれわれの手を逃れているように思われます。

D

ソクラテス　何を言うのだね。こういったこと〔問答法〕を持たずにそれでも技術によって把握されるようなものがもしあるなら、それはきっと立派なものだろうね。それを尊重しないようなことは君とぼくは絶対にしてはいけない。弁論術の持つ残りの部分とやらが実際何であるかを言わなければならないよ。

パイドロス　そりゃもうとてもたくさんありますよ、ソクラテス。言論の技術について書かれた書物の中にあるものでしたらね。

ソクラテス　ほんとによく思い出させてくれた。[2] なんでも「序」というのは言論の始めにおいて語られなければならないんだってね。君が言っているのはこのことかい。そうなんだろう。こういう技術のいろんなうまいやり方なんだが。[3]

---

(1) ホメロス風の韻律の詩句であるが、正確に同じ句はホメロスにはない。プラトンの自由な創作である。ホメロス『イリアス』第二十二歌一五七行、『オデュッセイア』第二歌四〇六行参照。

(2) Καί を削除しない。

(3) 「序（προοίμιον）」が始め（πρῶτον）に置かれるのは当然であるにもかかわらず、驚くべき知恵であるかのように語り、それを「うまいやり方（τὰ κομψά）」として褒めるソクラテスの皮肉は痛烈である。

パイドロス　はい。

ソクラテス　二番目には、「事実の陳述」とかいうものと、それに「証言」[1]が加えられる。三番目は「証拠」で、四番目は「蓋然的なこと」だ[2]。さらに「確認」とか「追加確認」とか言うんだったよね、最も優秀な言論作者のビュザンティオンの男は。

E

パイドロス　あの優れたテオドロスのことをおっしゃっているのですか。

ソクラテス　もちろんそうさ。そして、告発と弁明では「論駁」と「追加論駁」をしなきゃいけない、と言うんだろう[3]。でも、美しさでは最高のパロス人、エウエノス[4]をぼくらは引っ張り出さないか。彼がはじめて「ほのめかし」と「間接的賞賛」を発見したのだよ。——彼は記憶のために「間接的非難」を韻を踏んで語っていた[5]と人々は言っている、——あの男は賢いからね。テイシアス[6]とゴルギアスをぼくらは眠らせたままでいいのかい。この人たちは真実のことがらよりも「もっともらしいことがら」の方をずっと大切にすべきであると見抜いたのだ。そして、言論の力によって小さいことを大きく、大きなことを小さく見えるようにするし、新しいことを古めかしく、逆に古めかしいことを新しく語る。さらに、すべてのことがらについて、短い言論も果てしなく長いのも見つけたのだ。だけど、ぼくがこういったことを言うのを聞いてプロディコス[7]は笑ったよ。そして、自分だけが必要な言論の技術を発見していると言った。そして長い言論でも短い言論でもなく、適度な長さの言論が必要なのだ、と言ったのだ。

267

B

（1）証人からの証言。

（2）「証拠（τεκμήρια）」はたとえば血痕や足跡のような物証で

（アリストテレス『弁論術』第一巻第二章一三五七b参照）、「蓋然的なこと（εἰκότα）」は人間の行動心理など、ありそうなことに基づいて推論によって想定されることである。デモステネス第二十二弁論『アンドロティオン弾劾』二二参照。

（3）「確認（πίστωσις）」「追加確認（ἐπιπίστωσις）」、「論駁（ἔλεγχος）」「追加論駁（ἐπεξέλεγχος）」はテオドロスの用語で、それぞれの違いはよくわからない。ここでは形式上のあまりに細かい区別をとやかく問題にする弁論家のやり方が皮肉な調子で批判されている。

（4）パロスのエウエノスは『パイドン』六〇Dでは詩人とされている。また、『ソクラテスの弁明』二〇A―Bでは、ソフィストたちの裕福なパトロンであるカリアスが、徳を知り教えることができる者を知らないかとソクラテスに尋ねられ、エウエノスの名前を挙げる。『パイドロス』のこの箇所から彼は弁論の理論家でもあったことがわかる。彼の理論は、テオドロスのような弁論の形式にかかわる理論ではなく、心理的な効果を狙ったものであったようである。

（5）一種の覚え歌だったのだろう。

（6）シュラクサイの人。同じくシュラクサイのコラクスと伴に（しばしば混同して）語られることが多い。パイドロスが二六六Dで言う弁論術の技術書の最も初期のものをテイシアスは書いたと考えられる。今行なわれている言論の技術性についての長い議論の締めくくりの部分（二七三A―二七四A）ではテイシアスが再び登場する。そこでソクラテスはソフィスト的弁論術を標榜する者の代表としてのテイシアスに対峙し、彼に呼びかける形で自分の考える本当の言論の技術の概要を提示している。

ずっと後の伝承として、コラクスとテイシアスについて次のような話が伝えられている。テイシアスはコラクスの弟子だったが授業料を払わなかったのでコラクスに訴えられた。テイシアスは法廷で、自分が勝てば明らかに払わなくてよいし、もし負ければ、コラクス先生の授業は価値がなかったことになるからやはり払わなくてよい、と論じた。コラクスはこれに答えて、テイシアスが負ければ明らかに払わなくてはならない、テイシアスが勝てば、自分の授業は値打ちがあったことになるから、やはり払わなくてはならない、と論じた。法廷は、「悪いカラス（κόραξ）から悪いたまご」と言って両者を法廷の外に放り出した。

（7）キオス島の人で、著名なソフィスト。『プロタゴラス』に登場するソフィストのオールスター選手団の一人。そこでは、プロディコスは細かい言葉の区別を持ち出す。プラトンの著作におけるプロディコスの扱われ方はソフィストの中では比較的穏やかである。

(267)

パイドロス　あなたは知者の極みだ！　プロディコス。

ソクラテス　ヒッピアス[1]のことは言わなくていいのかい。このエリスの客人[2]もプロディコスに同意の投票をするとぼくは思うが。

パイドロス　そうに決まってますね。

C

ソクラテス　それから、ポロスの言論の殿堂[3]についてはぼくらはどう言おうか。――たとえば、「畳語言法[4]」とか「格言言法」とか「比喩言法」とかあるじゃないか。――それに、その殿堂にはリキュムニオス[5]の言葉もあるぞ。リキュムニオスはそれらをポロスに贈ったじゃないか。「流暢さ（エウエペイア）」を作るために、さ。

パイドロス　そういうのは、たしかプロタゴラス[6]のじゃなかったですか、ソクラテス。

ソクラテス　「正言法（オルトエペイア[7]）」とかいうやつだろう、君はいい子だ。他にもたくさん結構なものがあるね。さらに、老いと貧困へと引きずり込む、嘆きの言論において、カルケドンの人［トラシュマコス］の剛腕は達人の域に達しているとぼくは思う。またあの男は大衆を憤慨させることにかけては右に出る者がないし、逆に怒り狂った大衆に呪文を唱えて静めることもできる。彼が自分でそう言っているじゃないか。

D

また彼は中傷すること、また、中傷を解くことにかけては、その中傷がどこに由来しようとも、並ぶもののない力を持ってるわけさ[8]。それで、言論の終わり方は、すべての弁論家に共通に同意されているようだね。それを「まとめ」と呼ぶ者たちもいるし、別の名前で呼ぶ人たちもいるがね[9]。

パイドロス　それは、話の最後に、それまで語られたことについて、一つ一つを聞いている人にかいつま

(1)エリスの人で、著名なソフィスト。やはり『プロタゴラス』出演のオールスター選手団の一人。学問の万能選手と呼ばれる博学であった。もちろん、大小二つの『ヒッピアス』の主役である。

(2)ヒッピアスはソフィストにはめずらしくドリス人であった。それで「客人」なのである。『プロタゴラス』三三八A―Bでヒッピアスは、ここでのプロディコスへの賛成票に近い発言をしている。

(3)ポロスは『ゴルギアス』に登場する弁論家で、ゴルギアスの弟子。弁論術の技術書を書いたと思われる。この箇所で言われているような弁論の技法の名前はおそらくポロスの作った新語である。「言語の殿堂（*μουσεῖα λόγων*）」は、ポロスの技術書の名前ではなく、ソクラテスがポロスの流暢なスタイルを嘲った言い回しである。

(4)明らかに何らかの繰り返しを含む技法である。『ゴルギアス』四四八Cのポロスの語りにはその特徴が見られる。

(5)リキュムニオスはポロスにさまざまな言葉の分類（表）を教えたという。アリストテレスはリキュムニオスの分類を空虚だと批判している。『弁論術』第三巻第十三章一四一四b一七参照。

(6)アブデラの人で、最も重要なソフィスト。『プロタゴラス』の主要登場人物であるのはもちろんであるが、『テアイテトス』では「万物の尺度は人間である」というプロタゴラスのものとされる相対主義の是非が詳細に論じられる。

(7)「正言法（*ὀρθοέπεια*）」は、プロタゴラスの著書の名前ではないが、デモクリトスには『正言法について』という名の著書があったらしい。ディオゲネス・ラエルティオス『ギリシア哲学者列伝』第九巻四八参照。言葉の正しさはプロタゴラスを始めとしてソフィストたちがさかんに議論した主題であった。プロタゴラスは、たとえば文法的な性については、通常は女性形の「怒り（*μῆνις*）」や「ヘルメット（*πήληξ*）」という名詞は男性形として扱うべきだとしたらしい。アリストテレス『ソフィスト的論駁について』第十四章一七三b一七以下参照。

(8)トラシュマコスのスタイルは聴衆の感情に訴えるタイプであったようである。「老いと貧困へと引きずり込む、嘆きの言論」とわざと格調高い言葉遣いをすることによって、また、「カルケドンの人の剛腕」というホメロス風の句を用いてトラシュマコスを指すことで、ソクラテスはそのスタイルを嘲っている。

(9)「序」から始まったソクラテスの「技術（書）」に対する嘲笑は、この最後の「まとめ（*ἐπάνοδος*）」で終わる。その別名として、ヘルメイアスは、「結び（*ἐπίλογος*）」、「要約（*ἀνακεφαλαίωσις*）」を挙げている。

んで思い出させることをおっしゃっているのですか。
ソクラテス　ぼくが言っているのはそのことだよ。君がもし言論の技術について何か他のことを言うことができるのなら［、どうぞ言ってくれ］。
パイドロス　小さなことならありますが、言うほどのことではありません。
ソクラテス　小さいことならいいだろう。だが日光の下に引っ張り出して照らして見てみよう。(1) それらの正体は何であるか、そして、それらが技術による力を持つとしたらそれはいつなのか、を。
268
パイドロス　それはそれは強力な力を持ちますよ、ソクラテス。大勢の人が集まるところではね。
ソクラテス　そうだね。だけど、おやっ、君、おかしいぞ、君も見てくれ。君にも同じように見えるかどうか。［日光に照らすと］これらの織物は縦糸がゆるんでいるようにぼくには見えるぞ。
パイドロス　どこですか、見せてください。
ソクラテス　ぼくに言ってくれ。誰かが君の友だちのエリュクシマコス、あるいは、その父親のアクメノスのところに行ってこう言ったとしたらどうだろう。(2)「私は何かこれこれのものを身体に処方することを知っている。それでやろうと思えば体を熱くしたり、冷くしたりできるし、よしと思えば、嘔吐させたり、
B
下痢をさせたりもできる。その他、ありとあらゆるそういったことができる。そういうことを知っているのだから、私は自分が医者であると、また、この知識を与えることによって誰でも他の人を医者にすることができると、そう私は主張する」とね。彼ら［エリュクシマコスやアクメノス］はこれを聞いてどう言うと君は思うかね。

パイドロス　そりゃこう尋ねるに決まってますよ。それ加えて、そういうことのそれぞれを誰に、そして、いつ処方するべきか、また、どの程度まで処方すべきかを君は知っているのか、とね。

ソクラテス　そこでこう答えたとしたらどうだ。「全然知らないよ。だけど私からこれらのことを学んだ人は、自分の方で当然あなたが尋ねることをなすことができると思う[3]」と。

C

パイドロス　［エリュクシマコスは］こう言うでしょうね[4]。「こいつは気が狂っている[5]。どっかの本に書いてあることを聞いたか、たまたま薬をちょっと手に入れたかして、医者になったつもりでいる。医術については何も知らないくせに」と。

ソクラテス　それからまた、誰かがソポクレスとかエウリピデスのところに行ってこう言ったとしたらどうだ[6]。自分は小さなことがらについて非常に長い語りを作ることができるし、大きなことがらについてとても短いのも作れる。やろうと思えば嘆きの語りも、逆に恐ろしい脅しの語りも、他にも何でもそういうものは作れる、とね。そして、それを教えれば悲劇を詩作することを伝授することになる、と考えているとしたら。

D

（1）布地を日光に透かして見て、その質を確かめることに弁論の技術書の吟味をたとえている。
（2）医者のエリュクシマコス、アクメノスについては、三頁註（2）参照。
（3）C一の ποιεῖν を削除しない。
（4）写本のとおり εἴποι と読む。テクスト註（268C2）参照。
（5）一〇九頁註（1）参照。
（6）言うまでもなく、ソポクレス、エウリピデスは有名な悲劇作家である。

パイドロス　彼ら［ソポクレスとエウリピデス］も笑うでしょう、ソクラテス。もし誰かが悲劇というものを勘違いしているならね。それらのことがお互いに、そして全体に対してふさわしく構成されている、その構成が悲劇なのに。

ソクラテス　でも彼らは粗野な仕方で悪態をついたりはしないだろうとぼくは思う。ちょうどこんな場合と同じだよ。音楽に通じた教養ある人がある男に出会ったが、その男がたまたま非常な高音と非常な低音に弦を調弦して音を出すことを知っているからという、ただそれだけの理由で自分が音楽の心得がある者なん

E

だと思っていたら、その教養ある人はその男に野蛮な仕方で「この気の狂ったウスラトンカチ！[1]」なんて言ったりはしないだろう。彼はムーサの徒なんだからもっと穏やかにこう言うだろう。「ご立派なことでございます、たしかに音楽の心得を持つ者となろうとするお方はそれらを知っている必要がございます。しかしながら、あなた様の現在の状態にあるようなお方が音階についてほんのこれっぽっちも知らないということが十分成立するのでございます。というのは、あなたがご存じなのは音階以前に学ぶ必要があることがらなのでして、音楽自体ではないのでございますから」と。

パイドロス　それほど正しいことはありません。

269

ソクラテス　そうだろう、だから、ソポクレスもこういうふうに言うだろう。「ぼくらに自分の知っていることを見せびらかしてくれた人が知っているのは、悲劇以前のことがらであって、悲劇のことがらではない」と。それにアクメノスも「医術以前のことがらであって、医術のことがらではない」と言うだろう。

パイドロス　いやまったくそのとおりです。

ソクラテス　それでは、「蜜のように甘美な言葉のアドラストス」、あるいは、ペリクレスでもいいんだけど、彼らならどう言うだろうか。[2] もし彼らがさっきぼくらが並べていたご立派な技術にまつわることを聞いたとしたら。――「短言法」[3]とか「比喩法」とかさ。他にもたくさんあったけど、それらを日光に照らして検査しなければいけないとぼくらは言ったんだよね。[4]――彼らは怒って答えたりするだろうか。ちょうど、ぼ

B

(1)「ウスラトンカチ（μοχθηρέ）」と訳した呼びかけは、喜劇に時たま出てくる、ひどく無作法な句である。プラトンではこの呼びかけはここで出てくるだけである。「この気の狂った」と訳した μελαγχολᾶς は「胆汁が黒い」という医学用語の動詞で「気が狂う」という意味である。後の「メランコリー」、「憂い」というような意味はまったくない。このソクラテスの言葉は二六八Cのパイドロスの言葉に言及したものである。

(2) アドラストスとペリクレスは、医者のエリュクシマコス、アクメノス、悲劇作家のソポクレス、エウリピデスと並べて、パイドロスが（技術を持った）弁論家と認める者の代表として挙げられている。政治家ペリクレスがその代表とされることはパイドロスの目から見て当然であろう。ただ、プラトンは他の箇所では、政治家としてのペリクレスに非常に批判的である。たとえば、『ゴルギアス』五〇二D―五一九D参照。六人のうちアドラストスだけは実在の人物ではない。アルゴス王アドラストスはテバイ攻めの七将の伝説の中心人物である。伝統的に弁論に長けた王とされていた。エウリピデス『救いを求める女たち』では、アドラストスは巧みな弁論で英雄テセウスの感情を動かす。この箇所での「蜜のように甘美な言葉のアドラストス（τὸν μελίγηρυν Ἄδραστον）」という句と非常によく似た「アドラストスの蜜のように甘美な舌（γλῶσσαν δ' Ἀδρήστου μειλιχόγηρυν）」という句がスパルタのエレゲイア詩人テュルタイオスの「断片」一二-八にある。

(3)「短言法（βραχυλογία）」という言葉自体は先の二六六D―二六七Dには出てこなかったが、テイシアス、ゴルギアスの技法の長くも短くも語ることができる技術（二六七A―B）に対応している。

(4) 二六八A。

くと君みたいに、粗雑さが身についているために何か教養のない言葉を口にしたりするだろうか。まるで弁論の技術であるかのようにああいうことを書いたうえで教えている人たちに向けて、さ。それとも、彼ら［アドラストスやペリクレス］はぼくらより賢いのだから、彼らもまたこう言ってぼくら二人をたしなめるだろうか。「パイドロスにソクラテス、怒ることはない。大目に見てあげたまえ。ある人たちが問答法を知らないばかりに、弁論術とは何なのかを規定できないとわかったとしてもね。彼らはそういうていたらくなもの C だから、技術以前の必要な学びごとを会得した段階で自分らが弁論術を見出したと思ってしまったんだよ。そして、彼らはこう考える。『これを教えれば他人は俺たちによって弁論術を完全な形で教えられたことになる。これらそれぞれを説得力ある仕方で語って、そして、全体を構成するということは、何でもない容易なことなんだから、俺たちの弟子は言論に際してはそういうことは自分で独力で調達しなければならない』とね」。

パイドロス　ええ、どうやら、ソクラテス、そういうものであるらしいというようなことになりますかね。この人たちが弁論術として教えたり書いたりしている技術というのは。まああなたのおっしゃることが本当のところだと私には思えます。しかしそうすると、本物の弁論、説得の技術を、どのようにして、また、ど D こから人は調達することができるのでしょうか。

ソクラテス　パイドロス、高度に完成された競技者になるほどの力を持つことができるかどうか、ということにかけては、ちょうど他の分野と同じだ。まあそれがもっともなところだ。――おそらく必然でもあるだろうね。――つまりこうさ。もし君に弁論家になる素質があったなら、知識を得て訓練を積めば君は指折りの弁論家になるだろう。だが、もし君にそれらのどれかが欠けていたら、その点で不完全な者になるだろう、ということなのさ。そして、いざこのことの技術ということに関しては、進むべき道は、リュシアスやトラシュマコスが進んでいるような方向には現われないようにぼくは思う。

パイドロス　では、どのような道ですか。

ソクラテス　おそらく、君、弁論術に関してはペリクレスが誰よりも優れた者になったのは当然だろう。

E

パイドロス　どうしてですか。

270

ソクラテス　技術の中で重大なものはすべて、自然について無駄な長話と天空の探求をさらに必要とするのだ。[1] そういった、志が高くてあらゆる面で完成したものは、何かそのようなところから来るように思えるんだ。そういうこともペリクレスは獲得したのさ。素質があったことに加えてね。ぼくはこう思う。アナクサゴラス[2]もまたそのような人だったが、ペリクレスはそのアナクサゴラスに出会って、天空の理論を吹き込まれたのだ。そしてまた、知性とその欠如[3]の本性に触れるに至ったのだ。まさにそういうことについてアナ

（1）自然についての「無駄な長話（*ἀδολεσχία*）」と「天空の探求（*μετεωρολογία*）」は、どちらも哲学者、ソフィストの営みに対する批判の文脈で用いられる語である。補註M参照。

（2）クラゾメナイの人で、哲学者。ペリクレスの同時代人であり、長くアテナイで活躍した。ペリクレスと接触した可能性はあるが、ここでペリクレスに「天空の理論」を教えたとされているのはプラトンの創作であろう。ペリクレスとアナクサゴラスを結びつける伝承（プルタルコス『ペリクレス伝』四-六―六-五、八-一―四、三二）は後世のもので、主としてこの『パイドロス』の箇所に由来する。『パイドン』九六A―九九B、『ソクラテスの弁明』二六D参照。

（3）*διανοίας* ではなく、*ἀνοίας* と読む。

(270)

クサゴラスは大いに語っていたところだからね。そしてそこからペリクレスは言論の技術に対して、それにふさわしいことを引き出したのさ。

パイドロス　それはどういう意味ですか。

ソクラテス　医術と弁論術では同じ方法が用いられるようだ。

B

パイドロス　どういうことですか。

ソクラテス　どちらの技術においても本性を分割する必要があるのだ。一方の技術では身体の本性を、他方では魂の本性をね。もし君が、単なる熟練や経験だけでなく技術によって、身体には薬と栄養を与えて健康と力を作り出そうとし、魂には正当な語りと修練を与えて、何でも君が望む説得と徳を伝授しようとするならばね。

パイドロス　まあそのように思えます、ソクラテス。

C

ソクラテス　では、魂の本性を全体[1]の本性を抜きにして言うに値するような仕方で見て取ることができると君は思うかい。

パイドロス　アスクレピオスの後裔のヒッポクラテス[2]の言うことをちょっとでも信じなければならないとしたら、身体についてもその方法抜きにはできません。

ソクラテス　友よ、彼の物言いは立派なものだ。だけど、ヒッポクラテス［の権威に頼る］だけじゃなくて、理屈を吟味してそれが彼の言うところと一致するかどうか調べなければならない。

パイドロス　同意します。

ソクラテス　では、本性ということについて、ヒッポクラテスと真なる言論が何を言うかを見たまえ。どんなものの本性であれ、次のように考えなければならないのではないか。まず第一に、われわれが何かに関して技術を持つ者となろうとし、また、他人もそういう者にしてやることができるようになろうと欲しているなら、それが単一の相を持つものなのか、それとも、多様な相を持つものなのかを見なければいけない。そして、第二に、もし一方でそれが単一なら、それの能力を考察しなければならない。作用を及ぼすことに

D

(1)この「全体(τοῦ ὅλου)」が何を指すのかは古来論議になってきた。この語は自然哲学の文脈で、宇宙全体を指すこともある。その意味に解釈すると、ここでの論点は、すでに提出されたアナクサゴラスが与えるような自然についての洞察にかかわるものとなる。しかし、文脈から考えると、この「全体」はこの後で説明される「魂の全体」を指すものでなければならない。すなわち、医学と弁論術はどちらも身体や魂の「全体」が単一か、複雑かどうかをまず調べたうえで、そのうえではじめて、もし複雑ならそのそれぞれが何に対してどのような作用を及ぼしたり受けたりするかを見る、という点にかかわるものであろう。この「全体」の意味については補註Nを参照。

(2)ここで「アスクレピオスの後裔」と言われているのは、コス島の医術の専門家の集団のことである。ヒッポクラテスは最も有名なコス派の医者であり、ソクラテスの同時代人である。飛び抜けて有名であるにもかかわらずヒッポクラテスについてはあまりよく知られていない。『ヒッポクラテス文書』はコス派のみならず諸医学派の文書の集成で、ヒッポクラテス自身の著作も含まれていようが、明確な特定は困難である。

　この箇所に続いて展開される説は、身体については、ヒッポクラテスの医学思想の内容であると従来考えられてきたが、あまり根拠がない。ここでヒッポクラテスやアスクレピオス派の話題を持ち出すのはパイドロスであり、ソクラテスはそれを「そういう権威に頼ってはいけない」とやんわりとたしなめている。パイドロスの思いつきはまったくの見当違いだったのであるが、ソクラテスはそれを許し自分の説を表面上ヒッポクラテスに結びつけて述べているのである。

かけては、何に対してどのような能力を本来持つものなのか、また、作用を及ぼされることにかけては、何によってどのような能力を持つものなのか、を。もし他方でそれが多様な相を持つのなら、それらを数え挙げたうえで[1]、単一のものについて見たまさにそのことを、それぞれについて見なければならない。つまり、それがどんな作用を何に対して及ぼす本性を持つのか、また、何によってどんな作用を受ける本性を持つのか、を見るのだ。

パイドロス　まあそうでしょうね、ソクラテス。

E

ソクラテス　ほんとのところ、こういうことを欠いた方法［道］というのは、いわば盲者の歩みのようなものだろう。だが、何であれ技術でもってそれを追求する者を盲者や聾者に例えていいはずがない。もし人が誰かに技術でもって言論［の術］を与えるなら、その人は、明らかに、［生徒が］言論を処方する相手となるものの本性の本当のあり方を厳密に示すであろう。そしてその対象とは魂だろう。

パイドロス　そりゃそうですね。

ソクラテス　では、彼はあらゆる努力をそれ［魂］に向けて払うことになるだろう。だって、彼はその中に確信をつくり出すことを試みるのだから。そうじゃないか。

271

パイドロス　はい。

ソクラテス　では明らかにトラシュマコスであれ、他の誰であれ職業として弁論の技術を伝授しようとする者は、まず第一にきわめて正確に魂を描き、それによって［生徒に］魂の姿を見させるだろう。それが単一で同質な本性を持つのか、それとも、身体と同じく多様な形態を持つのか、をね。ぼくらはこれを「本性

西洋古典叢書

月報 134

2018＊第2回配本

エピダウロスの古代劇場

目次

2018年7月
京都大学学術出版会

学問の誕生を告知する『パイドロス』

早瀬　篤

西洋の古典的学術書を繙くと、著者が最初に考察の対象を包括的に捉え、次にそれを条件に応じて場合分けしていく現場をしばしば目撃する。例えば近代政治学の幕開けを告げる書とされるマキャヴェリの『君主論』は次のようにはじまる。「古来人々に対して支配権を持っている権力者、支配者はすべて共和国か君主であったし、今日もそうである。君主権には支配者の血統が長い間君主である世襲的君主権と新しい君主権とがある。後者にはさらに……完全に新しい場合と……その支配権を獲得した世襲的な君主権の権力の一部分として吸収される場合とがある」(佐々木毅訳)。マキャヴェリは支配権を論じるにあたり、最初にその全体を条件に応じて、段階的に、遺漏なく場合分けしている。このあとで、場合分けされた君主権をひとつずつ順に考察していくのである。このような手法――考察対象を包括的に捉え、それを遺漏なく場合分けし、その後でひとつずつ順に説明していく手法――は、西洋の古典的学術書の常套手段と言っていいだろう。さらに言えば、現代の教本やマニュアルにもこのような書き方が踏襲されている。例えば、語学の体系的文法書は、文の要素全体を名詞、動詞、形容詞などに遺漏なく場合分けし、それぞれの役割を順に説明するという手順をとる。ごくありふれたものなので、皆さんも目にしたことがあるのではないだろうか。

このような手法は、著述家なら誰でも簡単に思いつくというものではない。その証拠に、江戸時代以前の日本でこのような手続きを経て個別学問やその一分野を確立しようと試みた形跡は残されていない。大雑把に言って東洋では、学問とは古（いにしえ）の書物を読んでそれに注解をほどこすことだと理解されていたのであり、考察対象の包括的な把握と遺漏のない場合分けによって学問が成立するという発想はなかった。むしろこの手法は、西洋において古の時代に発案され、それが知的遺産として継承されてきたのである。

では、この方法はいったい誰が創案したのだろうか？現存資料の裏付けを求めるなら、その答えは「プラトン」であることになるだろう。彼の『パイドロス』こそ、この方法を明確に提案した現存する最古の書物なのだ。私の理解するところでは、最初にプラトンは「総合」と「分割」という二つの方法の定義を与える（二六五C—二六六B）。総合とは「そこかしこに散らばっているもの［考察対象の諸事例］を総観して一つの相へと導くこと［定義や説明を与えること］」であり、分割とは「自然本来の分節にしたがって事物［考察対象］を相に即して分割できること」である。別の言い方をすると、考察対象（例えば神的狂気）は見方によって単一にも（神的狂気）、多様にも（予言させる狂気、詩的霊感を与える狂気など）見えるが、その単一の局面を捉えるのが総合であり、多様性の局面に向かい、正確にいくつの局面があるのかを捉えるのが分割である。この二つの方法はさまざまな哲学的考察で役に立つが（実際、『ラケス』一九二Aにおける速さの定義や『ゴルギアス』四六四Bにおける政治術・身体の世話の分割など、それ以前の著作でもプラトンはこれらをしばしば利用していた）、プラトンがとりわけ重視するのは学問の発見や教育のための利用である。登場人物のソクラテスは次のように述べる。

> そもそも、何であっても、その本来のあり方について次のように考察すべきではないか。第一に、ある対象——それについて我々が自分で技術を身につけ、他人も技術家にすることができるようになりたいと思うような対象——が単一なのか多くの相をもつのかを考察すること。第二に、それが単一なら、その機能を考察すること。つまり、どんな機能を、何に対して、はたらきかけることに関してもつのか、あるいはどんな機能を、何から、作用を受けることに関してもつのか、ということを。しかしもしそれが一つより多くの相をもつ場合には、それを数えあげた上で、単一なものについてと同じことをそれぞれについて見定めなければ

ならない。つまり、それは何にとってどんな作用を本来与えるのか、何にとって何からどんな作用を受けるのか、ということを。（二七〇C一〇—D七）

ソクラテスは、ある技術を発見したり教育したりするためには、まず考察対象を全体として取り上げて、それを遺漏なく場合分けし、それから場合分けされた各々の能動と受動の機能を説明しなければならないと提案している。なお、彼はこの直前で医学の父ヒッポクラテスもこの手法を使ったと報告しているように見えるが、現存するヒッポクラテス文書にははっきりとこの記述が当てはまる箇所は見当たらない。『パイドロス』のこの箇所こそ、西洋の学問の伝統で頻繁に用いられることになる手法がはじめて明確に打ち出された画期的な場面なのである。

この手続きによる学問の探究は、プラトンの学校アカデメイアを涵養地として後の時代に受け継がれていくことになる。プラトン自身は、『パイドロス』で「弁論術」を研究・教育するための方針を示す他には、『ピレボス』でこれを「快楽」の分析に適用してみせるにとどまる。この方法を柔軟に利用してさまざまな学問を確立しようとしたのは、むしろ青年時代にアカデメイアにやってきたアリストテレスだった。彼の著作を読むと、考察対象を諸要素へと場合分けしていくという手法はいたるところで目にとまる。プラトンの方法論をよく知らないと、この手法はアリストテレスの専売特許だと勘違いしてしまうかもしれない。実際、私はニック・ロウという学者がIn Our TimeというBBCのラジオ番組で「プラトンは幾何学的論証を好むが、アリストテレスは医者の家系の出身なので考察対象を解剖・分類することを好む」という趣旨の発言をするのを聴いたことがある。しかしこれはまったく見当外れのコメントで、アリストテレスがこの手法をアカデメイアで学んだことは明らかであり、とくに彼の『弁論術』は、プラトンが『パイドロス』で示した方針に直接したがう形で書かれたものであろう。さらに時代を下って前一世紀になると、ローマの政治家・弁論家・哲学者であるキケロがこの手法を使って弁論術の教本を書き残している。そして『弁論術の分析』という書物の最後で彼は、アカデメイアで学んだことがなければその本にあるような弁論術の分析の仕方を思いつくこともできなかっただろうと報告している。キケロの時代にはこの手法を用いてさまざまな学問の教本を書くことが広く行なわれ、そのほとんどは散逸してしまったが、ウァロの『農業論』、ウィトルウィウスの『建築論』、ケルススの『医学論』などが現代に伝えられている。プラトンが提案した方法は、古典古代において学問の探究方法のパラダイムとなったのだ。

現代の私たちが学ぶ人文・社会・自然科学の諸学問やその個別分野の多くは、それぞれがプラトンの方法論にしたがって長い年月にわたって体系的に整備されてきた。この方法は、辞典や図鑑のように個々の情報を収集し積み上げていくボトムアップ方式ではなく、すでにある情報にもとづいて全体を把握するところからはじめるトップダウン方式をとるので、すでに出来上がった体系に問題があるとき、問題部分だけを修正することが容易ではない。そのような場合、この方法を用いる人は、過去の体系全体をいったん放棄して新しい体系を提示しなければならない。そしてそのためにはすぐれた直観と甚大な労力が必要になるだろう。他方で、全体を出発点とすることによって、この方法で体系づけられる学問やその一分野の独立性が保証されるのである。もちろん、私はここで西洋の諸学が世界を席巻するようになった主要な理由をプラトンの方法に求めているわけではない。おそらくそれは十七世紀の科学革命に求められるべきだろう。しかし個別の学問が成立する条件を示したという意味で、現代の学問が産声をあげたのは『パイドロス』においてだと言うことは大袈裟ではないと考える。

さて、断わるのが遅くなったが、以上のような『パイドロス』の読み方は、総合と分割の方法についての私自身の解釈——これは二〇一六年に学術雑誌 *Phronesis* に発表された——を下敷きにしたものであり、二十世紀初頭から多くのプラトン研究者が想定してきた伝統ある解釈とは相性がよくない。伝統的解釈いわく、「総合と分割は考察対象を定義するための一組の方法である。総合は、考察対象を含む広い概念を発見する方法であり、分割は、その広い概念を区分してもう一度考察対象に戻る方法である。これによって広い概念と考察対象の関係が明らかになり、考察対象の定義が判明する。プラトンがこの方法を使うのは、基本的に『パイドロス』で恋を、『ソピステス』でソフィストを、『ポリティコス』で政治家をそれぞれ定義するときに限られる」。かつて哲学者ギルバート・ライルは、この手続きを「初心者向けの手ほどき」と評したが、伝統的解釈をとるかぎり、その評価も無理からぬものだと私には思われる。しかしこのプラトン解釈の重要問題に対する学界の判決が下されるには、もう少し時間（とたぶん私のいっそうの努力）が必要なようである。

（西洋古代哲学・京都大学准教授）

連載

西洋古典雑録集（8）

ギリシア文字あれこれ

古代ギリシア語はもともと大文字のみであった。だから、例えばプラトンのギリシア語テキストはＯＣＴ（Oxford Classical Texts）などでお馴染みのものだが、実は書いた本人が知らない文字を読んでいることになるのだ。古代ギリシア語がいわゆる小文字（後四、五世紀から広く用いられたアンシャル字体がさらに変化した、羊皮紙用の筆記体文字と見なすべきもの）で表記されるようになったのは後九世紀頃であり、現存写本で最古の例は八三五年（テキストは福音書）で、それまでは今日の大文字に当たるものだけが用いられていた。古典期以前の、さらに古い時代のアテナイ（アッティカ）のギリシア語表記は旧式の大文字字母表記がおこなわれていた。例えば、Eは*e*/ *ei*/ *ē*を、Oは*o*/ *ō*を表わしたから、そのうちのどれであるかについては読み手が自分で判断しなければならなかった。前四〇〇年頃にイオニア式アルファベットが導入され、それぞれE/ EI/ HおよびO/ Ωとなる。そして、この旧式アルファベットからの移行があったことで、テキストの伝承に誤記を生む結果にもなった。この点はヘレニズム時代の文献学者たちによってしばしば指摘されている。

ところで、ギリシア語の大文字は全部で二四個あるけれども、最初からそのように確定していたわけではない。クレタ・ミュケナイ時代のギリシア語には、粘土板に書かれた線文字というのがあって、線文字Ｂが部分的に解読されている（線文字Ａは未解読）。これは前十六世紀から十二世紀頃までの話である。その後、線文字は消失し、代わってフェニキア文字を利用したギリシア文字が登場する。もともとフェニキア文字は子音ばかりで、母音を表わす文字がなかったが、古代ギリシア人はフェニキア文字のＡＥＩＯＹ（それぞれアレフ、ヘー、ヨド、アイン、ヴァウ）を、母音のＡＥＩＯＹ（ギリシア語ではアルファ、エプシロン、イオタ、オミクロン、ユプシロン）として転用する。もっとも、フェニキア文字のＹはユプシロンになるのだが、その文字のもとの音価である［w］の音は、ギリシア文字ではＦによって表わされた。Γ（ガンマ）が縦に二つ並ぶかたちなので、ディガンマと呼ばれる。ただし、ディガンマは古典期にはすでに消失しており、アルカイック期にその名残を留めるにすぎない。ホメロスのギリシア語は、長い伝承の過程を経たために、イオニア方言形のほかにアイオリス方言形など、いくつかの方言形の混淆がみられる人工言語なのであるが、『イリアス』の第一歌三六行を見ると、その行頭は Ἀπόλλωνι ἄνακτι（アポロンの君に）で始まっている。これをローマ字で示すと Apollōni anakti となる。ホメロスの叙事詩はヘクサメトロン（長短短六脚韻）で書かれているのであるが、行頭のAは長音と勘定される。次の神に呼び掛ける ἄναξ（anax: ἄνακτι はその dative）は「王（君）」の意味だが、もともとはディガンマが付いた ϝάναξ という表記で、ホメロスには古い時代のギリシア語の記憶が残されているから、おそらく Āpollōni wanakti と詠んでいたのであろうと推測されている。

ディガンマについてもう少し述べると、葡萄酒を意味する οἶνος（oinos）ももとは ϝοῖνος（woinos）という形であり、ギリシア語では消失してしまうが、[w]の音価は葡萄酒にあたるラテン語 vinum（ウィーヌム）に残り、英語の wine（ワイン）にもその音を留めている。「見る、知る」を意味する εἴδω（eidō）は、現在形が失われた語であるのだが、これにももとは語頭にディガンマがついていたと言われる。本来「見られたもの」の意味であるプラトンのイデアはイデア（ideā）のままだが、ラテン語で「見る」を意味する videō（ウィデオー）、さらには英語の video（ビデオ）のように、[w]の音価はラテン語を仲介して今日に残っているわけである。

ディガンマの消失が校訂本を確定させる上での根拠となる場合もある。西洋古典を翻訳で楽しむ人には、どうでもいいような話をもうひとつ加えておく。ホメロスと並ぶ叙事詩人ヘシオドスには、ディガンマの痕跡はほとんどみられないと言われる。そのため、例えば『仕事と日』の三一二行の εἰ δέ κε ἐργάζῃ（ei de ke ergazēi）は、「もしお前が働くならば」の意味だが、この ἐργάζῃ の行頭にもともとはディガンマがあったとされる。この部分は韻律では〈長短短／長長／長…〉となるのだが、途中の母音の連続が気になる。ヒアートゥス（hiatus）と言って、ギリシア語は次に来る語と母音が続くのを嫌う傾向があるが、ディガンマがあったと考えれば何の問題もなく、現に古いテキストではこのまま読んでいる。けれども、より新しいウェスト（M. L. West）の校訂本では、ディガンマの痕跡はないと考えて、κε ではなく κεν（ken）と読まれている。なお、消失したギリシア語字母には、ディガンマのほかに、コッパ（Ϙ）やサンピ（ϡ）などがある。これらはそれぞれ数字の九〇、九〇〇として残っている。

（文／國方栄二）

西洋古典叢書

［2018］全6冊

★印既刊　☆印次回配本

●ギリシア古典篇

アポロニオス・ロディオス　アルゴナウティカ　堀川　宏 訳

クイントス・スミュルナイオス　ホメロス後日譚☆　北見紀子 訳

クテシアス　ペルシア史／インド誌　阿部拓児 訳

プラトン　パイドロス★　脇條靖弘 訳

プルタルコス　モラリア 4★　伊藤照夫 訳

リバニオス　書簡集 2　田中　創 訳

●月報表紙写真――エピダウロスは古くはアポロンの聖地であったが、アスクレピオス信仰の高まりとコス派をはじめとする医師たち（アスクレピオスの後裔を自任していた）の活動が相まって、前五世紀にはアスクレピオス誕生の聖地とされ、医療活動の拠点となった。盛時は前四世紀で、オリュンピアやデルポイなどと並んで四年ごとの大祭（アスクレペイア）が行なわれ、体育競技大会と演劇の上演が開催されるようになった。劇場はこの時代（前四世紀後半）に建造されたもので、円形の歌舞場（オルケーストラー）など当時のままの形態がほぼ完全に保存されている唯一の遺構である。直径約一一五メートル、五五段の座席には一万四〇〇〇人が収容できる。（一九九〇年五月撮影　高野義郎氏提供）

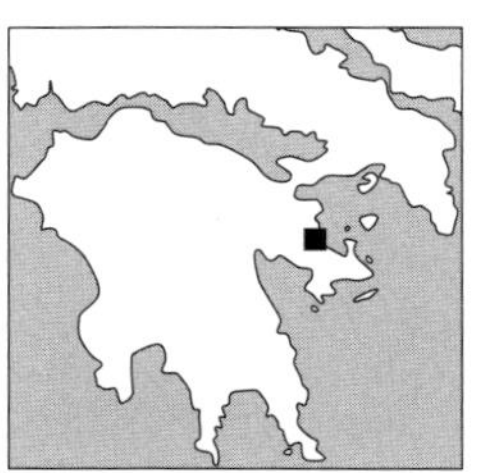

を示すこと」と言うのだからね。

パイドロス　たしかにそのとおりです。

ソクラテス　そして第二に、何の能力によってどんな作用を及ぼし、また、何からどのような作用を受ける本性にあるか、を見させる。

パイドロス　いかにも。

B

ソクラテス　三番目には、言論と魂の種類を、また、それ［魂］の受ける作用を詳細に分類したうえで、すべての原因を論究するだろう。［言論の］それぞれを［魂の］それぞれに適合させ、魂がどのようなものである場合にどのような言論によってどんな原因から、必然的にあるものは説得され、あるものは説得されないのかを教えるのだ。

パイドロス　ともかくそうできれば、どうやら、すばらしいことでしょうね。

C

ソクラテス　いや、［そんな言い方じゃだめだ、］君、これとは別のやり方で演示されたものや［即興で］語られたものが、技術によって語られたり書かれたりすることはけっしてないのだよ。他のことでも今話題になってるこのことでもね。[2] だけど、今言論の技術書を書いている人たち、君が読んだ人たちだけど、彼らは腹黒いやつらでね。隠しているんだよ、魂について本当によく知っているくせにね。だから、次に述べるや

（1）ἀριθμησάμενον ではなく、ἀριθμησαμένους と読む。

（2）今話題になっているのは、技術によって語られたり書かれたりするのはどのようにしてか、であるが、「このこと」は恋（エロース）を指すという解釈も可能である。

り方で彼らが語って書くまでは、ぼくらは信じないようにしよう。あの人たちが技術によって書いたとはね。

パイドロス　それはどんなやり方ですか。

ソクラテス　実際に使われるべき言葉そのものを言うのは簡単じゃない。でも、どういうふうに書かなければならないか、もしその技術書が可能なかぎり技術によるものとなるならばだが、それならぼくが言ってあげてもいいよ。

パイドロス　言ってください。

D

ソクラテス　言論の力は魂の導きであるのだから、弁論家になろうとする者は魂がどれだけの種類を持つかを知らなければならない。魂にはｎ個の数があり、ＡＢＣ……のタイプがある。そこから、ある人はＦの、またある人はＧのようなタイプの人になる。これら魂はこのように分類されたが、それに対してまた言論の種類の方もｍの数があり、それぞれはａｂｃ……のタイプである。さて、Ｘのタイプの人はｘのタイプの言論によってＳの原因によってＰのようなタイプのことがらへと説得されやすいが、Ｙのタイプの人はＴのゆ

E

えに説得されにくい。実に、このことを十分に考えたうえで、その後それが実践の中に置かれて為されるのを観察して、鋭敏に感覚に従うことができなければならない。そうでないと、生徒であったときに聴講した言論はまだ何の役にも立たない。そして、どのような人がどのような言論によって説得されるかを十分に言うことができるようになり、そういう人がそばにいるのに気がついて、「あ、この人だ、この人の本性は、

272

あのときの理論が当てはまるものだ。今その本性が現実にこの人に備わっている。この本性にはこういう仕方でこの言論をこのことの確信に向けて処方しなければならない」と自分に示すことができたとき、そして、

彼がこれらすべてをすでに手に入れた状態で、さらに、いつ語るべきでいつ語るのを控えるべきかについての適切な機会を把握したあとで、そのうえで、短言法とか詠嘆法とか憤激法とか、[1]学んだかぎりの言論の種類のそれぞれについては、それらを使うべき機会と使うべきでない機会を見極めたなら、その人によってこの〔言論の〕技術は立派にまた完全に達成されたことになる。それ以前には達成されないのだ。もし誰かがこれらのうちの何かを欠いた状態で語ったり、教えたり、書いたりして、技術によって語っていると主張するなら、信じない者が勝ちだ。「さてどうだい」とおそらくこの本物の技術書の著者は言うだろう、「パイドロスにソクラテス、これでいいと思わないかい。それとも言論の技術が何かこれと違う仕方で語られたら受け入れるべきだろうか」とね。[2]

B

パイドロス　他の仕方では、ソクラテス、まず受け入れ不可能でしょうね。でも、簡単な仕事には思えませんね。

ソクラテス　君の言うとおりだ。ほんとにそのためにはあらゆる言論を上へ下へとひっくり返して調べなければならないのだ。どこかにそれ〔弁論術〕に至る容易で短い道が現われないか、とね。短くて滑らかな道があるのに、わざわざ長くてけわしい道を行くのは無駄だからね。さあ、もし君がリュシアスとか誰か他

C

（1）「短言法」については一〇九頁註（3）参照。「詠嘆法（ἐλεινολογία）」、「憤激法（δείνωσις）」という語自体は二六六D—二六七Dには出ていなかったが、トラシュマコスの方法（二六七C—D）に対応している。

（2）μή ではなく、写本どおり ἤ と読む。

の者の話を聞いて、何か助けになることを提供できるなら、思い出して言ってくれ。

パイドロス　試しにやってみるだけならできるかもしれませんが、今すぐにとは正直なところなかなか……。

ソクラテス　じゃあ、よかったらぼくがある話をやってあげようか。このことの関係者の何人かからぼくが聞いた話なんだけど。

パイドロス　もちろん、やってください。

ソクラテス　ことわざに言うじゃないか、パイドロス、「狼の言い分でさえ聞いてやるのが正当だ(1)」とね。

D

パイドロス　ではあなたもそうしてください。

ソクラテス　では。その人たちは、このことをそんなにご大層にもったいつける必要なんかないって言うんだ。長い道をぐるぐる回って天に運んで祭り上げるようなことをしなくてもいいんだ、ってね。というのはまったく、これはぼくらがこの話の最初(2)に言ったことなんだけど、つまり、ぼくらはこういう話を出しただろう。「十分な弁論家になろうとする者は、真実に触れるということは全然必要ないのだ。正しいことがらや善いことがらについてもそうだし、生まれつきとか養育による人間たちの正しさ、善さでさえもそうだ」とね。そもそも法廷ではそういうことの真実なんて全然誰も気にしていない。気にしているのは、説得力があるかどうかだけだ。そう彼らは言う。そして、説得力があるとは「もっともらしいこと」であって、

E

技術によって語ろうとする者はそれに注意を払わなければならない。ときには、実際に行なわれたことですら、その行なわれことが「もっともらしいこと」ではない場合には、語るべきではなく、「もっともらしい

273

こと」の方を語るべきである。それは告発でも弁論でも同じだし、どんな語りの場合でも、「もっともらしいこと」を追求するべきであって、真実にはしばしば別れを告げなければならない。このことが言論の全体を通じて生じたなら、それが技術の全体を与えるのだ、とね。

パイドロス　そうっ、まさしくそれですよ、ソクラテス。あなたが述べられたのは、言論について技術を持つと自認している人たちが言っていることですよ。いや、思い出しました。ちょっと前に私たちはこういうことについて短く触れましたよね。でも、このことの関係者たちには、これはとても重要なこととみなされているのです。

ソクラテス　［このことの関係者とか言ってるけど］でも君は、テイシアスご本人[3]の書物を綿密に研究したんだろう。だからぼくらはテイシアスにこのことも語らせなければ。「もっともらしいこと」とは大衆に思われることより他の何かだとまさか彼が言うのかどうかをね。

B

パイドロス　他のはずがないでしょう。

ソクラテス　ほう、ではどうやら、そのありがたい知恵を、また同時にありがたい技術でもあるものを見

(1) 議論のためにわざと反対意見を述べることを意味する。狼は「羊飼いがテントの中で羊を食べているのを狼が見た。近づいて、『俺がそれをしたら、おめえらはどれほど大騒ぎしただろうかね』と言った」というアイソポス（イソップ）の寓話から。プルタルコス『七賢人の饗宴』一五六A参照。

(2)「この話の最初」の内容は二五九E―二六〇Aを指すので、「この話」は対話篇の後半だけを指す言葉として用いられている。

(3) テイシアスについては、一〇三頁註（6）参照。

(273)

つけてテイシアスは、こう書いたわけだ。誰か体が弱々しいが勇猛な人が、体は強いが臆病な人を襲って、着物か何かを奪ったとして[1]、もし彼が法廷に引き出されたなら、そのときはどちらの側の人も真実を言うべきではない。一方の臆病な人は勇猛な人に単独で襲われたのではなく仲間がいたと言わなければならない。

C

他方の人は二人っきりだったと反論しなければならない[2]。そして、あの手を使うのさ。「こんな［体の弱い］私がどうやってこんな［に強い］人に手を出したりできましょうか」。そして、他方の人は自分の臆病を口に出すなんてことはもちろんしない。何かまた別の嘘を言おうとするんだ。そうすれば、訴訟の相手を論駁することができるかもしれない、ってね。いやはや、他のことについても、何かこういうことが「技術によって語られたこと」ということなのさ。そうじゃないか、パイドロス。

パイドロス　そうです。

ソクラテス　あぁ、ほんとに恐ろしいことに秘密に隠された技術を見つけたようだね、テイシアスは。あるいは、他のどなたであられましたか。いずこにちなんだ名であれお気に召しますお名前でお呼びいたしますが[3]。しかし、君、彼にぼくらはこう言おうか、それとも止めておこうか――

パイドロス　どう言うのですか。

D

ソクラテス　こうだ。「テイシアス、実は先ほどぼくらは、あなたが入って来る前に、こう言っていたところなんです。その『もっともらしいこと』というのが大衆の中に生じるのは、実は真実［相互の］の類似性［を利用すること］によってである、と。そしてぼくらは先ほどこう言ってたんです。その類似性を最もよく見つけることができるのは、いかなるところでも、真実を知っている人である、と[4]。ですから、もし言論

E

の技術についてあなたに何か別の意見がおありなら、お聞きいたしましょう。でももしそうでないなら、ぼくらはさっき詳しく述べたことを信じることにいたします。つまり、誰であれ人は自分の聴衆になるであろう人たちの諸本性をすっかり数え上げて、そして、有るものどもを形相の下に分割し、かつ、一つの形相に照らしてそれぞれを一つのものの下に包括することができないならば、その人は言論について人間に可能なかぎり技術を持つ者となることはけっしてないだろう、ということです。これを獲得するのは、大変な苦労なしには絶対に達成できないでしょう。その苦労を、人間たちに向けて語ったり行為したりするという目的のために引き受けるというようなことを、まともな思慮の働く者はするべきではありません。それは、神々

(1) 着物を奪う罪を犯した者は、極刑になる可能性があった。デモステネス第五十四弁論『コノン弾劾』参照。

(2) アリストテレスは「もっともらしい（εἰκός）」議論を説明するのに同じ例を挙げ、この議論をコラクス（一〇三頁註(6)参照）に帰している。『弁論術』第二巻第二十四章一四〇二a一七—二〇参照。

(3) このソクラテスの台詞に、先の強い者と弱い者の議論がコラクスの議論であるという示唆を読み取る解釈（古くはヘルメイアス二五一・八—九）もあるが、おそらくそうではない。ここでソクラテスは、テイシアスへの呼びかけを、儀礼における神への呼びかけとして行なっている。テイシアスをあたかも神であるかのように崇めるという嘲笑なのである。儀礼においては神の名を正しく呼ぶことが重要である。そのためいくつもの名前が並べられたり、最後に、ちょうどここでソクラテスがしているように、正しい名前に当たらなかったかもしれないことを認める文句が置かれる。

(4) 二六二A—C。

に喜ばれることを語ることができること、また、神々に喜ばれるような仕方ですべてを可能なかぎり行為することができること、このことのためであるべきです。というのは、実際、テイシアス、ぼくらよりも賢い

274 人々[1]はこう言っています。『奴隷仲間を喜ばせることに精を出すようなことは、片手間でやるのは別にして、知性を持つ者はしてはいけない。優れた素性を持つ優れた主人に喜ばれることに精を出すべきだ』と。だから、もし道が回り道で遠くても、驚いてはいけません。大きなことのためには回り道でも進んで行かなければならないのであって、あなたが思っているの［小さな目的のための近道］とは違います。しかし他方、この説が言うところによれば、人が望むなら、そのこと［人間に向けて語り行為するという小さいこと］は、かのこと［神々に向けて語り行為するという大きいこと］から一番立派に生じるでしょう」。

パイドロス　おっしゃられたのは本当にすばらしいことだと思いますよ、ソクラテス。もし人にそういうことが可能ならばの話ですが。

B ソクラテス　でも君、立派なことを試みるならば、結果的にどんな目に会うことになっても、それは立派なことだ。

パイドロス　いかにも。

ソクラテス　では、言論の技術性、非技術性についてはこれで十分としよう。

パイドロス　ええ。

ソクラテス　では残っているのは、書くことの適切さと不適切さについてのことだ。つまり、書くということがどのように生じれば立派で、どうなれば不適切か、だ。そうだろう。

パイドロス　はい。

ソクラテス　では、君は知っているかい。言論についてどのように行為したり語ったりすれば君は最も神に喜ばれることになるか、を。

パイドロス　まったくわかりません。あなたは？

c

ソクラテス　昔の人たちからの言い伝えなら言ってあげることはできる。本当のところは彼らだけが知っているのだが。だけどもしぼくらが自力でそれを見つけ出せるとしたら、それでもまだ人間たちの考えがどうかなんてことも気にしなければならないだろうか。

パイドロス　それはばかばかしい問いですね。ともかくあなたが「聞いた」とおっしゃるそのことを話してください。

ソクラテス　いいだろう。ぼくはこう聞いたんだ。エジプトのナウクラティス[2]のあたりに当地の古い神々のひとりが生まれた。当地の人たちが「イビス」と呼んでいる鳥[3]がいるが、その神はその鳥の守護神だ。そ

---

(1) ヘルメイアスは「たとえばピュタゴラス派」と註釈している。テウト神を知った場所がナウクラティスであったことから、プラトンは、テウトがそこで生まれたと言っているのかもしれない。

(2) ナウクラティスは少なくとも前七世紀後半から西ナイルデルタにあったギリシアの商業地で、前六世紀にはエジプトのファラオから貿易の地としての法的許可を与えられていた。ヘロドトス『歴史』第二巻一七八参照。ギリシア人がはじめ

(3) エジプトのナイル・デルタにいるトキの一種。

D の神霊の名はテウト。(1) その神はまず数と計算を発明した。また幾何と天文を、さらに将棋(2)とすごろくを、そしてついに文字を発明した。当時のエジプト全土の王はタムスだった。(3) 王の城下は［ナイルの］上流の大都市で、ギリシア人たちはその都市をエジプトのテバイと呼んでいる。(4) また、その神［タムス］をアンモンと呼んでいる。テウトはタムスのところに行ってそうした諸技術を示した。そしてそれらを他のエジプト人たちに広めなければならない、と言った。タムスはそれぞれの技術がどんな効用を持っているかを尋ねた。テ E ウトが説明すると、「それはいい」「それはよくない」と言って、批判したり褒めたりした。タムスはそれぞれの技術について、よいところ、悪いところを実にたくさんテウトに意見したということだ。だが、それを詳しく語ると長くなってしまう。さて、吟味が文字のことになったとき、テウトは言った。「王よ、これを学べば、エジプトの人たちはもっと賢くなり、もっと記憶力がつくでしょう。この発明は、記憶と知恵をもたらす薬です」。タムスは言った。「最高の技術者テウトよ、技術を産むことのできる者と、技術がそれを使 275 用する者たちにどのような害や利益を与えることになるかを判断できる者とは別なのだ。今もおまえは、文字の父であるというので、ひいき目からその力を正反対に述べた。これはこれを学んだ者たちの魂の中にまず第一に忘却を与えるだろう。記憶しようとしなくなるのだ。なぜなら、書かれたものを信用することによって、その者たちは自分たち自身の力で内から思い出すのではなく、他人の刻印したものによって外から思い出そうとするからだ。だからおまえの発明したのは、記憶することの薬ではなく、思い出させることの薬なのだ。そして次に、これを学んだ者たちにおまえが与えるのは、知恵の思いなしであって、本当の知恵ではない。彼らはおまえのおかげで教えられることなしにたくさんのことを読み、自分たちが大きな知恵を

B

持つと思うようになるだろう。大多数のことについて無知であるにもかかわらず。そして付き合うのが難しい人たちになるだろう。知恵のある者ではなく、知恵があると思う者になってしまうのだ」。

パイドロス　ソクラテス、あなたときたらエジプトでもどこでも好きな国の話をいとも簡単にお作りになりますね。

---

(1)「テウト（θεύθ）」あるいは「トート（θώθ）」はエジプトの知恵の神（特に文字、ヒエログリフを発明した神で、書記の守護神）で、ギリシア人はヘルメス神と同一視した。ヘロドトス『歴史』第二巻一三八-四参照。聖獣はトキとヒヒである。ナイル川西岸のヘルモポリスにゆかりがある神である。

(2)当時のギリシアの将棋（πεττεία）は、チェッカーのようなゲームだったようである。『国家』第二巻三七四Cでは、一人前になるためには、片手間ではなく子供のころからそれだけに打ち込む必要があると言われていることから、今日のチェスや囲碁、将棋のように高度に知的なものだったと考えられる。『ポリティコス』二九二E参照。

(3)エジプトでは王ファラオは神（を具現する者）であるので、この箇所の「王（βασιλέως）」と二行下の「神（τὸν θεόν）」はどちらもタムス＝アンモンを指す。アンモン（アメン、アムン）は、エジプトの神々のうちの最高位の神で、ギリシア人はゼウスと同一視した。

(4)エジプト人はこの都市を「ワセト」と呼んでいた。なぜこの都市をギリシア人が「テバイ」と呼んだのかは謎である。すでにホメロス『イリアス』（第九歌三八一―三八三行）で「百の門があるエジプトのテバイ」とアキレウスが言っている。

（275）

ソクラテス　だけど君、ドドネのゼウスの聖地(1)の人たちはこう言ったぞ。最初の予言の言葉は樫の木の言葉だったってね。当時の人たちは君たち若い衆のように賢くなかったから、彼らにとっては樫の木や岩の言うことでもそれを聞ければ十分だったのさ。単純［ばか］だからね。ただ言ってることが真実ならよかったのさ。でも君にとってはおそらく、言っている人が誰か、どこの出身かが大事なんだね。だって君はあのことだけを見ているわけじゃないのだろう。言っているとおりなのかそうでないのかということだけをさ。

C

パイドロス　正当なおしかりです。たしかに私は文字につきましては、まさしくテバイの神のおっしゃるとおりだと思います。

ソクラテス　そうすると文字の中に技術を残したと考えている人、そしてまた文字から何か明確でしっかりしたことが出てくるだろうと考えてそれを受け取る人は、大変なばかさかげんに満たされていることになるだろう。そしてまぎれもなくアンモンの予言を無視していることになるだろう。書かれた言葉が、何かを知っている人が書かれたものの内容を思い出すのに役立つということ以上に値打ちがあると考えているんだからね。

D

パイドロス　まさしく。

ソクラテス　というのはね、パイドロス、書くということは何かこの恐ろしいところを持っているようなんだよ。本当に絵を描くことと似ているね。だって、絵の術の生むものはまるで生きているかのように立っているけれども、君がそれに何か尋ねたら、そりゃもう大変威厳のある風情で黙っているんだからね。言論の方も同じさ。言論が何か思慮をめぐらせて語っていると君は思う。けれども、君が語られていることの何

E
かを教えてもらいたいと思って尋ねても、そいつはいつも同じことばかり一つ覚えのように唱えるだけなのさ。ところが、いったん書かれてしまうと、あらゆる言論はどこにでも転がって行く。心得のある人のところにも、全然ふさわしくない人のところにも同じようにね。そして、誰に話すべきで、誰に話すべきでないかをわきまえない。また不当な扱いを受けて、非難されるのが正当でないときでも、いつも父親［書いた人］の助けが必要になる。自分ひとりでは、自分自身を守ることも助けることもできないのだ。

パイドロス　あなたのおっしゃるそのこともまったく正しいです。

276
ソクラテス　ではどうだい、ぼくらは別の言論を見ることにしないかい。それはさっきの言論の兄弟ではあるがこっちの出自は正嫡だ。それがどういう仕方で生じるのか、そして、さっきの言論と比べて生まれつきどれほどすぐれていて能力が高いかを見ないかい。

パイドロス　その言論とは何ですか。どうやって生まれるというのです。

ソクラテス　学ぼうとする者の魂の中に知識と共に書かれる言論だ。それは自分自身を守ることができるし、また誰に語るべきで誰に黙すべきかをわきまえている言論だ。

パイドロス　あなたのおっしゃっているのは、知を持つ人の言論、生きていて魂を吹き込まれた言論のことですね。書かれた言論はその言論の何か影のようなものと言うのが正当なのでしょう。

B
ソクラテス　そのとおりさ。次のことをぼくに言ってくれ。思慮のまともな農夫なら、よく実ってほしい

（1）ドドネについては、四九頁註（2）参照。

と大事にしている種をどうするだろうか。夏にアドニスの庭に真面目に［そこを耕して］種蒔きをして八日目にきれいになるのを見て喜んだりするだろうか。[1] それともそういうことは、もし仮にやる時があるとしたら、遊びとお祭りのためにするだけだろうか。そして反対に、彼が真剣に考えている種の方は、農業の技術を使って、ふさわしい仕方でまき、まいたものが八ヵ月後[2]に全部実ったときに満足するだろうか。

C

パイドロス　そうするでしょう、ソクラテス、真剣な種の方は。そしてもう一方の種の方のやり方はあなたがおっしゃるようにまったく別でしょう。

ソクラテス　正しいこと、[3]美しいこと、善きことの知識を持っている人は、自分の持っている種について、農夫よりも思慮がまともでないとぼくらは言うかい。

パイドロス　ありえません。

ソクラテス　では彼は真面目にその種を黒い墨で「水の中に書く[4]」ようなまねはしないだろう。自分を言葉で助けることもできず、真実を十分に教えることもできないような言論といっしょに筆でもって蒔いて書くようなまねはね。

パイドロス　そんなことは絶対ないでしょうね。

D

ソクラテス　そうさ。だけど文字で出来た庭には、当然その人は、遊びのために種を蒔き、書くだろう。そもそも書くようなことがあればの話だが。自分自身のために備忘録を貯め込むのだ、「忘却の齢に至りなば[5]」さ。また、同じ足跡をたどろうとする人すべてのためでもある。そして、庭が柔かく育つのを見て喜ぶだろう。そして、他の人たちが他の遊びをやっているときに、たとえば、酒宴で［庭ではなく］自分自身を潤したり他の何かそれに類することをやっているときに、その人は、どうやら、そういうことの代わりにぼくが言っていることによって遊びをやって時を過ごすだろう。

パイドロス　あなたのおっしゃるのは、劣悪な遊びと並べると、何と美しい遊びでしょうか！　ソクラテス。言論の中で遊ぶことのできる人の遊びですね。正義[6]やその他、あなたがおっしゃったことがらについて物語を語りながら遊ぶのですね。

E

ソクラテス　そういうことさ、パイドロス。だけどぼくが思うには、そのこと［正義など］についての［遊

(1) 伝説上のキュプロスの王子アドニスはアプロディテに愛されたが、猪（あるいはヘパイストス、あるいは猪に姿を変えたアレス）に殺される。その死を嘆く女たちの祭りが当時すでにアテナイに持ち込まれていた。祭りでは、屋根の上に置かれた鉢で、レタスやウイキョウが短い期間で（ここでは八日と言われているがこれは正確な日数ではないだろう）育てられ、アドニスの死とともに井戸や海に捨てられる。アリストパネスの『女の平和』三八七―三九八行では、議会を開いている男たちにアドニスの祭りで嘆く女の声が聞こえてくる場面が滑稽に描かれている。

(2) この八ヵ月という期間は、アドニスの祭りの栽培の八日間に合わせせられたもので、正確ではない。

(3) この箇所のソクラテスの「正しいこと」への言及と、すぐ後の二七六Eの「正義」についてのパイドロスの発言は、「正義」を主題とする書物である『国家』への言及が含まれると考えられる。『国家』第二巻三七六D参照。

(4)「水の中に書く（ἐν ὕδατι γράφειν）」はことわざ的慣用句で、無駄な努力を意味する。プラトンはこのことわざに「黒い墨（水）」を付け加えて、文字どおりの意味と重ねている。

(5) ホメロス調の句である。失われてしまった詩の引用かも知れない。老年に差しかかったプラトンの自虐的なジョークとも考えられる。

(6) 前註（3）参照。

277

びよりも〕ずっと美しい真剣な努力が生じるのは次のときだ。すなわち、人がふさわしい魂に出会った後、問答法の技術を用いて、知識とともに言論を蒔き、植え付けるときだ。その言論とは、自分自身と植え付けた相手を助けることができるものであり、さらに必ず実を結ぶように種を持っているものなのだ。それゆえ、〔その言論は〕異なる性格の中で異なるものに育つことによって、その種子を常に不死とすることができる。そして、それを持つ者を、人間に可能なかぎり最も幸福にすることができる。

パイドロス　たしかにあなたのおっしゃるそっちの方がずっと美しいですね。

ソクラテス　さあこれでようやく、パイドロス、ぼくらはあのことを判断することができる。これらのことが同意されたんだからね。

パイドロス　どんなことですか。

ソクラテス　ぼくらがここまでやって来たのはそれを見たかったからだ。すなわち、言論を書くことについての、リュシアスへの非難(1)の正当性を吟味するためさ。そして、言論そのものを吟味してどれが技術によって、どれが技術なしで書かれているのかを見るためさ。だが、技術あり、なしのことについては、適切な仕方ですっかり明らかになったとぼくには思える。

B

パイドロス　たしかにそう思えることは思えるんですが、どういうふうにかもう一度私に思い出させてください。

ソクラテス　それについて語ったり書いたりするすべてのことがらの真実を人が知り、それ自体の下にすべてを規定することができるようになり、規定したうえで、逆に諸形相に従ってこれ以上切り分けることが

C できないところまで切り分ける知識を持ち、魂の本性についても同じように洞察を持って、それぞれの本性に調和する形を見つけ出し、そのうえで言論を構成して練り上げ、多様な魂には多様であらゆる調子を持った言論を与え、単純な魂には単純な言論を与えるまでは、その前には、技術によって言論の種族を本来の仕方で扱うことはけっしてできないだろう、ということだ。教えるということに向けても、説得するということに向けてもね。それは先ほどの議論全体がぼくらに明らかにしてくれたとおりなのだ。[2]

パイドロス　いや、これは何かまったくそのようであると明らかになりました。

D ソクラテス　では、言論を語ったり書いたりすることが立派なことなのか恥ずかしいことなのか、また、それがどのように生じた場合に正当な非難の対象となったりならなかったりするのか、についてはどうだろうか。それについては、少し前に語られたことが次のことをすでに明らかにしたんじゃないか、つまり……

パイドロス　どう言ってですか。[3]

ソクラテス　リュシアスであれ他の誰であれ、私的にであれ、公的に法を立てる際の政治的な作文などであれ、これまで書いたり、あるいは、これから書くであろう場合に、その中に何か大きな確実さと明確さがあると考えてそうするなら、その場合には書き手は非難の対象となる。誰かがその非難を口にしようとしま

（1）二五七C。
（2）これははっきり言われていたわけではないが、二六六Aで「分割をやめない」と言われていたことから含意される。
（3）パイドロスが途中で口を挟むが、ソクラテスは前の台詞に続けて話す形になっている。

E いと同じだ。というのは、正不正について、また善悪について無知であることは、夢を見ていようが覚めていようが、[1]真実には非難を受けるものになることを逃れることはできないのだ。たとえ、大衆が皆それを褒めたたえたとしても。

パイドロス　できません。

ソクラテス　それに対して、一方で何についてであれ書かれた言論の中には、遊びが多く入らざるをえないと考える人、そして韻文でも散文でもかつて大きな真剣さに値するものは一つも書かれたことはないと、また、語られる場合でも暗誦された言論が吟味や教えなしに説得のために語られるようなやり方ならこれも

278 同じであると考える人、そういうものは本当にせいぜいよくても知を備えている人の備忘になってきただけなのだと考える人、他方で正、美、善について教える言論、学びのために語られ、真に魂の中に書かれる言論の中にだけ、明晰で完全で真剣さに値するものが存在すると考える人、そして、そのような言論が自分自身のいわば正嫡の息子であると認めなければならないと考える人、それはまず自分自身の中の言論、そうい

B う言論が自分の中に見出された場合であり、次に何かその言論の子孫、兄弟関係にあるものが他人のもつ別の魂の中にそれに値する仕方で同時に根を張っている場合であり、それに対してその他の言論には目もくれない人――このような人がおそらく、パイドロス、君もぼくもどうかそのようになれますようにと、ぼくも君もお祈りするであろう、そういう人なのだ。

パイドロス　心から私はそう欲しますし、あなたの言われるようにお祈りします。

ソクラテス　では、言論についてのぼくらの遊びはこれで終わりとするのがちょうどよいところだ。そし

て君も帰ったらリュシアスに言うんだよ。ぼくら二人はニュンペーたちが棲む泉、ムーサの館に下りて行ってある物語を聞いたのだ、とね。それはリュシアスのように言論を作文する者、それからホメロスのように詩を曲なしであれ曲つきであれ作る者、三番目にソロンのように政治的な言論の形で「法」とそれを呼んで文章を書く者に対して、こう言うようにぼくらに命じたのだ、と。もしその人が真実がどうであるかを知ってそれらを書き、書いたものの吟味に際してそれを助けることができるなら、また、本人自身が語ることによって、書かれたものがそれより劣っていることを示すことができるなら、そのような人はこんなもの(2)「作文」に由来する［「作文屋」というような］呼び名でけっして呼ばれてはいけないのであって、その人が真剣に配慮するところのもの、そのものに由来する名で呼ばれなければならない。

C D

パイドロス　あなたはその人にどんな呼び名を与えるのですか。

ソクラテス　「知者」と呼ぶというようなことは、パイドロス、恐れ多くて神にのみふさわしいとぼくには思える。「哲学者［愛知者］」とか何かそういうふうに呼ぶ方がその人に調和するし、調子が合っているだろう。

パイドロス　たしかによく合ってます。

(1) この句は「その人がどのような精神状態にあっても」ということを意味する慣用句。

(2) 指示代名詞 τῶνδε が使われているので、おそらくここでもソクラテスはパイドロスの持っている巻物を指さして語っている。

ソクラテス　逆に、自分が作文して書いたものよりも値打ちのあるものを持っていない人、書くときに四六時中それを上へ下へと引っくり返して、あっちこっちに貼り付けたりこっちから切り取ったりしている人を、君は「作者〔詩人〕」とか「言論の作文屋」とか「法作者」とか呼べばそれが正当ではないだろうか。

パイドロス　たしかに。

ソクラテス　では、君は友だちにそう言うんだよ。

パイドロス　あなたはどうなんですか。どうされるつもりですか。だって、あなたはあなたの方の友だちを無視してはいけないに決まってるじゃないですか。

ソクラテス　誰のことだい。

パイドロス　美しいイソクラテス(1)ですよ。彼に何を告げるつもりですか、ソクラテス。彼はどっちだと私たちは言えばいいのでしょうか。

ソクラテス　イソクラテスはまだ若い、パイドロス。だけど彼についてぼくが占うところなら、言ってあげてもいいよ。

パイドロス　どんなことですか。

ソクラテス　彼はリュシアスとその仲間のやってるような言論の水準より素質の点でずっと優れているし、さらに高貴な人間性も兼ね備えている、とぼくには思える。だから全然驚くべきことではないだろうね。彼が年齢を重ねるにつれて、まず彼がまさに今手がけている言論について、これまで言論にかかわって来た人たちと比べて子供と大人以上に抜きん出た者となったとしてもね。そしてさらに、彼はそれでも満足しなくて、より偉大なことに向けて何かもっと神的な衝動が彼を導いたとしてもね。というのはね、君は友だちだから言うが、あの男の思考には生まれつきある種の哲学［愛知］が内在しているからなのさ。では、ぼくの方はこのことを、ここにおられます神々[2]からの言葉として、ぼくの愛する子、イソクラテスに向けて告げることにするよ。君はさっきのことを君の愛する子、リュシアスに告げてくれたまえ。B

パイドロス　そうしますよ。さあ行きましょう。暑気もやわらぎましたからね。

ソクラテス　ここにいる神々[3]にお祈りしてから帰るのがいいんじゃないか。

パイドロス　そうですね。

ソクラテス　愛しいパン[4]とこの地にいますかぎりの神々よ、私が内面で美しくなることをお与えください。そして、外面に関して私が持つかぎりのものが私の内面と仲良くすることを。私が知者を富者とみなします C

（1）イソクラテスはプラトンの同時代人で、二人はライバルと言ってよい関係にあった。イソクラテスがアテナイに創設した弁論と政治についての学校は、高等教育機関としてプラトンのアカデメイアに匹敵するものであった。イソクラテスはまた、プラトンと同様に、「哲学、愛知（φιλοσοφία）」という言葉で自分の教育プログラムを表現した。

ここでの対話は、年代的にイソクラテスがまだ若く、その後の成り行きがまだ不明な頃に設定されている。ここでは、イソクラテスは表面上称賛されているように書かれているが、イソクラテスに批判的だったはずのプラトンの真意はどこにあるのかが従来問題にされてきた。補註O参照。

（2）指示代名詞を用いて τῶνδε τῶν θεῶν と述べながら、ソクラテスはまわりを身振りで指している。

（3）前註参照。ここでも身振りが入っている。

（4）パンについては、九五頁註（1）参照。

(279)

ように。思慮の健全な人が獲得することができるだけの量の金［知］を私が持ちますように。[1] まだ足りないかい、パイドロス。ぼくにはこのお祈りで十分だけどね。

パイドロス　私も同じことをお祈りします。「友のものは皆のもの[2]」ですから。

ソクラテス　行こう。

(1) 対話篇を締めくくるこの謎については、補註P参照。

(2) よく知られたことわざである。

補　註

A　プラタノスはどこに？

パイドロスとソクラテスの対話が行なわれるプラタノスの木かげはどのあたりにあったのか、二人はどこを通ってそこに到着したのか。そのような問いは、『パイドロス』という対話篇の内容の理解とは無関係であると考える者もいるかもしれない。しかし、プラトン自身の描写は詳細で、特定の場所、聖域をいくつも含んでいる。そして、対話の中でそれらの場所とその様子に言及がある箇所には、対話の内容の解釈に影響を与える示唆が含まれている可能性もある。以下では、Wycherley の研究に基づいて、対話の地理的な舞台についての推察を行なう（関連地図参照）。

まず、エピクラテスの住居である「モリュコスの館」は、アテナイ市内南東の城壁にごく近い内側にあり、「オリュンポスのゼウスの聖域」のすぐ北にあると考えられる。というのも、この聖域の当時の姿はあまりはっきりしないとはいえ、この社が城壁の内側にあったことははっきりわかっているので、「モリュコスの館」も同じはずだからである。ソクラテスがパイドロスと出会うのはこの屋敷のすぐ近くであり、パイドロスはその屋敷を指さすのである。

次の問題は、二人がどの門から城壁の外へ出たかである。Robin はゼウスの聖域の南西にある二つの門（イトニア門とディオメイア門）のどちらかからだと考えるが、距離と方角の点で問題がある。Travlos の発掘調査で、ゼウスの社のすぐ北に門の跡が見つかっており、二人はそこから外に出たと考えられる（プルタルコスが『テセウス伝』一二-三で「アイゲウスの門」と呼んでいるのはこの門かもしれない）。

二人は数分かけて門から東に向かう道に沿って進む。その道はちょうど後の競技場のあたりでイリソス川と交差する。この道の跡も発見されている。二人は川に近づくが、道と川が交差する場所の少し手前で川の方に近道をして降りていく。

二人は川上、川下のどちらに向かったのかについては、二二九A一の「イリソス川を下って（*κατὰ τὸν Ἰλισόν*）」行こうというソクラテスの言葉、また、二二九A四の「下って行く（*κατὰ τὸ ὑδάτιον*）」というパイドロスの言葉から、川下だと考えられる。道中で話題になるボレアスの社は二二九C一の「川下に（*κάτωθεν*）二、三スタディオン」という言葉を文字どおりにとって差し支えないだろう。二二九C二の「われわれ［アテナイ人］が渡る（*διαβαίνομεν*）ところ」という言葉を、「ぼくら二人が渡った（*διεβαίνομεν*）」と修正して読み、二人は川下ではなく川上に向かっているという解釈もあるが（Thompson）、採用できない。

さて、二人は川下に向かい、小川に足を浸しながら歩いて行く。彼らの歩みはゆっくりになり、一〇〇―二〇〇メートルほどで、プラタノスの木かげに到着する。その木は川のどちら側にあったのか。明らかに南側である。というのも、二四二Aでソクラテスは「川を渡って帰る」と言っているからである。もちろん、ソクラテスは市内に向かって帰るはずで、もし彼らが川の北側にいたのなら、南側に渡って進むと森の中に入って行ってしまう。

　プラタノスの木があった場所は、アルデットスあるいはヘリコンと呼ばれた丘の北西斜面にあった。そこはニュンペーたち、アケロオス、パンの聖地であり、パウサニアス（『ギリシア案内記』第一巻第十九章五）が記述しているイリソスのムーサたちの聖域が、川の対岸の遠くないところにあった。ボレアスの社の場所は、まだ三〇〇―四〇〇メートル川下にあった。

B　プラタノスの木かげに対するソクラテスの賞賛について（二三〇B―C）

　ソクラテスははやりの神話解釈ではなく、自分自身を探求するのだと語るが、その対話の途中で、ソクラテスとパイドロスは目的地であるプラタノスの木かげに到着する。すぐにソクラテスはその場所の美しさを詩的な言葉を用いて賞賛する（二三〇B―C）。このソクラテスの言葉に皮肉、嘲りを読みとる解釈もある。Rowe は、ソクラテスのこの場所の描写は「反語的嘲りであって皮肉であることには間違いようがない（unmistakably mock-rhetorical and ironic）」（p. 135）と言う。Ryan は、B二の *καλή γε ἡ καταγωγή* の *γε* が、この種の用法ではしばしば皮肉の意味で用いられることを指摘して、この箇所でも皮肉の調子があるかもしれない、と言っている（p. 103）。

　しかし、ソクラテスがリュシアスなどの弁論家に対して反語的な皮肉を用いるのは理解できるとしても、パイドロスが導いた「場所」に対する皮肉があると読む理由はあまりないと思われる。de Vries は、このソクラテスの語りはこれから読まれることになるリュシアスの弁論への前奏で、皮肉な調子はそれをありがたがるパイドロスらに向けられていると考える。Rowe はソクラテスの言葉はパイドロスの「ちょうど娘たちが遊ぶのにふさわしい場所」という台詞に対する皮肉だと言う。

　しかし、ここに皮肉を読み込まず、ソクラテスの語りはこの「場所」に対する真摯な賞賛であるという解釈も十分成立するのではないか。Yunis は、この箇所でのソクラテスが真剣であることは、ソクラテスが女神ヘラへの誓いで語り始めていることからも示されると考える。後に、この地の神（アケロオスの娘ニュンペーたち、パン）がソクラテスに取り憑いて、技術を持った弁論（取り消しの歌）を語らせたと言われる（二六三D）ことからも、この場所へのソクラテスの賞賛は、文字どおりに受け取り、その詩的な調子については、ソクラテスがこの地の神に取り憑かれることの予兆であると見るべきであろう。

ここで花盛りにあるアグノスが言及されているが、この植物（セイヨウニンジンボク）が貞操に結び付けられることから、それがプラトンにとっての本当の恋を象徴しているという解釈もある（Ficino, Helmbold, Holther）。しかし、むしろ単純に、プラタノスの高さとアグノスの紫色の花がいっぱいに広がる木かげの美しさを賞賛したものだと考えたい。

C　リュシアスのスピーチは誰の作か（二三〇E—二三四C）

パイドロスがリュシアスの作のものとして読み上げる恋についてのスピーチは、リュシアス本人の作なのか、それともプラトンのパロディーなのかについては研究者の意見が分かれている。古代からリュシアスの作として伝えられている弁論集の中にこのスピーチはない。『パイドロス』でのスピーチは、ジャンルとしては技術を見せつけるための演示的な弁論の一種で遊びの要素が大きい「パイグニア」であるが、リュシアスの現存する弁論にはパイグニアはない（第二十四弁論は例外かもしれない）。しかし、おそらく、現存していないリュシアスの弁論には多くのパイグニアがあったであろうと考えられている。文体の特徴の比較からは、リュシアスの作との強い類似性が指摘されている（Dover 1968, pp. 69-71）。ただ、プラトンはパロディーの達人であったことは多くの対話篇からわかるので、このリュシアス作とされる弁論もその文体的特徴を含めてプラトンがリュシアス風に創作したものだと考える研究者も多い。

他方、これがリュシアスの真作であると考える理由の一つに、自分が相手のスタイルを真似て（プラトンの見地から）稚拙なスピーチを創作し、そしてその稚拙さを厳しく批判するというやり方はフェアでなく、プラトンはそのようなアンフェアなやり方はしなかったはずだ、というものがある（cf. Rowe, pp. 142-143）。プラトンはこの弁論をソクラテスに批判させる際に二度も（二六二E、二六三E—二六四A）その冒頭部分をパイドロスに読ませているが、ソクラテスはその二度目に「リュシアス本人から聞きたいから」（二六三E）と言っている。また、最初にパイドロスが巻物を隠し持っていることを見つけたとき（二二八D—E）には、「リュシアス本人がここにいるのに」（パイドロスの暗唱のために）自分を練習台に差し出すつもりはないと言っていた。このように「リュシアス本人」が強調されていることはこのスピーチが本人の作であることを示唆しているとも考えられる。

文体の特徴をプラトンが模倣できたとする考えにも疑問がないわけではない。プラトンの対話篇群の著作年代についての研究の中には、計算機を使った文体統計を用いるものがあるが、その結果の一つには、この弁論がリュシアス本人の作であることを示唆するものがある。Wichart & Leach による研究では、プラトンの一〇の著作の中で連続した語りが現われる部分を三三箇所取り上げてシラブルの長短の特徴の類似性をコンピューターを用いて分析した。三三箇所の中には『パイドロス』のリュシアスのスピーチだけでなく、『国家』のエルの物語や、明らかにプラトンによるパロディーである『饗宴』の四つのスピーチ（アリストパネス、パウサニアス、エリュクシマコス、ディオティマによる）が含まれる。興味深いことに、この研究によればリュシアスのスピーチが特別に異質な特徴を示す結果が出ている（cf. Brandwood, pp. 245-246）。リュシアスのスピーチが他のプラトンのパロディーと比べても異質であることは、これがプラトンの作ではないことを示唆するものである。

これについては決定的な答えは出せないし、これからも出ないであろうが、このスピーチがリュシアス本人のものと考えることは十分可能である。

D　デルポイ、オリュンピアへの像の献納について（二三五D—二三七A）

二三五Dでパイドロスはソクラテスに賭けを申し込む。ソクラテスがリュシアスのスピーチよりも「立派で規模も劣らないものを、これとは別に内容もこれを離れて、語る」なら、自分は等身大の金の像（自分とソクラテスの二体）をデルポイに献納する、という賭け、取引である。その後のやり取りで、ソクラテスの異議を受け入れて、パイドロスは賭けの条件を変更する（二三六A—B）。パイドロスは「恋している人が恋していない人よりも病気の状態にあると仮定すること」をソクラテスに許すが、ソクラテスがそれ以外のことでやはりリュシアスより「多くのこと、多くに値することを語ったならば」、自分は今度はオリュンピアにソクラテスの像を献納すると言う。

二つの賭けの結末はどうなったのか。二つの賭けが有効であるなら、ソクラテスの第一のスピーチの出来栄えがリュシアスを上回っていた場合、パイドロスはデルポイとオリュンピアに像を献納しなければならないはずである。実際には、スピーチの後この賭けにはまったく触れられていない。解釈としては二つが考えられる。(1) 単純に二つの賭けは無効である。ソクラテスはどちらの賭けにも乗らなかった。(2) ソクラテスの第一のスピーチは途中で終わっている。ソクラテスはリュシアスを上回ったスピーチを最後まで完結できなかった。いわば、レースで圧倒的首位で優勝確実だった者が途中でリタイアしてしまったようなもので、結局、賭けはパイドロスの勝ちになり、パイドロスは像を献納する必要はない。

(1)は十分考えられる解釈である。ソクラテスは二つの賭けの誘いを断り語ろうとしなかったが、三つ目の賭け、あるいは条件を出されて語らないよりも語る方を選んだのである。三つ目の条件は、パイドロスの切り札ともいうべきもので、ソクラテスがパイドロスの要求どおりに語らなければ今後パイドロスはソクラテスにどんな言論も伝えないという(プラタノスの木にかけた)誓いである。

しかし、(2)も成立する余地があるのではないか。(2)の場合、取り消しの歌でソクラテスが勝ちを引き寄せることにならないか、という疑問が起こるかもしれないが、取り消しの歌はリュシアスのスピーチとはそもそも主題が違っている。リュシアスのスピーチの主題は、「恋する者よりも恋しない者の求めに応じるべきである」であったのだから、取り消しの歌は「それと同じ主題で」という条件を満たさないので、いくら出来栄えが良くてもソクラテスが賭けに勝ったことにはならない。さらに、(2)を取るなら、なぜプラトンが、形のうえでソクラテスが第一のスピーチを途中で中断させるという形にしたのかの説明を与えることができる。たしかに内容的には、それは中断ではなく、必要なことはすべて語られている。残りの半分を述べることは、同じことの繰り返しをするだけでリュシアスと同じ誤りを犯すことになるだろう(解説一八二頁参照)。しかし、さらに、対話篇の構成上の工夫として、プラトンはソクラテスのスピーチを表面上未完成の形で放置することによって、表面上は賭けはパイドロス、リュシアスの勝ちとしたのである。もちろん、パイドロス、リュシアスの勝利は表面上のことで、実質はソクラテスの圧勝であるのは読者だけでなく、パイドロスにも明らかなのであるが。

E　ダイモンのしるしについて(二四二B―C)

ソクラテスの聞くダイモンのしるしは、それが生じるときは常にソクラテスに何かの行為を禁じるのだとされている。たとえば、『ソクラテスの弁明』三一Dでは、

> またそれは私には、子どものころから始まって、ある種の声となって現われ、生じるときにはいつでも、何であれ私がまさになそうとすることを差し止めるのであって、それをなすように勧めることはいかなる時にもけっしてないのです。(朴一功訳)

と言われている。『パイドロス』二四二B―Cでも、ソクラテスが川を渡って立ち去ろうとしたとき、それを禁じる形でダイモンの声が生じたと言われている。

「その声は、ぼくが償いをするまで立ち去るのを許さないと言っている」とソクラテスは言う。ダイモンのしるしが「おまえが償いをするまで立ち去ってはならない」という声であったのか、それともこれはソクラテスの解釈を経た表現なのかは定かではない。正確にダイモンの声が禁じたソクラテスの行為は何なのか。

ダイモンのしるしは第一のスピーチの前に起こっているのではなく、それがなされた後で、ソクラテスが立ち去ろうとするときに起こっている。だから、当然であるが、ダイモンのしるしはソクラテスが第一のスピーチをなすことを禁じたわけではない。立ち去るのを禁じたのである。

ここからソクラテスの第一のスピーチの価値についての解釈の余地が生まれる。たとえば、Calvo は、第一のスピーチが積極的な価値をもち、このスピーチに対してダイモンのしるしがなかったのもそのことを示すと解釈する。ソクラテスのスピーチはリュシアスのそれとは、主題こそ共通しているが、決定的に相違していると Calvo は論じる。ソクラテスはイソップの寓話に似た一つの有益な寓話を語ったのであって、恋の相手の「子供」に対するスピーチはその寓話を構成する部分にすぎない、と彼は考える。

Calvo の解釈は興味深いが、ダイモンのしるしに関しては、それは必ずしも Calvo のような解釈を帰結するとはかぎらない。第一に、ソクラテスが何か不適切な行為をなそうとしているときに、必ずダイモンのしるしが生じるのか、という問題がある。たしかに、『ソクラテスの弁明』四〇A―Cでは、ダイモンのしるしは頻繁に現われて、ソクラテスの行なおうとすることが良くないときには反対したと述べられている。そして、裁判の当日ダイモンのしるしが反対しなかったことが、裁判の結果がソクラテスにとって悪いものではないと推論することの理由になっている。しかし、「やろうとしていることが悪い時にはいつでも反対する」ということがどれほど厳密な意味で言われているかが問題である。第二に、仮にダイモンのしるしがソクラテスが不適切な行為をやろうとしているときにいつでも生じると認めても、「不適切な行為」の評価基準には幅がある。たとえば、当面不適切な行為であっても、それが生じたおかげでかえって、より大きな善を得るきっかけになることもある。この『パイドロス』の箇所でも、ソクラテスが一つ目のスピーチを行なうこと自体は不適切な行為であったが、そのおかげでソクラテスは第二のスピーチの機会を得て、前のスピーチとの対照的な議論を展開することができた。その結果、全体として見れば、二つのスピーチをなしたことはよき行為であった、ということも考えられる。ダイモンのしるしは、不適切な行為をしてそのまま立ち去ることに反対しているのであって、それはソクラテスの言う「ぼくが償いをするまで立ち去るのを許さない」という言葉のとおりである。そして、この箇所で起こっていることは、「不適切な行為をなし、その償いをなすこと」が、「そもそも最初から不適切な行為をなさないこと」よりもよい結果を生み出しているケースなのだと考えることも十分可能である。

F　魂の不死論証について（二四五C五—二四六A二）

この魂の不死論証の部分は、装飾を排した非常に簡潔な文体で書かれており、これに続く箇所での魂を翼をもった御者と二頭立ての（これも翼をもった）馬になぞらえる比喩から始まる自由奔放な叙述と極端な対比を見せている。この論証の議論の構造については、古くはヘルメイアスに遡る一つの解釈があり、それは現代の多くの研究者（Hackforth, Robinson, Griswold, Bett）にも共有されている。まず、Bett に従ってその解釈を紹介しよう。

・古くからある代表的な解釈——論証の最初（二四五C五）に、論証されるべき結論が述べられる。

【結論】魂はすべて不死である。

そのあと論証の本体が続くが、その論理構造は、

(1) 魂は、自分を動かすもの（自分自身の動の源であるところのもの）である。
(2) 自分を動かすものは、不死である。
　したがって
(3) 魂は不死である。

である。しかし、論述の順序は逆になっていて、まず(2)を示す比較的長い議論（二四五C五—E二）があり、続いて(1)を示す短い議論（二四五E三—二四六A一）がなされる。さらに(2)を示す議論は独立した二つの議論(A)、(B)からなっている。

議論(A)二四五C五—八
(Ai) 自分を動かすものは、常に動いている。
(Aii) 常に動いているものは、不死である。
　したがって、(2) 自分を動かすものは、不死である。

議論(B)二四五C八—E二

(Bi) 自分を動かすものは、他の動くものすべての動の源である。

(Bii) 他の動くものすべての動の源であるものは、生成することも消滅することもない。

したがって、(2) 自分を動かすものは、不死である。

議論(A)も、(Aii)が二四五Ｃ五、(Ai)が二四五Ｃ五―八と逆の順序で提示される。(B)はおおむねこの順序で述べられるが多少入り組んだ形になっている。(Bi)は二四五Ｃ八―九で述べられたあと、Ｄ六―七で再び確認されている。また、(Bii)はそのＤ六―七を挟んで二四五Ｄ一―Ｅ二で論じられている。

この解釈の最大の問題点は、議論(A)においてプラトンがかなり初歩的な誤りを犯しているとみなさざるをえない点にある。それを見るために、ここではBett に従って、議論(A)の内容を検討しよう。まず、(Aii)については、テクストでは「常に動くものは不死だからだ(*τὸ γὰρ ἀεικίνητον ἀθάνατον*)」(二四五Ｃ五)と述べられているだけである。(Aii)が認められる根拠としては、おそらく、常に動くものは常に存在するから不死であるという考えが採られていると思われる。魂やその動の始まりについてはさしあたり問題としないとすれば、「常に」が「(今後)永遠に」という意味なら、この考えは正しい。今後永遠にＦである(動く)ものがあって、それが魂であるなら、魂は永遠に存在するであろう。ところが、ここでの「常に」は他の意味にも理解できる。「それが存在するかぎり常に」という意味である。たとえば、「マグロは常に動いている」と言う場合、その意味はマグロは動かないと死んでしまうので、マグロが存在するかぎり常に動いているということであって、マグロが永遠に動いているということではない。このように、「魂が常に動くものである」の意味がもし「魂は(今後)永遠に動くものである」なら、(Aii)が議論なく認められているのは正当であるが、もしそれの意味が「魂はそれが存在するかぎり常に動いている」という意味なら、(Aii)が認められている根拠は非常に薄いと言わざるをえない。

次に(Ai)についてであるが、(Ai)は二四五Ｃ七―八で述べられる(「自らを動かすものだけが、……、けっして動くのを止めない(*μόνον δὴ τὸ αὑτὸ κινοῦν ..... οὔποτε λήγει κινούμενον*)」)が、その前にその逆の場合が述べられている(「他のものを動かし他のものから動かされるものは、動の終わりを持つがゆえに、生の終わりを持つ(*τὸ δ᾽ ἄλλο κινοῦν καὶ ὑπ᾽ ἄλλου κινούμενον, παῦλαν ἔχον κινήσεως, παῦλαν ἔχει ζωῆς*)」)。(Ai)の理由として述べられているのは、自らを動かすものだけが「自らの本性を違えることがない［自分自身を見捨てることがない］(*ἅτε οὐκ ἀπολεῖπον ἑαυτό*)」)ということである。この理由の意味は何だろうか。自然に読めば、自分自身を動かすものは、常に動くということを本質的性質として持っているということであろう。ここで二つの疑問が湧く。一つは、プラトンがそう考えた理由は何かという疑問であり、二つ目は、そうだとして、それは、自分自身を動かすものは「永遠に」動くということを示せるのか、という疑問である。

一つ目の疑問については、Bett はプラトンが以下のように考えたのではないかと推察している（p. 5)。

> 自分を動かすものが動くのをやめたと仮定する。すると、それは自分によって再び再起動させられるか、あるいは他のものによって動かされることによってしか、再び動くことはない。もし自分自身によってだとすると、自分のある部分が動きをやめていなかったことになり、仮定に反する。もし他のものによってだとすると、それはもはや自分を動かすものではない。だから、本当の意味で「自分自身を動かすもの」であるならば、動きをやめることはない。

この議論の前提として、自分を動かすものが再起動しないで止まったままであるという可能性はない、としなければならない。自分を動かすものでありながら、そのいわば自動力を発揮することなく、止まったままであることは本性に反する、ということであろう。これは認めてよいように思われる。自分を動かすものは、仮に止まったとしても、いずれその自動力を発揮し再起動するのだから、自分の中のある部分は動きをやめていなかったことになる、というわけである。

一つ目の疑問にこのように答えるなら、二つ目の疑問がいっそう際立ってくる。つまり、一つ目の疑問への答えから見て、そこで自分自身を動かすものが「常に」動くというのは、それが動きをやめてしかも自分自身を動かすものであり続けることはできないという意味でしかない。これは、それが「永遠に」動くという意味とは違う。Bett は、プラトンはこの「常に動く」の二義性を混同しているのかもしれないとし、『パイドン』一〇五D—Eの（魂の不死論証の）議論を参照している。そこでも魂は「常に」生を伴うと言うときに、同じような混同があるのではないか、というのである（p. 6)。

このように、古くからあるこの解釈をとると、「常に動く」の二つの意味（「存在しているかぎり動く」と「永遠に動き続ける」）の混同をプラトンに帰することを避けがたい。これを避けられる別の解釈があればそちらを取るのが有力になる。

・新しい解釈——これは Mohr, Sharples, Rowe, Blyth らの解

釈である。ここではBlythに従ってそれを紹介しよう。古くからある解釈において議論(A)の一つのステップ(Aii)とされていた「常に動くものは不死である」は、Blythの解釈では、論証における一つの仮説（ヒュポテシス）とされる。そして、その仮説では「常に動くもの」は「それが存在するかぎり常に動くもの」の意味に理解される。そして、続く議論(2)、(3)では、まずその仮説における「常に動くもの」の正体が「自分を動かすもの」であることが明らかにされ（C五―八）、そして、それを踏まえたうえで仮説の正当化がなされる（C七―E三）。Blythは次のようにまとめている。

(1) 仮説――常に動くものは不死である（二四五C五）。
(2a) 主語の同定――自分を動かすものは常に動く（C五―八）。
(2b) 仮説の正当化――自分を動かすものは永遠に動く（それゆえ不死である）（C七―E三）。
(3a) 主語の再同定――魂は自分を動かすものである（二四五E三―二四六A一）。
(3b) 仮説から結論への推論――そういうわけで、魂は不死である（二四六A一―二）。

これだけを見ると(1)の仮説と(2a)は議論の中で働いていないように見える。つまり、論理的には、

(3a) 魂は自分を動かすものである。
(2b) 自分を動かすものは永遠に動く（それゆえ不死である）（C七―E三）。
したがって、
(3b) 魂は不死である。

だけで十分である。Blythははっきり述べていないが、「仮説」という位置づけの意味は、論証が発見されたあとには不要になってはずされるはしごのようなものであるということが含まれていると思われる（Blythは『メノン』八六E―三九Aを挙げている）。さらに、議論にとって重要な(2b)は「仮説の正当化」とされているが、厳密には仮説を論証するものではない。「自分を動かすもの」と「常に動くもの」の外延が同じ（「同定」という言葉にはこのことが込められているかもしれない）でなければ、(2a)と(2b)がどちらも真でも(1)は真とはかぎらないからである。このことも最終的な段階で仮説の果たす役割を減ずるものであると考えられる。

　このように解釈すれば、古くからある解釈の議論(A)が論証の中で果たす役割はなくなり、論証の焦点は古くからある解釈の議論(B)、Blythの(2b)に置かれていることになる。実

際にそれはテクスト中で最も長い部分である。そこでは、自分を動かすものが「動の始源」であり、その「動の始源」は(不生)不滅であると論じられるわけであるが、議論(A)と違って、プラトンやプラトンの同時代人にとって当然と認められる何らかの前提を補うことで、妥当な議論を構成できそうである。その点で、この解釈は有力であると思われる。

G　神々の馬の食事について(二四七E)

魂の翼はイデア、真実在の観照によって養われる(二四八C一—二参照)。その観照を行なうのは馬たちではなく、御者であり、御者の食事はイデアの観照である(二四八B七参照)。つまり、厳密にはイデアの観照が育むものは二つある。一つは魂(全体)の翼であり、もう一つは「魂の最もよい部分」(二四八B七)である知性的部分である。人間の魂についても、御者に当たる部分は、たとえば、美しい少年の映している美のイデアを想起することによってその翼が育まれると言われていることから、人間の魂の御者と神の魂の御者との間に本質的な違いはないと考えられる。

では、馬たちの方はどうか。神々の魂の二頭の馬の食事としては、アンブロシアとネクタルが与えられる。このことは、神の場合でさえ、御者と馬の食事は異なることを示す。人間の場合はどうか。馬にアンブロシアとネクタルを与えることができるのは、神々に限られるように思われる。テクストでは神以外の魂について、その馬たちの食事については何も語られていない。翼を持った状態での人間(その他神以外の者)の魂が、あるいは、翼を回復した魂が帰還した後、その馬たちにネクタルやアンブロシアを食事として与えることが想像できるだろうか。できないとすれば、このことは魂の下位部分の養育が神と人間では異なることを示唆するように思われる。

Burnyeatは、人間と神の魂に本質的な違いはなく、下位部分にはそれにふさわしい養育を与えることで、人間の魂も神のそれになれると理解する。しかし、この箇所や二四六A—Cの叙述からみても、その解釈は難しいように思われる。

H　予言者、秘儀に携わる者、詩人の生の順位について(二四八D—E)

アドラステイアの掟の中で、魂が肉体に宿る最初の生の序列、ランキングが与えられる箇所(二四八D—E)では、予言者の生は第五位、詩人のそれは第六位に置かれている。これはこの取り消しの歌の最初に、神与の狂気のうちにエロスと並んで予言と秘儀と詩が置かれ、高く評価されていたことと一見相容れないように思われる。たしかに、四つの神与の狂気の中でも、エロースのもたらす善は他の三つのそれよりも高い、とされている（二五六B）。だが、ここでは予言者の生は体育家の生よりも下位に置かれているのである。

しかし、おそらくここには矛盾はない。神与の狂気そのものと、それを媒介する生のタイプ（職業）は区別されなければならない。神与の狂気自体はいずれも、エロースほどではないとしても、高く評価されるが、たとえば予言者自身は、それを媒介して人々に伝える役割を果たすにすぎない。また、詩人も神与の狂気を通じて優れた詩を歌うが、これも媒介にすぎない（『イオン』参照）。したがって、神与の狂気を媒介する生、職業が、神与の狂気そのものの評価に比べて低いことは十分に理解できる。

秘儀における狂気はどうか。この神与の狂気は、狂気を得るものにとっての利益を与える。ここで「秘儀に携わる者」と言われている者は予言者と同じであるか、あるいは、秘儀を授けることを職業とする者であると思われる。いずれにしてもその生は他者に神与の狂気を通じて利益を与える職業であり、その評価が予言者と同じであることは当然であると思われる。

I　一万年後の魂について（二四八E）

魂の翼は、三回続けて哲学者の生を送ったものは除いて、一万年たたないと回復しない、と言われている（二四八E六）。では、一万年たてば、すべての魂は翼を回復するのか。そうではないだろう。続けて不正な生を繰り返した魂が、一万年という時間を経たというだけで、翼を回復することはありえない。ここで言われていることの意味は三回続けて哲学した者を除けば、一万年たたないと魂に帰還するために十分な翼が備わらないということである。たとえば、アレスの徒、ヘラの徒などが一万年後に翼を回復し帰還する魂に該当するだろう。二五六C—D参照。『国家』最後のエルの物語では、大きな不正を犯す生を送った者が死後の罰を受けたあともタルタロスに投げ込まれて「永遠に戻ってこない」事例が語られている（第十巻六一五C—六一六A）。

J　翼のイメージの持つ意味について（二四六A、二五一B、二五三B）

翼を持つ恋の神キューピッドはわれわれに馴染み深いものであるが、一般に古代ギリシアでも、エロス神は翼を持つ少年として描かれることが多かった。だから、二五三Bでプラトンがエロスと翼を結びつける命名（「プテロース」）を提出していることも、それほど特異なことではないと思われる。ただ、一般にエロース神が翼を持つ神とされるのに対して、『パイドロス』のパリノーディアーでは、翼を持つのはエロスではなく、魂である。エロスは自らが翼を持つのではなく、魂に翼を生えさせる力を持ち、それゆえに神々の間では「プテロース」と呼ばれるとされる。そして、魂の翼については、魂の全体が翼を持つと言われ（二五一B七）、また、魂の部分のイメージと考えられる御者と二頭の馬がそれぞれ翼を持つとされている（二四六A）。

翼の本性は、重いものを持ち上げて神々の住まうところまで運ぶことにあり、また、それは神的なもの（美、知恵、善など）によって育まれるとされていた（二四六D―E）。天の外のイデア（とりわけ美のイデア）に向かって飛び上がろうとする駆動力をもつのが翼であり、それが美しい少年の持つ美の似像に触発されて美のイデアを求めるエロスによってもたらされることは、パリノーディアーの筋からして自然に理解可能である。

ただ、「翼」が象徴するものはこれに尽きるものではないかもしれない。『国家』第九巻五七三D―Eでは、僭主的人間の内部に巣食うエロスが描写されているが、そこでは、エロスが産んだ卵から「[僭主的人間たちの内に]孵化した（ἐννεοττευμένας）おびただしい数の激しい欲望が叫び出す」（五七三D）と述べられている。生まれた欲望のヒナは翼を備えて飛び立とうとして叫ぶのであろう。この新たな欲望はエロスが産んだ新しいエロスであると考えられる。

そして、このいわばエロスの自己生産性は、知を求める哲学のエロスについても当てはまるようである。『アルキビアデス』の末尾の箇所で、ソクラテスは自分のアルキビアデスに対する恋（エロス）が、対話の末に新たにアルキビアデスの中に自分に対する恋を産み出したことについて次のように述べる。「高貴な人よ、そうするとぼくの恋（エロス）はこうのとりのそれと全然違わないということになるだろう。もしも本当にぼくの恋が君の中に翼を持つエロスを孵化させ（ἐννεοττεύσας）たうえで、それによって逆に世話を受けるようなことになるとしたら」（一三五E）。『国家』の箇所では直接「翼」という語はなかったが、ここではっきり「翼をもつエロス」と言われている。そしてここでもエロスは鳥のヒナのようにかえると言われ、そこで使われている「孵化させる」を意味する語（ἐννεοττεύειν）は『国家』の箇所と共通している。

このように哲学におけるエロスの自己生産性は、対話を通じて愛知の営みが継続、継承され、場合によっては世代交代するという形を取る。『パイドロス』においても、エロスの生産性には重要な位置づけが与えられている。パリノーディアーの中では、理想的な恋においては恋する者が相手の少年に恋の反射を引き起こし、さらに、哲学の営みを続けるとされる。後の二七六E―二七七Aの箇所では、哲学的問答法により、相手の魂に植え付けた言論の種が実を結び、それが継承されていく理想的な状況が描かれる。

もちろん、自己生産性をもつのはあくまでエロスであって翼ではないが、鳥のヒナが翼を備えて飛び立っていくというイメージを通じて、魂の上位部分、下位部分に共通するエロスの自己生産性が「翼」の象徴に込められていると考えることも可能ではないか。

K　「二つの言論」について（二六二D）

言論の技術を持つには、真実を知ることが必要であることを示す議論の後で、ソクラテスは「何か技術に欠けるもの、技術によるもの」を見るために、対話篇の前半での「リュシアスの話と、ぼくらが語ったもの」の中にある実例を見たいかとパイドロスに尋ねる。パイドロスは喜んで同意する。それに対してソクラテスは、「では、実に運が良かったようだよ。どうやら語られたあの二つの言論からは学ぶべきものがあるようだ。どうやって、真実を知っている人が言論の中で戯れて聞く者たちを逸らせて導くか、をね。そして、ぼくはね、パイドロス、それはこの場所にいる神々の仕業だと思う。それにまた、ムーサたちの言葉を伝える、頭の上にいる歌い手たちが、ぼくらにこのご褒美を吹き込んだのかもしれない。だってぼくは語ることの技術なんか持っていないのだからね」と述べる。

問題はこの「二つの言論（τὼ λόγω）」がどの二つを指すのかである。解釈が三つに分かれている。

⑴リュシアスのスピーチとソクラテスの一つ目のスピーチを指す

Robin がこの解釈をとっている。これによれば、「二つの言論」は恋（エロース）を非難した最初の二つのスピーチを指し、それらが聞く者を誤った考えに導くと言われているのであって、取り消しの歌は恋についての正しい考えを表現しているのだから、二つの言論には当たらない。しかし、この解釈では、その二つの言論を語る人が「真実を知っている人」であると言われていることが大きな難点になる。ソクラテスはともかく、リュシアスが真実を知る人であるというような含意はこの後の対話でも読み取れない。リュシアスに対する評価は、二三四E—二三五Aの表面上の言葉遣いについてのアイロニカルな称賛を除いては、二六四Eの反面教師としての役割を含めて、もっぱら否定的なものに尽きている。

⑵三つのスピーチをまとめて指す

藤澤、Hackforth, de Vries が（おそらく Thompson も）この解釈をとっている。この解釈によれば、「二つの言論」の一つはリュシアスのスピーチで、もう一つはソクラテスの二つのスピーチを一つの言論とみなしたもの、ということになる。その場合、取り消しの歌に欺きがないとしても、リュシアスの言論にはそれがあり、またソクラテスの二つのスピーチを一つにまとめたものの中にもそれがある（一つ目のスピーチの中に）ので、二つのどちらにも欺きがあるが、取り消しの歌にそれを認める必要はない。

　たしかに、少し後の二六五C六では「では、早速このことを取り上げよう。つまり、どのようにしてこの議論（ὁ λόγος）は、非難することから賞賛することへと移行することができたのか、だ」とソクラテスは単数形の「ロゴス」を用いて、自分の二つのスピーチを一つのものであるかのように語っている。二六三D三では、「話の始めに」恋（エロース）を定義したかどうかをソクラテスは尋ねているが、この「話（ロゴス）」も単数形で、ソクラテスの二つのスピーチを指していると考えられる。また、実際に二六二Dに続く箇所での「例示」の議論では、リュシアスの議論から始まってソクラテスの二つの議論が取り上げられている。そしてこれはすでに二六二Cで「君が持って来たそのリュシアスの話と、ぼくらが語った話の中に（*ἐν τῷ Λυσίου λόγῳ ὃν φέρεις, καὶ ἐν οἷς ἡμεῖς εἴπομεν*）」という言葉で明らかに宣言されているとおりである。

　しかし、この宣言と直後の「二つの言論」についての発言が、同じ二つの言論についてのものでなければならない必然性はないように思われる。そして、やはり、この解釈でも「真実を知っている人」が技術を用いて語った言論にリュシアスの言論が含まれるという大きな難点が残る。

(3) ソクラテスの二つのスピーチを指す

Rowe, Scott, Yunis がこの解釈をとっている。本書もこの解釈を取る。「真実を知っている人」が技術を用いて語った言論がリュシアスの言論ではありえない以上、「二つの言論」はソクラテスの語った二つの言論である（後の二六六A三にも「二つの言論（*τὼ λόγω*）」が出てくるがこれは明らかにソクラテスの行なった二つのスピーチを指す）。もちろん、ソクラテスは自分が真実を知っているということを否定して、それをこの場所にいる神々の力に帰する発言をしている。しかし、二つのスピーチ自体は真実を知る人が聞き手を欺いて語った言論であるのは動かない。この解釈によれば、一つ目のスピーチだけでなく、取り消しの歌も欺きを含むものだということになり、これが多くの論者に難点とみなされてきた。魂の不死、イデアの観想などプラトンにとって大切な教義の多くがこのスピーチに織り込まれていることから、このスピーチにも欺きが存在するということを認めるのに抵抗があるのは理解できる。

　取り消しの歌にまで欺きを認めることに抵抗する解釈者の中には、「逸らせて導く（*παράγοι*）」という動詞の意味を「欺く」という意味に取らない者もいる。しかし、プラトンでこの動詞が用いられる場合、ほとんどの場合に「本来の道から逸らせる」という欺きにつながるニュアンスがある。たとえば、神々を捧げものなどで「説得する」場合（『国家』第二巻三五九C六、三六四D四、三六五E五、『法律』第十巻八八五B九）、あるいは言葉の本来の形を「変化させる」というような場合（『クラテュロス』三九八C八、三九八D五、四一六B八、四一九D四など）でさえもそのニュアンスがあると思われる。Scott (p. 187) の言うように、前者の場合は、"influence" というニュートラルな意味に解釈できるとしても、『パイドロス』のこの箇所の *παράγοι* をニュートラルな意味に取るのは容易ではない。

Yunis は、「二つの言論」がソクラテスの二つのスピーチを指すと解釈するが、*παράγοι* を "sway" と訳し、欺きを排除しないがそれを含まないこともあると理解している。そしてそのうえで、欺きがあるのは一つ目のスピーチだけであると解釈している。

Ryan は、ここでの「誤らせる可能性がある」という可能性の希求法に意味を読み込み、「二つの言論」が二つとも「誤らせる可能性」を持つとしても、実際に二つ「誤らせている」とはかぎらない、という解釈を提案している。de Vries もこれに近いコメントをしている。

しかし、このような抵抗については、この箇所のギリシア語の文章をそのように解釈できるかどうか問題が多いだけでなく、この箇所の前後の文脈からも疑問である。前後の議論の展開からは、言論の技術は明らかに本質的に欺きの要素を含むとされている。二六一Eでは、「その技術によって人は、「そうできるものなら」どんな二つのものでも似せて見せることができる。そして、他の人がこっそりかくれて似せて見せようとしてもそれを明るみに出すことができる」と述べられている。その直後のE六—七ではその意味の説明を始めるにあたってソクラテスは「欺き（*ἀπάτη*）がより生じやすいのは、大きく異なっているものの中だろうか、それとも少ししか異なっていないものの中だろうか」と尋ねている。二六二Aでは「他人を欺き（*ἀπατήσειν*）、自分が欺かれないように（*μὴ ἀπατήσεσθαι*）しようとする者は、ものごとの類似性と非類似性を正確に知り抜く必要がある」とされる。真実を知る人は物事の類似性を見て取ることができ、類似するものを少しずつ移動することによって人を説得するとき、その「欺かれる人たち（*ἀπατωμένοις*）」（二六二B二）には本当のことに反した思いなしが忍びこむ。二六三Bでは、ソクラテスは皆の意見が一致するものとしないもののどちらの場合に「だまされやすいのか（*εὐαπατητότεροι*）」と尋ねる。

後の二六五Bでは、ソクラテスは取り消しの歌についても「そのとき何か真実に触れてはいたのだろうけれども、たぶん別のところに迷い込んでも（παραφερόμενοι）いたと思う」と言う。この発言自体は、取り消しの歌の詩的な言葉遣いや、神話的例えのことを指しているとも解釈できるが、むしろ、もっと積極的に欺きや誤りを認める発言とも取ることができる。

この「二つの言論」の解釈は、『パイドロス』という対話篇全体の理解にとってきわめて重要である。解説二一八頁参照。

L　総合の方法の目的は定義であるとされていることについて（二六五D）

問答法（ディアレクティケー）を構成する総合と分割の方法が説明される箇所のはじめの部分で、ソクラテスは前者の総合の方法は「多くの場所に散らばっているものを見渡して一つの姿へと導くこと」であって、その目的は「何であれ人がそれについてその都度教示を与えようとするものそれぞれを定義して明らかにするためなのだ」と述べる。この発言から、総合の方法が（分割の方法なしでも）それだけで定義を与えることができるのだと理解されるとすれば、問答法についての伝統的な解釈にとっての一つの難点となる。というのは、伝統的な解釈においては、総合の方法は最大類を見て取って立てる方法であり、定義を獲得するためには、それだけでは不十分であって、定義には分割の方法を必要とするからである。たとえば、「（左のあるいは右の）恋」の場合では、その最大類は「狂気」であって、それを立てただけでは定義は得られず、分割の方法によってその「狂気」が順に切り分けられて最終的に定義に到達する、と伝統的解釈では考えられている。

この難点を一つの理由として、問答法、総合と分割の方法についての伝統的解釈を退けて別の解釈を取ろうとする論者もいる。Hayaseはこれについての「新しい解釈」を提示し、総合の方法がそれだけで定義を獲得できると論じている。Hayaseによれば総合の方法とは、この箇所ではっきり言われているように、あくまで「多くの場所に散らばっているものを見渡して一つの姿へと導くこと」であって、それはその一つの姿で捉えられてものの定義を与えることと実質的に一致する。

Hayaseの解釈は非常に興味深く、詳細な検討に値すると思われるが、伝統的解釈の枠内でこの箇所の難点を克服することは不可能ではない。たしかにこの箇所では、総合の方法の目的は定義を与えることであるとされているが、そのことから、総合の方法がそれだけで定義を与えることができることは必ずしも帰結しない。あるものAの目的がBであったからといって、AがそれだけでBを達成できるとはかぎらない。

たとえば、参考書を買うことの目的が試験に合格することであったとしても参考書を買うことがそれだけで目的を達成できるわけではない。この箇所も同様に解釈できると思われる。総合の方法の目的は定義を与えることであるが、総合の方法はそれだけで目的を達成することができるわけではなく、分割の方法といっしょになってはじめて目的を達成できる。このような理解に基づいて、本書では、伝統的解釈を採用する。脇條（二〇一八）参照。

M 「自然についての無駄な長話」と「天空の探求」について（二六九E—二七〇A）

テクストに出てくる「無駄な長話（ἀδολεσχίας）」と「天空の探求（μετεωρολογίας）」は、哲学者の扱う言論、探求を指してしばしば大衆から非難を込めて用いられる言葉である。その際、大衆からみて哲学者とソフィストは区別されないことも多い。『国家』第六巻四八八A—四八九Aでは、大衆が操舵術を持たない船乗りたちにたとえられる。彼らは、本当の舵取り人が年や季節のこと、空や星や風のことその他を研究しなければならないことを理解せず、そういう者を「天空を見つめる者（μετεωροσκόπον）」、「無駄な話にうつつを抜かす男（ἀδολέσχην）」と呼び、役たたずとみなす。そして、それが哲学者に対する国家の態度に類似していることが指摘される。それと似た想定が『ポリティコス』二九九B—Cでも語られている。そこでは、法を厳格に解釈することの愚がなぜ生じるかの考察の中で、法に反して航海術、医術を行使する者は、舵取り人とか医者とか呼ばれてはならず、「天空について語る者（μετεωρολόγον）」、「無駄なたわごとを言う者（ἀδολέσχην）」と呼ばれる状況が描かれている。

ソクラテスの裁判においても、ソクラテスに対する根深い中傷には「天上地下のことを探求する」ことが含まれていた（『ソクラテスの弁明』一九B）。その他、『クラテュロス』四〇一B、『パイドン』七〇C、『テアイテトス』一九五B—C、『ソピステス』二二五D、『パルメニデス』一三五D、『ソクラテスの弁明』二六D、一八B、一九B、『ポリティコス』二九九B—Cを参照されたい。

哲学が（弁論の技術を獲得することにおいてすら）重要であることを述べる文脈で、あえて哲学を指示する言葉として、大衆からの批判において決まり文句的に哲学に貼られるレッテルである「無駄な長話」と「天空の探求」を用いることで、プラトンは哲学に対する無理解に対する強い反論を込めていると理解できるだろう。

N 「全体の本性」について（二七〇C）

この「全体の本性（τῆς τοῦ ὅλου φύσεως）」についてどのよ

うに解釈するべきか。それには続く議論の内容をどのように理解するかが大きくかかわってくる。ソクラテスはこのように言う。

> まず第一に、われわれが何かに関して技術を持つ者となろうとし、また、他人もそういう者にしてやることができるようになろうと欲しているなら、それが単一の相を持つ（*ἁπλοῦν*）ものなのか、それとも、多様な相を持つ（*πολυειδές*）ものなのかを見なければいけない。そして、第二に、もし一方でそれが単一なら、それの能力を考察しなければならない。作用を及ぼすことにかけては、何に対してどのような能力を本来持つものなのか、また、作用を及ぼされることにかけては、何によってどのような能力を持つものなのか、を。もし他方でそれが多様な相を（*πλείω εἴδη*）持つのなら、それらを数え挙げたうえで、単一のものについて見たまさにそのことを、それぞれについて見なければならない。つまり、それがどんな作用を何に対して及ぼす本性を持つのか、また、何によってどんな作用を受ける本性を持つのか、を見るのだ。（二七〇D）

同じことについて、ソクラテスは少し先で弁論の技術を伝授するために必要なことを三つの要件に分けて説明している。一つ目はこれである。

> 弁論の技術を伝授しようとする者は、まず第一にきわめて正確に魂を描き、それによって［生徒に］魂の姿を見させるだろう。それが単一で同質な本性を持つ（*ἓν καὶ ὅμοιον πέφυκεν*）のか、それとも、身体と同じく多様な形態を持つ（*μορφὴν πολυειδές*）のか、をね。（二七一A）

ここまでのところで、「多様な相」「多様な形態」などと述べられていることは、この箇所だけからは魂の各部分とも理解できるし、さまざまな魂のタイプとも理解できる。しかし、ソクラテスはさらに、二つ目の要件として、「何の能力によってどんな作用を及ぼし、また、何からどのような作用を受ける本性にあるか」を見させることを述べ、さらに第三の要件として、

> 三番目には、言論と魂の種類を、また、それ［魂］の受ける作用を詳細に分類したうえで、すべての原因を論究するだろう。［言論の］それぞれを［魂の］それぞれに適合させ、魂がどのようなものである場合にどのような言論によってどんな原因から、必然的にあるものは説得

され、あるものは説得されないのかを教えるのだ。（二七一B）

と言う。この箇所から考えて、ここで問題にされている魂の持つ（可能性がある）多様な相、多様な形態とは、魂の部分のことではなく、魂のタイプのことであると考えられる。

「全体の本性」については、これまで二つの解釈の間で論議が起こっていた。(1)「全体」は、宇宙全体を指す（たとえばThompson, p. 123）。(2)「全体」は、魂の全体（これが何を意味するのであれ）を指す（Hackforth, de Vries, 藤澤など多数）。(1)については、たしかに、少し前のアナクサゴラスへの言及にはよく合致するが、文脈においてはこの「全体」の意味がその後で説明される形になっているにもかかわらず、その説明は上で見たように魂のタイプについてのものであることが大きな難点である。また、宇宙全体の本性を見ることがどうして魂のタイプの研究にとって必要なのかがまったく説明されていないことからも、この解釈は取りにくい。(1)か(2)かという選択においては、近年の多くの解釈者と共に、(2)を取るべきであろう。

ただ、「魂の全体の本性を見る」という表現も幅広い意味を持ちうる。この箇所では少なくとも二つの意味に解釈できるだろう。(2A)一つは、それは知性、欲望など魂のすべての部分にくまなく目を配ることを意味すると理解することである。これは「全体」という言葉の最も自然な意味である。(2B)もう一つは、「魂の全体」は、さまざまな魂のタイプを網羅した全体を指すと理解することである。つまり、魂がとりうるあらゆる形態を見ることが魂の「全体」を見ることだと言われていると考える解釈である。これは「全体」という言葉の自然な解釈とは言えないが、文脈にはよく適合する。ペリクレスがアナクサゴラスから学んだことには「知性とその欠如」が含まれていた。これは、魂の重要なタイプとしては、知性を持つものとそうでないものがあることと対応していると理解できるかもしれない。

解釈としてどちらかを選択するとするなら、(2B)をとりたい。とはいえ、(2A)(2B)の二つの解釈はそれほど厳密に区別できるわけではないかもしれない。魂の各部分のバランス、支配関係がどうなっているかが、魂のタイプを決めるのに最も重要な役割を果たすのは当然である。ある魂は知性に訴えることによって動かされ、また別の魂は別の仕方で動かされるであろう。魂の部分と魂のタイプは切り離せるものではなく、密接に関連する。「魂の全体を見る」とは、その二つを含めて述べられた言葉であろう（この項目については脇條（二〇一六）の内容の一部をほぼそのまま用いた）。

O　イソクラテス（二七八E―二七九B）

プラトンの同時代人でライバルとも言えるイソクラテスについて、プラトンの著作の中でその名前が出されるのはこの箇所だけである。

プラトンはこの『パイドロス』の終わりの箇所で、ソクラテスに表面上イソクラテスへの賞賛を語らせている。対話の文脈を確認しておくと、賞賛の箇所の直前で、対話の結論として、ものを書く人は二種類に分類された。一つは、真実を知って書く人、そして書いたものの吟味に際してそれを助けることができる人、本人自らが語ることによってより優れたものを示すことができる人であり、これは「哲学者（愛知者）」と呼ばれるべきである。もう一つは、自分が書いたものよりも価値のあるものを持たない人で、書いたものをしょっちゅう切り貼りしたりしている人で、その人は「作文屋」などさまざまな名で呼ばれるべきである。このうち前者が賞賛に値し、後者が非難に値することをパイドロスはリュシアスに告げることを引き受ける。それに対して、かなり唐突に、パイドロスはイソクラテスの名を持ち出すのである。ソクラテスに対してあなたはイソクラテスに何を告げるつもりか、彼が二つの種類のうちどちらに属するのか、と。

ソクラテスは、イソクラテスはまだ若いと言って、いったん評価を避けるが、彼について自分が占うところを述べる。イソクラテスは素質の点でリュシアスやその仲間たちの言論のレベルと比べて優れているし、さらに高貴な人間性を兼ね備えている。だから、年齢を重ねてイソクラテスが今手がけている言論について抜きん出た者になっても驚くにはあたらない。さらに、イソクラテスはそれでも満足せずに、より神的な衝動がもっと偉大なことに向けて彼を導くかもしれない。なぜなら、イソクラテスの思考には何か哲学（愛知）が内在しているからだ。ソクラテスはこのように予言する。

この箇所でプラトンがソクラテスにイソクラテスに対するこのような賞賛を語らせていることをどのように解釈するかが問題になる。プラトンが『パイドロス』を書いた時期において、イソクラテスはもはや若者ではなく老人といってよい年齢に達していたと考えられる。だから、プラトンはイソクラテスが生涯の大部分において取り組んできた言論についての教育の内容を知っていたはずである。ここでは三つの立場が考えられる。⑴プラトンはイソクラテスを、若い時期だけでなく『パイドロス』著作の時点までのその業績についてほぼ全面的に賞賛している。⑵プラトンは、若いイソクラテスの才能とその可能性についてのみ賞賛している。⑶プラトンの賞賛は偽り、アイロニーであって、プラトンは若いイソクラテスの才能、可能性についてすら賞賛はしていない。

⑴はほぼ不可能な解釈であろう。たしかに、イソクラテ

スの現存する弁論の中にはプラトンが『パイドロス』で展開した本当の弁論術に少なくとも表面上類似した考えが述べられている箇所がある。第十三弁論『ソフィストたちを駁す』の一六―一八では、「あらゆる弁論を組み立てる際に用いられる表現形式（イデア）」について次のように語られている。

……個々の主題に適用される表現法の中から、どれを選択し組み合わせて、配置の妙をつくすか、またさらに、好機を逸せず、適切に推論をくりひろげて演説全体を彩り、言葉を韻律にあわせ音楽的につらねて語るか、これらは綿密細心の配慮を必要とし、果断と実際的判断に富む魂の仕事である。ここで学習者は、素質に恵まれていることを必要とするだけでなく、表現の種類についてはこれを学び、その実際の適用については訓練を怠ってはならない。他方、教授者は精確に説き明かして、教えの可能なことは何一つ省いてはならず、自余のことについてはおのれを模範として示すならば、その跡を追い、巧みにまねることのできる者はすぐにも、よそには見られない文辞の華麗と雅味を体得するであろう。そしてこれらの条件がすべてそなわったとき、哲学する人は完成の域に達するであろうが、いま挙げた条件のどれかが足りないときは、哲学に親しんでも、必ずや劣った状態に低迷せざるをえないだろう。（小池澄夫訳）

ここで「哲学」として述べられているものは表現法の配置である。『パイドロス』二六九Cでは、プラトンの批判する弁論家たちはさまざまな表現法を教える一方で、「全体を構成すること」は容易なことで弟子たちが自分で身につけるものだと誤って考えているとされる。それに対して、ここでイソクラテスはそれには素質、学び、訓練が必要だと主張しているので、『パイドロス』二六九Dでのプラトンの主張に一致しているように見える。さらに、同じ第十三弁論の九でイソクラテスは「政治弁論を教えると請け合う人びと」を批判して、そういう人びとが稚拙な弁論しか書けないにもかかわらず自分たちのもとで学ぶなら「議題に含まれる可能性を何一つ見落とすことのない一流の政治弁論家になれると約束している」と言っている。これも『パイドロス』二六九Cでのプラトンの批判に表面的には類似している。

　しかしながら、イソクラテスの弁論とその教育は、ソフィスト的弁論術の流れに根ざしたものであり、彼が学び訓練することを求めるものはあくまで実践に根拠を置くものである。それが弁論術の根拠と問答法による真実の把握を唱えるプラトンの考えとは根本的に相容れないものであることは動かしがたい。

問題は⑵か⑶かである。⑶を取る解釈者には、Robin, Ritter, de Vries などがいる。しかし、藤澤も言うように、「この箇所を読むかぎりでは、別にこれらの言葉を皮肉な意味にとらなければならない理由はないようである」。藤澤は、しかしこれに続けて、知ではなく思われに根拠を置くことを誇りとするようなイソクラテスの根本思想にプラトンが「単純に手放しの賛辞をおくるとは信じられない」と言っている。たしかに、「手放しの賛辞」ではありえない。したがって、⑴は退けられる。しかし、若いイソクラテスの才能や可能性を純粋にプラトンが認めていたと考えることに特に問題はないであろう。その後イソクラテスがその才能を結局プラトンが評価しない方向に捧げることになったことをプラトンはすでに知っている。もしかしたら、プラトンは自分が『パイドロス』で展開した「本当の弁論術」の構想を自らがもっと早く手にしていたら、そして、それを若い頃の才能あるイソクラテスに伝えることができたとしたら、その本当の弁論術の理想はイソクラテスによって実現したかもしれないと残念な気持ちを持っていたかもしれない（Erbse はそのように考える）。プラトンはイソクラテスのような稀有な才能を活かすチャンスを逃したことを後悔したかもしれない。若いアルキビアデスの才能が開花しなかったように、イソクラテスの才能もプラトンの思う理想的な形では開花しなかった。この箇所にライバルであるイソクラテスに対する徹底した皮肉を読むよりも、稀有な機会を逸したことを残念に思う気持ちを読む方が、この箇所の解釈としてふさわしいのではないか。

イソクラテスについてのここでのソクラテスの予言は二段階に分けられる。第一段階は、イソクラテスが現在手がけている言論の分野において史上抜きん出た存在になることであり、第二段階は、もっと神的な衝動が彼をもっと偉大なことがらに導くことである。この第二段階は、おそらくは、プラトンが考えるような哲学の道にイソクラテスが進むことを指している。ソクラテスの第一段階の予言は的中した、と見てよいだろう。第二段階については、予言は外れたのであろう。二四二Cでソクラテスは自分は一応予言者であるが、自分の予言は自分自身のことに限っては当たるのだ、と言っていた。他人であるイソクラテスについての予言はやはり全部は当たらなかったのである。Hackforth は、第二段階の予言は、プラトンが『パイドロス』を書いた時点では成就していないが、その後成就する望みをプラトンが保持していると考えている。しかし、すでに老人になったイソクラテスにもはや第二の予言を成就する見込みはないと考えたプラトンの残念な気持ちがこの箇所に込められているのだという解釈をとりたい。

P　最後の謎について（二七九B—C）

対話篇の最後が意味深い謎で終わるのは、他のプラトンの対話篇でも見られる。『パイドン』では、「アスクレピオスに、われわれは鶏一羽の借りがある。忘れずにお返ししてほしい」というソクラテスの最後の言葉で終わる。一つの解釈によれば、死によって肉体からの解放がもたらされたことを、病からの治癒とみなし、医者の神アスクレピオスにお礼をするという意味だとみなせる。『饗宴』では、「悲劇作家と喜劇作家は同一人物である」という謎で締めくくられる。『パイドロス』篇が、自分が持つべき金の量についてのソクラテスの祈りで終わっていることも、そのような謎の一つである。

この謎については以下のようなYunisの解釈に従った。

「獲得する（*φέρειν καὶ ἄγειν*）」と訳した語は、「分捕る」というような意味で略奪によく使われる語句である。この語句を単に「持つ」という意味と解釈して、「思慮の健全な人が持つことができるだけの量の金を私が持ちますように」という訳も多く見られる。これだと、ソクラテスは文字どおり金銭について語っていて、応分の財産をもてますようにと祈っていることになる。しかし、貧困はソクラテスの本質的特徴であり、彼がいくばくかの金銭の所有を祈るというのは、その本質に逆らうように見える。

φέρειν καὶ ἄγειν を略奪の意味にとるとすると、なおさら、思慮の健全な人の略奪する金銭はゼロであるはずである。しかし直前でソクラテスは自分が知者を富者とみなしますように、と祈っていることから、ここでの「金」は「知」のことではないかと考えられる。そうだとすると、問題は、思慮の健全な人が奪い、獲得する知の量はどれだけか、である。完全な知は神にのみ許されることなので、人間が完全な知を得るのは不可能だとしても、人間の獲得を目指す知の量に上限を設けることはないだろう。ソクラテスは、人間に可能なかぎり多くの知を持つことを祈っているのである。

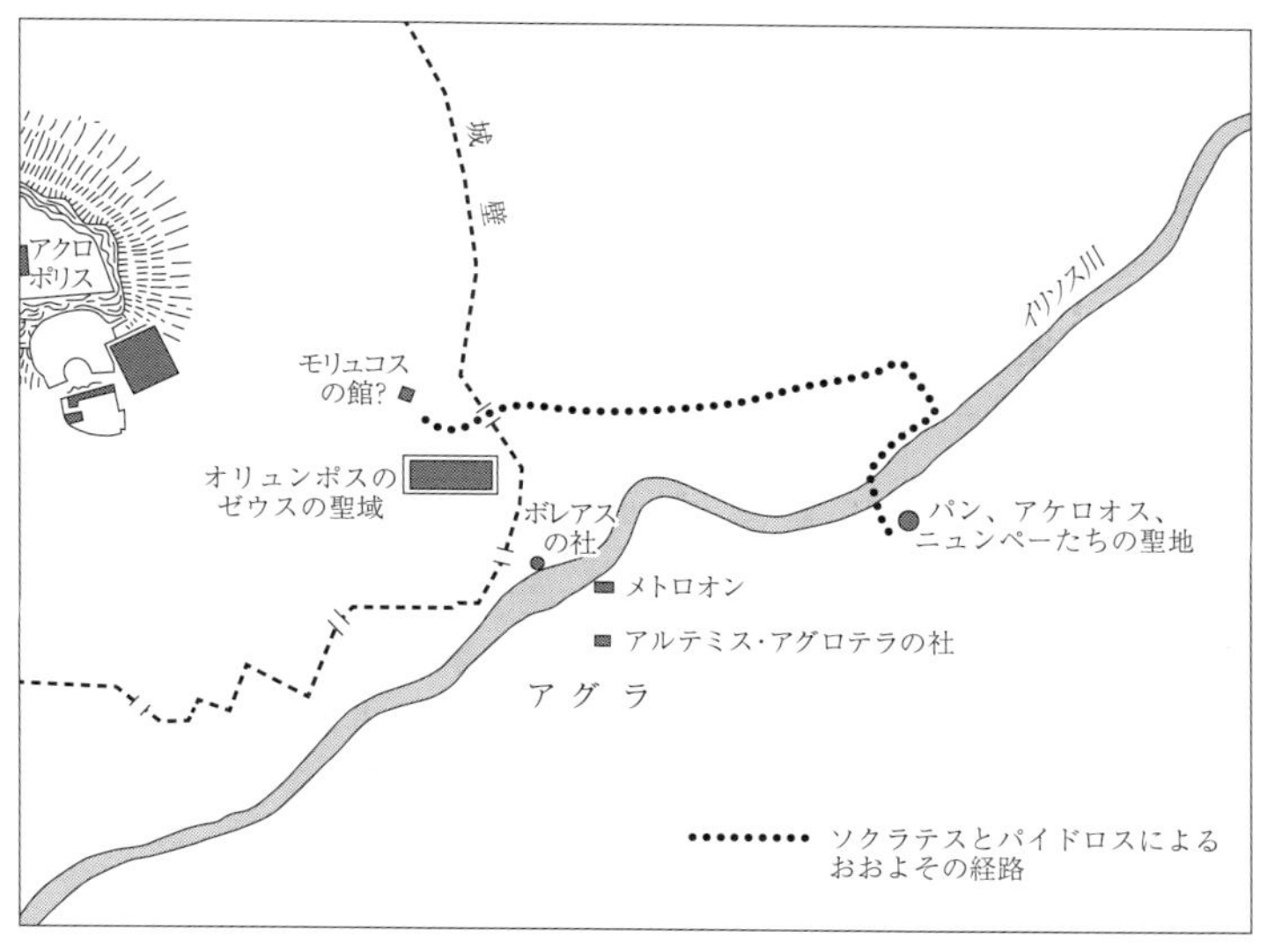

1図. ソクラテスとパイドロスによるおおよその経路

地図は Yunis, H., 2011 に基づいて作成した。

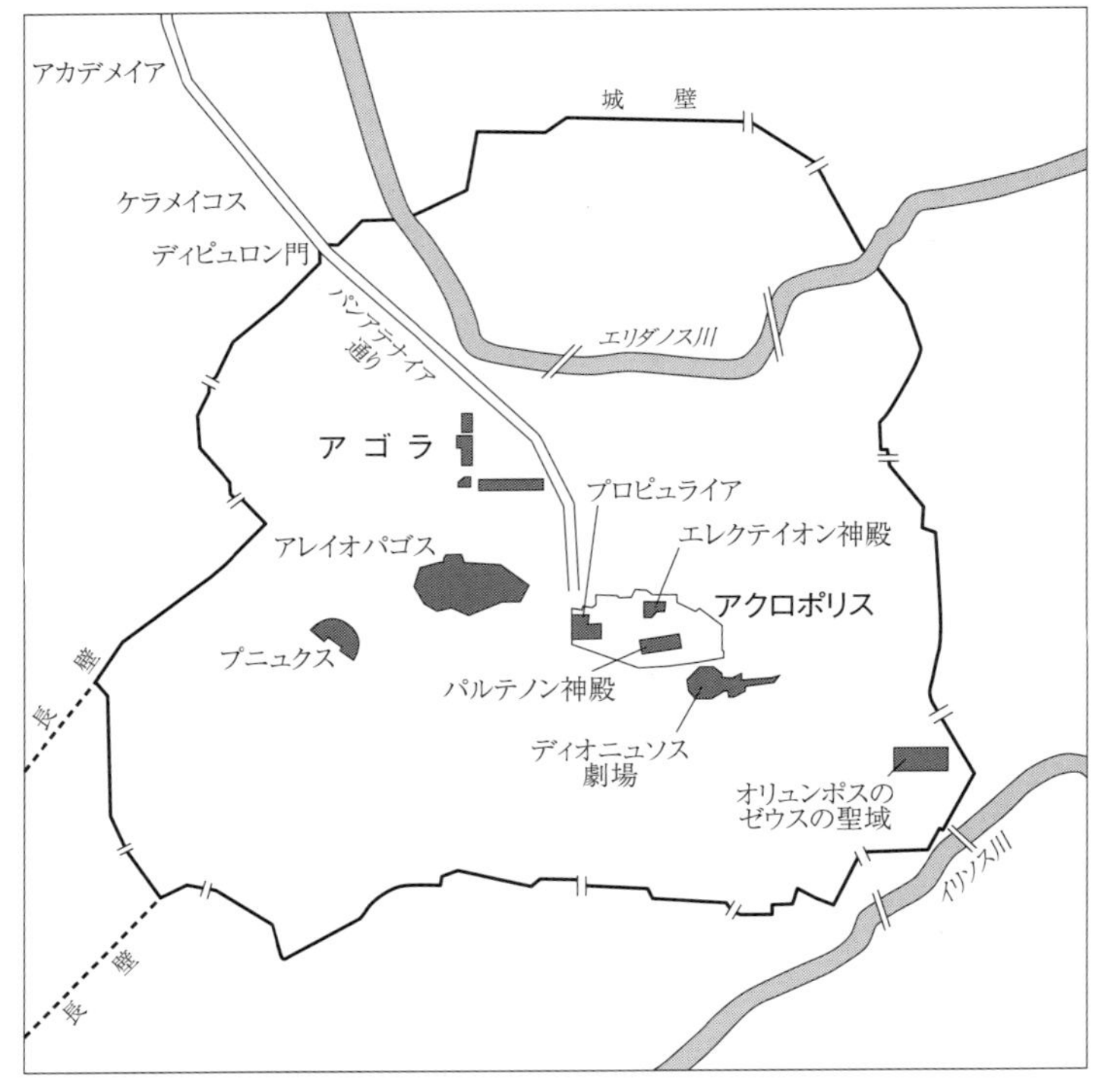
アカデメイア
城　壁
ケラメイコス
ディピュロン門
パンアテナイア通り
エリダノス川
アゴラ
プロピュライア
エレクテイオン神殿
アレイオパゴス
アクロポリス
プニュクス
パルテノン神殿
長　壁
ディオニュソス劇場
オリュンポスのゼウスの聖域
イリソス川
長　壁

2図．アテナイ市

解説

真夏のある日の昼前、ソクラテスはアテナイ市内でパイドロスに出会う。二人は、会話を交わしながら城壁の外に出て、イリソス川の岸辺の木かげに腰を降ろす。そこでパイドロスは弁論家リュシアスの恋についてのスピーチを朗読しソクラテスに聞かせる。ソクラテスはそれに対して自分のスピーチを二度にわたって披露する。さらに対話篇の後半では、前半にあった三つのスピーチを題材に言論についての会話が交わされる。

これが『パイドロス』のおおまかな筋であるが、そこで取り扱われる話題は、恋、説得、弁論術、善、欲望、魂、想起、神、狂気、イデア、幸福、哲学、書くこと、語ること、問答法など非常に多岐にわたる。これらは対話篇全体に散りばめられているが、とりわけソクラテスの二度目のスピーチは、規模が大きく、また内容的にもプラトン哲学において重要である魂、イデア、想起の説が展開される点で最も注目を集めて来た箇所である。逆にこのスピーチが突出して目立つことが、全体のまとまりを乱すようにも見られることから、対話篇全体がどのような形で統一性を保っているのかが解釈上の問題ともなっている。

『パイドロス』のテーマが何かという問題については最後に扱うが、さしあたりこの対話篇では「言論（ロゴス）」が全体を貫くキーワードとなっていることは間違いない。前半の三つのスピーチはもちろん言論であるし、後半はその言論の技術性についての対話で占められている。登場人物は二人とも言論にとりつかれた人物である。パイドロスは最も多くの言論を生み出す原因として当世第二位の人物であり（二四二B）、この夏の日も午前中リュシアスの言論に没頭していた。ソクラテスは、言論を聞くことの病気にかかっている人物であり（二二八B）、興味を持った言論を聞くためにはそれを語ることのできる人にどこまでもついていく（二二七D、二三〇D—E）。さらに、目を引くのは、この対話篇の中に散りばめられた言論の種類とそのスタイルの驚くべき多様性である。以下のようなものが挙げられる。

・詩の引用、模倣——ホメロスの引用や模倣（二四七E、二五二B、二五四E、二六〇A、二六四A、二六六B、二七六C）、叙事詩風の模倣（二四一D）、イビュコスの引用（二四二D）、ステシコロスの引用（二四三A—B）、ミダスの墓石の碑文の引用（二六四D）

・詩的な散文——ソクラテスがプラタノスの木陰の場所を感嘆を込めて賞賛する場面（二三〇B—C）、ソクラテスが興奮のあまり、かつて見たイデアの記憶を熱く語ってしまう場面（二五〇B—C）、ホメロスの戦闘シーンのような叙述（二五四A—二五五A）

・神話、ミュートス——蟬とムーサたちについてのミュートス（二五九A—B）、翼を持つ御者と二頭の馬のイメージ（二四六A以下）、神々の魂の行進（二四六E—二四七E）、人間の魂の天空での苦労の描写（二四八A—C）、アドラステイアの掟（二四八C—二四九B）、テウトの物語（二七四C—二七五B）

・祈り——エロス神への祈り（二五七A—B）、パンとこの地の神々への祈り（二七九B—C）

・秘儀の用語の使用——イデアの観照をエレウシスの秘儀に重ねる箇所（二五〇B—C）

・神話の合理的解釈――ボレアスとオレイテュイアについて（二二九C―D）
・寓話――イソップ風の語り出し（二三七B）と結末（二五二B）、「狼の言い分」についてのイソップ寓話（二七二C）
・言葉遊び、だじゃれ――ディテュランボス風の「エロス」の語源説明（二三八B―C）、「狂気の術（マニケー）」の語源説明（二四四C）、「占い術（オイオノイスティケー）」の語源説明（二四四C―D）、「完全（テレイオス）」と「秘儀（テレテー）」の語呂合わせ（二四九C―D）、「恋する者（エラステース）」の語源説明（二四九E）、「墓（セーマ）」と「印（セーマ）」の語呂あわせ（二五一C）、「こがれ（ヒーメロス）」の語源説明（二五一C―D）、「エロース」が神々に「プテロース」と呼ばれているとの説明（二五三B）、ミダスの墓石の碑文のパズル的な要素（二六四D）
・謎かけ――対話篇最後の謎（二七九C）
・喜劇的要素――リュシアスの巻物を見つけるまでのやりとり（二二七A以下）、第一の間奏のやりとり（二三四C以下）、「馬」と「ロバ」をめぐるやりとり（二六〇B―C）、「粗野な男」と「穏やかな教養人」との対比（二六八A―E）
・法廷弁論の模倣――パイドロスを「彼」と三人称で呼ぶスタイル（二二八A―C）、「ある言論たち」が法廷で証言するかのようなスタイル（二六〇E以下）
・法律の条文――法律の条文の前置き（二五八A―B）
・非常に簡潔で厳格な哲学的推論――魂の不死論証（二四五C―二四六A）

・生理学的記述——自然哲学風の理論を用いた性的興奮の描写（二五一B—D）
・弁論術の技法——列挙される技法の名前（二六六D—二六七D）、本物の弁論術の技術指南書のアウトライン（二七二D—E）、テイシアスの用いた論法（二七三B—C）

これに加えて、もしリュシアスのスピーチがプラトンの創作、パロディーであるなら、それも加えられなければならない。プラトンはこれらの多様な言論とそのスタイルを自由自在に操ることでわれわれにその文才を見せつける。冒頭の場面でソクラテスは、パイドロスはリュシアスから言論のご馳走を振る舞われたに違いないと推察するが（二二七B）、実はわれわれはこの対話篇でプラトンから言論の饗応を受けているといっても過言ではない。『パイドロス』はいわば言論のフルコースである。

一　対話設定年代

ソクラテスとパイドロスの対話はいつごろに設定されているのか。対話篇の中には次のような手掛かりがある。

(1) リュシアスの兄ポレマルコス（—前四〇四年）がまだ存命であるように言われている（二五七B）。ポレマルコスは前四〇四年に三十人政権によって殺害されているので（リュシアス第十二弁論一七）、対話篇の設定はそれ以前ということになる。

(2) イソクラテス（前四三六年ごろ―）がすでに弁論の研究を始めているが、まだ若いと言われている（二七八E）。何歳ぐらいまでが「若い」とされるかには当然幅がある。イソクラテスは裕福な貴族であったが、おそらく（経済的に困窮したことも一つの原因で）前四〇三年ごろにプロの作文家の道に進んだと考えられる。イソクラテスの現存する最も初期の弁論（第十六―二十一弁論）の著作年代は前四〇三―三九三年である。

(3) リュシアス（前四四〇年代中頃？―）が当代一の弁論作家である。リュシアスの現存する本物の作文は、前四〇三年より後のものである。

(4) 政治家がリュシアスを「作文屋」として非難する（二五七C）。これは民主制が回復して間もない頃と合致する。

(5) ソポクレス（前四九七頃―四〇六年）とエウリピデス（前四八〇頃―四〇六年）がまだ存命であるかのように語られている（二六八C）。二人はペロポネソス戦争の終結（前四〇四年）より前に亡くなっている。

以上が対話篇の中のヒントだが、それ以外にも次のことを考える必要がある。

(6) パイドロスは、エレウシスの秘儀を冒瀆した行為に加担したことを弾劾されて、前四一五年にアテナイから逃亡し、おそらく前四〇四年まで戻ってこなかった。

これらのすべてを満たす年代を見つけるのは相当困難である。実際、何人かの研究者は『パイドロス』の対話を現実にはありえない設定と考える（さらにNussbaumのようにその不可能性に文学的意味を読み取る者もいる）。たしかに、『パルメニデス』篇のようにプラトンが年代的に不可能な対話を設定している例は他にもある。しかし、もしプラトンが矛盾のない対話設定年代を意図していたとすれば、二つの可能性がある。一つは、前四〇四―四〇三年の三十人政権の初期の頃、もう一つは、パイドロスが逃亡する以前の時期、おそらく前四一八―四一六年頃である。前者をとる者（Hackforth, Guthrie）は⑴を重視するが、これは⑸と合致しない。後者を取る場合（Dover, Nails）、⑵⑶⑷と折り合わせる必要がある。困難としてはどちらかというと前者の方が大きいように思われる。一応後者を選ぶとすると、リュシアスは二十代の後半、イソクラテスは一八―二〇歳ぐらいということになる。この時期はペロポネソス戦争の半ば、ソクラテスも従軍したデリオンやアンピポリスの戦闘でアテナイがスパルタに敗れた後、つかの間の「ニキアスの平和」が訪れたが、それも好戦派の政治家たちによって破られ、スパルタとの戦いが激しさを増していた時期である。壊滅的な敗北を喫するシケリア遠征はまだ数年先のことである。

パイドロスの年齢と役割――パイドロスはこの対話篇の中で、当代ではシミアスを除いて最も言論の生成に貢献したと言われている（二四二A―B）ことから、若者ではありえない。『饗宴』は前四一六年に設定されているが、その時点でパイドロスはおよそ三〇歳である。『パイドロス』の対話設定年代もほぼこれと同じなので、パイドロスはもはや少年ではなく、少年愛の対象であるパイディカよりは、むしろ、少年に対して愛を抱く者であるエラステースの役割を果たす可能性を持つ男である（この点では、『パイドロス』は『プロタゴラス』とはかなり事情が違う。『プロタゴラス』の対話設定年代はずっと以前の前四三三／三二年頃と考えられるが、そこではパイドロス（アルキビアデス、アガトン）らが少年として描かれている）。パイドロスがエラステース候補であることは、彼がリュシアスのエラステースであると言われていることからもうかがわれる（二三六B、二五七B、二七九B）。ちなみに、『リュシス』でエラステースの道を歩み始めたばかりのように描かれるヒッポタレスは『パイドロス』の中に登場するパイドロスよりずっと若い。

二　著作年代

広く受け入れられているプラトンの著作についての発展的解釈によれば、『パイドロス』は中期の著作で、前三六〇年代の中ごろの作とされてきた。この発展的解釈は、プラトンは内容的に類似した著作をほぼ同じ時期に書き、内容の変化が著作年代と対応する、という想定をする。この想定は必ずしも自明ではないが、広く受け入れられており、後に紹介する（コンピューターによるものも含めた）文体統計による研究の結果も、おおむねそれと合致するものである。この解釈によれば、プラトンの著作は、大まかに前期著作、中期著作、後期著作の三つの時期に分類される。『パイドロス』は中期の著作の一つで、中期の中では比較的後期に近い時期の著作とされるのが一般的である。

二・一　内容的な手掛かり

まず内容的に著作年代を推定するためのいくつかの手掛かりを挙げる。

・リュシアス批判——『パイドロス』には弁論家リュシアスに対する批判が含まれているが、リュシアスが存命の間には、プラトンはその批判を含んでいる『パイドロス』を書かなかったであろうと思われる。

リュシアスの没年は不明だが前三八〇年頃だと思われる（彼の最後の弁論が前三八〇年）。『パイドロス』が書かれたのはそれより後ということになる。

・イソクラテスへの言及——対話篇の終わりに、イソクラテスについての言及があることから、『パイドロス』が書かれたのはイソクラテスの名が広く世に知られるようになった後であると考えられる。それはおそらく前三六〇／五〇年代であろう。

・自分自身の年齢——二七六Dでは、書くことは老いからの忘却を防ぐことに役に立つと言われているが、これからプラトンはすでに多くのことを書いていることが読み取れる。

・他の著作への言及——『パイドロス』の中にはプラトンの他の著作への言及ではないかと思われるものがいくつかある。二六〇E（技術と慣れの区別）、二七〇B（医術と弁論術の対比）には『ゴルギアス』への言及と見られるものがある。また、二七六C—Dの「正義についての言論による遊び」は正義をテーマとする対話篇である『国家』を指していると思われる。さらに、二四六A以下の翼を持つ御者と二頭の馬のイメージは、『国家』の魂三区分説を思わせるが、その前後関係は明らかではない。イデア論と想起の説は、あまり説明なしに導入されている。ここからイデア論、想起の説が展開されている『メノン』『パイドン』『饗宴』『国家』との関係で言えば、『パイドロス』の方がより後ではないかと推測される。

『パイドロス』では、哲学の方法として分割と総合の方法（ディアレクティケー）が重要な位置づけを与えられている。この分割と総合の方法は、『ソピステス』『ポリティコス』『ピレボス』において、非常に詳しく展開されているが、その展開のされ方は『パイドロス』からうかがい知ることはできない。『パイドロス』の方法は、おそらく後に、これらの著作によってさらに発展させられたのではないか、と考えられる。以上のことから、おそらく『パイドロス』は対話篇『ゴルギアス』『メノン』『パイドン』『饗宴』『国家』より後、『ソピステス』『ポリティコス』『ピレボス』より前、前三六〇年頃の著作ではないかと考えられる。

二・二　文体統計

十九世紀の Campbell の先駆的な業績（一八六七年）から始まった、文体統計の手法による対話篇の著作時期の推定の試みは、いくつかの重要な結果を経て、最近ではコンピューターを用いた複雑で高度な分析を用いるものが現われている。

Campbell が着目したのは、ある著作（群）にだけ現われる単語である。さまざまな考察から彼はプラトンの最後の著作群と考えられる『ティマイオス』『クリティアス』『法律』の三つに焦点を絞り、それらには特殊で専門的な「めずらしい」単語が多いことを示した（Campbell によれば、前者二つの対話篇には他のどの対話篇にも現われない単語が四二七あり、『法律』には九六五ある）。この特徴を踏まえて、彼はそれぞれの対話篇について、その対話篇がこの三つの対話篇のどれかと共有し、他の対話篇には現われない単語の数を数え挙げ、その数を（ステファヌス版の）ページ数で割った割合を出した。その結果によると、その割合が高いのは、『ポリティコス』（14/11）、『パイドロス』（7/6）、『ソピステス』（54/53）、『国家』（5/6）の順であった。ただ、Campbell は、『パイドロス』と『国家』の単語の希少性は特殊な事情（『パイドロス』の詩的な文章と『国家』の話題の豊かさ）によると考えた。

Campbell 以外にも、μήν という小辞を含む語のいくつかの組み合わせ（Dittenberger）、καθάπερ と ὥσπερ（どちらも英語の"just as"の意味）の使用頻度（Dittenberger）、τῷ ὄντι と ὄντως（どちらも「本当に」という意味の副詞句）、ὡς ἀληθῶς と ἀληθῶς（ὡς のあるなしの違いはあるが意味はどちらも「真に」）、τῇ ἀληθείᾳ と ἀληθείᾳ（τῇ の有無の違いはあるがどちらも「真に」という意味）の頻度の差（Schanz）、「すべて」を意味する πᾶς とその複合形の使用数（Walbe）、定型的な言語的表現（その大半は問答に用いられる決まり文句）の多様さ（Ritter）、対話篇ですでに言われたことに言及する受動相の動詞の形の違い（Hussey）、前置詞 περί が名詞の後に置かれる頻度（Baron）、母音連続を避ける傾向の違い（Janell）、文の終わりの五つのシラブルの長短のリズムパターン（Kalusha, Brandwood and Cox, Billing）あるいは文全体のリズムパターン（Wishart and Leach）に着目した文体統計の研究があり、それらは概して同様の結論を支持している。

最近ではさらに複雑な分析手法を用いた研究も出ている。Ledger の研究は、これまでのように単語に着目するものではなく、文字、アルファベットに着目するものである。彼は、⑴一九の特定のアルファベットを含む単語、⑵九つの特定のアルファベットで終わる単語、⑶最後から二つ目文字に特定の九つのアルファベットを含む単語を数え、対話篇ごとの違いを検証した。この研究でも概ね以前と同じような結論が支持されている。

三　『パイドロス』の内容

さて、ここからは『パイドロス』の内容をたどりながら、解釈上問題となる点を概観しておきたい。

三・一　プロローグ（二二七A―二三〇E）

三・一・一　プラタノスを目指すまで（二二七A―二二九A）

ある夏の日の昼前、ソクラテスは市内でパイドロスに出会う。出会う場所は、オリュンポスのゼウスの聖域のある市の南東である。ソクラテスはパイドロスにどこから来てどこに行こうとしているのか尋ねる。パイドロスは「どこから」の問いには、短く「リュシアスのところから」と答えるだけで、「どこに」の方に長々と答える。朝早くから長く座っていたのでいつものように城壁の外の歩道で散歩しようとしているのだ、それは医者アクメノスに言わせると回復効果が高いから云々。ソクラテスは、もどかしげに、そちらの問いは「そのとおりだろう」と一言で切り上げて、リュシアスのことを確認する。ソクラテスのにらんだとおり、パイドロスはリュシアスから何か言論のレッスンを受けたらしい。その中身を聞きたいソクラテスにパイドロスは歩きながら「聞いてくれるなら」ともちかけ、ソクラテスは喜んで応じる。

二人は城壁の外へと歩きながら、会話を続ける。パイドロスはリュシアスの言論のレッスンの内容はソクラテスにぴったりだと言う。それは何とも手の込んだ仕方でエロスを論じたものなのだ、と。そのわけは、その話は美少年を口説く話なのだが、その子は恋している者よりも恋していない者の求めに応じるべきだ、と論じているからだ、と言う。ソクラテスは驚くと同時に、どうしてもそれを聞きたいと言う。パイドロスは、リュシアスの言論を暗唱することは（やりたいけれども）できない、と言うが、ソクラテスにそれが取り繕いであることをたちまち見破られてしまう。ソクラテスは言う。パイドロスはもうすでに朝からその言論を詳細に調べて暗記してしまっているに違いない。城壁の外へ歩いていたのは暗唱の練習をするためだ。そこで私（ソクラテス）に出会って、練習相手ができたと内心大喜びしたのだ。まるで語りたくないかのようにはにかんでみせたくせに、と。

パイドロスは、図星をつかれて、こう提案する。私は本当に一字一句覚えているわけじゃない、だけど、だいたいの内容を順に話してあげましょう、と。しかし、ソクラテスはパイドロスが着物の下にリュシアスの言論の巻物そのものを持っていることを見破ってしまい、それを出して読めと言う。パイドロスはすっかり降参して、どこでも好きな所で読みましょう、ということになる。

すでにこの時点で二人は城壁の外のイリソス川のほとりにまで来ている。ソクラテスはそこから川下に向けて歩き、どこか静かなところで腰を降ろそうと言う。ソクラテスはいつも裸足だが、パイドロスもたまたまこのときは裸足だった。二人は、真夏の昼前ということで、水辺で足を濡らしながら歩く。パイドロスは行く手にある高いプラタノスの木を指さしその下で座るか、あるいは、寝ころぶのを提案し、パイドロスの先導で、二人はそこを目指して歩いていく。

三・一・二　神話解釈と私の探求（二二九A—二三〇A）

二人はさらに歩きながら話を続ける。きれいな水辺を裸足で歩くのが気持ちいいというので、パイドロスは、北風の神ボレアスがアテナイの王女オレイテュイアを拐ったという伝説の場所はここではないか、とソクラテスに言う。ソクラテスはそれはもう少し川下だと言って否定する。パイドロスは、このボレアスとオレイテュイアの神話を信じるかとソクラテスに問う。

当時の合理的解釈の例——神話に語られていることを文字どおりにとらず、それを合理的に解釈することはこの頃さかんに行なわれるところであった。その良い例が、パライパトス（前四世紀ごろ）の『信じがたいものについて』である。たとえば、アマゾネスたちは女の戦士たちではなく、足まである長い衣服を着て、髪の毛をヘアバンドで結び、髭をそる風習のある異国の男たちであったと説明されている（三二節）。また、ケンタウロスたちについては次のように説明されている。ある若い男たちが雄牛を殺したので、「雄牛を（タウルース）突く者たち（カテケンタンニューサン）」から、ケンタウロスたちと名付けられていたのであるが、後に、戦のあと去っていく姿が遠くからは馬の尻と人の頭しか見えなかったので、その神話が生まれた、と（一節）。

『パイドロス』に戻ろう。ソクラテスは、オレイテュイアが北風に吹かれて崖から落ちて死んでしまったのが伝説の由来であるというような合理的な説明を自分ができたとしてもたいして独創的でもないが、そんなことをやり始めると次から次へと説明しなければならないことが押し寄せて来てきりがなく、自分にはそんな暇はないのだと言う。「自分自身を知る」ということができていないのに、そんなことをやるのはお笑い種だ、と。ソクラテスは自分を探求する。その探求は、「自分自身が、テュポンよりも捻れてからまった、もっと猛り狂う獣なのか、それとも、もっと穏やかでもっとシンプルな生物で、何か神的なもの、ふくれ上がっていないものを本性上分け持っているのか」を見るものである。この台詞と同時に二人はプラタノスの木に到着し、会話はここで中断されるが、この台詞の重要性は強調されるべきである。後に魂の姿が複合的な「二頭の翼を持つ馬と翼を持つ御者の一体となった力」(二四六A)に例えられること、本当の弁論の技術は魂が単純か複合的かを考察に入れる必要があるとされること(二七〇C—二七一A)の伏線がここにあると見られる。

三・一・三　ニュンペーたちとアケロオスのいる場所(二三〇B—E)

その場所の美しさに打たれたソクラテスは、まるで霊感を受けたように語り出す。「このプラタノスはいと広く高く、……」。高いプラタノスの巨木、木かげの美しさ、アグノスの非常な芳しさ、泉の冷たさが歌われるように挙げられ、そこには献納された少女像や神像が散見されることから、どうやら何かのニュンペーたちとアケロオスの社らしい、とソクラテスは推察する。夏の盛りに風通しの良いのが気持ちよい。そして夏らしく蟬たちの声がこだましている。地面は傾斜がある草場で、寝転ぶのにうってつけだ。

後にソクラテスが語ることになる驚くべき二つのスピーチは、「アケロオスの娘のニュンペーたち、それに、ヘルメスの息子のパン」に帰せられる（二六三D）が、この箇所にわれわれはソクラテスが受ける最初の霊感を見ることができる。

対話篇全体を通して言えることであるが、ここでもパイドロスはソクラテスの霊感をまったく共有していない。パイドロスはソクラテスの忘我の様子にむしろあきれて、その様子はまるで自国人ではないみたいだとからかう。城壁の外へ出てこんなところに来るのがそんなに我を失うほどめずらしいのですか、と。ソクラテスは言う。私は学ぶのが好きだから、教えてくれる人がいる市内でいつもうろうろしているのだが、君は私を外出させる言論という薬を見つけた。鼻先に枝や野菜を振って、家畜を連れ回す人たちと同じように。さあ、とにかくリュシアスの言論を読んでくれ、と。舞台は整った。いよいよスピーチの始まりである。

三・二　リュシアスのスピーチ（二三〇E—二三四C）

パイドロスが読み上げるリュシアスのスピーチが、歴史上実在したリュシアスの作をプラトンがそのまま流用したものなのか、それともプラトンの創作、パロディーであるのかについては、古くから論争があるが、結論は出そうもない。これについては補註Cを参照。

リュシアスのスピーチの冒頭の部分は、後に吟味にかけられるときに二度も（二六二E、二六三E—二六四A）読み直されるが、いきなり語りの途中から始まっている。「私の事情については君は知っているし、そのことが成就したならわれわれの利益となるというのが私の考えだということも、すでに君は聞いたわけだ。私は君に恋する者（エラステース）ではないが、その理由で、私の求めるものが得られないのは正当ではないと思う」。ここでは「私の事情」や「そのこと」など、性行為を指す（あるいは含む）言葉がわざとぼかして述べられているが、これはこのスピーチの全体にわたって見られる特徴である。

リュシアスのスピーチの議論の内容を分析してみよう。

(1)【恋の後の後悔、心変わりについて】

(1a) 恋する者は欲望が失せた場合、よくしてやったことを後悔する。

それに対して、

(1b) 恋していない者は、心変わりしない。なぜなら、強制ではなく自発的に自分の最善を自分の力の範囲内で相手によくしてやるから。

さらにまた、

(2)【差し引き勘定について】

(2a) 恋する者は、差し引き勘定（A自分のもので悪くなったもの＋Bこれまでよくしてやったもの＋Cこれまでの苦労）からとっくの昔に正当な恩恵は払っているとみなす。

それに対して、

(2b) 恋していない者は、差し引き勘定にAもCもさらに親戚との不和も入れることができないので、相手を喜ばせることを心からすすんでするることだけが残る。

さらにまた、

(3)【恋する相手を一番愛するか】

(3a) 恋する者は、恋する相手を、他の人に嫌われても(害を加えても)一番愛する、と主張する。

しかし、

(3b) 私(恋していない者)は、こう反論する。もしそれが本当なら、恋する者は後の恋の相手をもっと愛して、今の相手に害さえ加えるだろう。

しかるに、

(4)【恋の病気】

恋は大変な難病であり、正気ではない。それは恋する者自身が認めている。そこから、正気に戻ったときに振り返って、自分がしたことを立派だと判断するはずがない。

そして実際には、

(5)【候補者の数の大小】

(5a) 恋する者から最善の者を選ぶと、選択肢がほぼ空である。

それに対して、

(5b) 恋していない者から選べば、多数の候補がある。

さらに、

(6)【法、習慣】

(6a) 恋する者は、舞い上がってしまって、恋が成就したことを言いふらして自慢する。

それに対して、
(6b)恋していない者は、自分をコントロールできるのでむしろ最善を選択する。
さらにまた、
(7)【いっしょにいるとどうなるか】
(7a)恋する者といっしょにいると、多くの人に欲望の行為が成就したと疑われ（非難され）る。
それに対して、
(7b)恋していない者といっしょにいても誰も非難したりはしない。欲望の成就とは別の理由があるということを人々は知っているから。
さらに実際、
(8)愛が続かず不和が生じたときに、他の場合は被害は公平かもしれないが、大切なものを与えた後では、被害が大きいとしたら、恋する者と恋しない者のどちらを恐れるべきか。恋する者である。
なぜなら、（恋する者と不和になる可能性の方が大きいからである。）
(8a)恋する者は、何でも自分を害するものとみなす。それで、恋する者は相手が他の者（財産、教育、そのほかの善を持つ者）と交際するのを妨げる。それに従えば、君は一人ぼっちになるし、従わなければ恋する者と不和になる。
それに対して、
(8b)恋していない者は、君が他人と交際することを妨げることはなく、むしろ勧める。だから、恋していない者とは、不和になることよりも友好が生じやすい。

実際また、

(9)【親しさと肉体への欲求の関係】

(9a)恋する者は、親しくなる前に肉体を欲求している。だから、その欲求が満たされたあとで親しさが保持されるかわからない。

それに対して、

(9b)恋していない者は、すでに以前から親しいものであるので、肉体的な欲望が満たされたとしても、その親しさが減じるとは考えにくい。

実際また、

(10)恋する者に従うよりも私に従った方が、君は優れた者になる。

なぜなら、

(10a)恋する者は、君の言うこと為すことを何でも称賛する。それは嫌われるのを恐れるのもあるが、恋(エロース)のおかげで判断がおかしくなっているからである。なぜなら、恋(エロース)の働きとは、うまく行かないときには何でも苦痛になり、うまく行くときには何でも称賛を得るように強いることだからだ。恋する者は、その点で模範ではなく、みじめな者とみなすべきである。

それに対して、

(10b)私は快楽に囚われることなく、利益こそを重んじて君と交際する。自分を制御できるからだ。恋する者のように些細なことで敵意を抱くことはない。重大なことで稀に腹を立てても怒りは穏やかであり、故意でないことは大目に見るし、故意のことは未然に防ぐ。こういうことが、友愛が長続きすることの証拠である。

だがもしかして、

(11) 本当に恋をしていないなら強い友愛は生まれないと君が考えるならそれは間違いである。もしそうなら、息子、父、母、信頼できる友との友愛はなくなってしまう。

さらにまた、

(12) 求める程度が一番大きい者の求めに応じるべきだという考えも間違いである。もしそうなら、たとえば、パーティーに友だちではなく腹を空かせた乞食を呼ばなければならないことになる。

しかし、求めに応じるべき相手は、

(13-1a) 最大限に欠乏している者ではなく、(13-1b) 最大限に実のある返礼ができる者であり、

(13-2a) 恋しているだけの者ではなく、(13-2b) それに応じてやるに値する者であり、

(13-3a) 君の花盛りを享楽するような者ではなく、(13-3b) 君が年長になったときに、自分の持つよきものを分け与えてくれるような者であり、

(13-4a) 事が成就した後で他人に自慢するような者ではなく、(13-4b) 恥を知って誰にもしゃべらない者であり、

(13-5a) 短期間だけ熱を上げる者ではなく、(13-5b) 生涯を通じて変らず友となるような者であり、

(13-6a) 欲望が失せると仲違いの口実を探すような者ではなく、(13-6b) 君が花盛りを過ぎたときに自分のよい素

性（徳）を示すような者である。

だから君は、これらをよく覚えて、次のことを心にとめておかなければならない。

(14)【身内などまわりの者が恋する者、恋しない者に注意、非難をするかどうか】

(14a)恋する者に親しい人は、恋の営為が悪だと考えて、恋する者に注意するが、

(14b)恋していない者の身内は、恋する者をとがめない。恋のおかげで不利になるような判断をしていると考えることはないからである。

たぶん君はこう尋ねるだろう。

(15)恋していないすべての者の求めに応じることを勧めているのか、と。

答え——恋する者でさえ、そう命じることはない。なぜなら、すべての者の求めに応じるなら、一人のときと比べて、同じ感謝を持たないのが当然であるし、他人に知られないようにすることが不可能だからだ。交際からは、害悪は何一つ生じてはならず、利益が両者に生じるのでなければならない。

(16)さて、私はこれで十分だと考える。もし何か質問があれば尋ねたまえ。

繰り返しの批判について——リュシアスのスピーチが読み上げられた後のやりとりの中でのソクラテスの批判の中心は、内容の繰り返しに対するものであった。「……彼は同じことを二度も三度も語ったとぼくは思った。同じことについていろいろ別のことをたくさん言わなければいけないのにそれがあまりうまくできないみたいだった……もしかしたら彼はそういう繰り返しをしないで別のことを言うことなんかまったくし

ようとしてなかったのかもしれない。……同じことを一つの仕方で語り、また別の仕方でも語り……」（二三五A）実際はどうだろうか。たとえば、(6)と(13-4)では、恋する者は恋が成就したことを他人に言いふらすが恋していない者はそうではないことが繰り返されている。ただ、(13)はどれも短い要約的な整理とみなせるので、その繰り返しのあることが欠点になるかどうか定かではない。他にも、恋が強い愛、友愛をもたらすかについては、(3)(11)に重複があるし、もうちょっとおおざっぱに見れば、恋の欲望が失せた後不都合が起こることは、(1)(2)(3)(9)(13-3)(13-5)(13-6)において語られている。しかし、それぞれの論点は実際は微妙に異なっており、そこに論述上の欠陥があるとしても、繰り返しや重複の点で議論が損なわれているのかどうかははっきりしない。

ただ、この繰り返しの批判については、別の解釈が成立するのではないか。つまり、ソクラテスの言う繰り返しの批判は、(a)と(b)の組み合わせを何度も行なうことに向けられていると考えるのである。スピーチの大部分を占めているのは、恋する者と恋していない者との対比、しかも、常に同じ順序での対比である。それは、恋が病であることを述べる(4)を除いて、最初の(1)から(10)まで、それから、要約的まとめの(13)、さらに(14)に現われる。対照的に、ソクラテスは後に、自分の第一のスピーチを半分だけで切り上げている。途中で終わってしまったことにパイドロスは不満であるが、ソクラテスは、「ぼくは一言で済ますことにするよ。『一方の人をぼくはいろいろ悪しざまに言ったが、それらすべての反対の善がもう一方の人には備わっている』と。それにどうして長い話がいるかね。両者について十分に語られたではないか」（二四一E）と語っている。恋する者と恋していない者のそもそも片方について語ったなら、もう片方についてもすでに語ったことになる。それをわざわざ両方について何度も重ねて述べるのは、繰り返しを重ねることでしかない。このようにソクラテスは批判していると考えられるのではないか。

構造の欠如の批判について――リュシアスのスピーチは、対話篇後半の二六二E以下でも批判の対象となっている。そこでの批判の主な論点は二つある。一つは、主題となっているものの定義が欠けていること、もう一つは、それに関連して、それぞれの論点がでたらめに置かれていることである。後者についてソクラテスは、たとえば、「二番目に語られていることが何らかの必然性から二番目に置かれなければ」ならないのに、リュシアスは、「自分の心に浮んだことを無邪鬼な高貴さでそのまま書いた」ように見える、と言う。そして、「議論の全体はちょうど動物のように何かそれ自身の身体を持って構成されなければならない……頭がなくてもいけないし、足がなくてもいけない。まん中も端もなくてもいけない。そして部分のそれぞれと全体にふさわしいことが書かれなければならない」と主張する。そして、リュシアスのスピーチをミダスの墓石に刻まれている詩と同じで、それぞれの部分がどの順番に置かれても構わないような、構成の欠如を呈していると言う。

この点に関しては、実際のリュシアスのスピーチの構造にはっきり見て取ることができる。まず、⑴から⑿までの論点は、恋の始めから終わりに至るような時間的な順序で置かれているわけでも、本人と他人の関係とか、（ソクラテスが第一のスピーチでやるような）魂と肉体と所有物という分類とかに基づいて並べられているわけでもない。実際、それらはどの順序で置かれても構わないのである。⒀の要約はもちろん最初の方に置くことはできないし、最後の⒂はあたかも発表のあとの質問コーナーのようなものなので、これもここに置かれるべきであるとしても（それでもなぜこのあまりに容易に反論できる質問が選ばれているのか、まるでサクラの質問である）、その⒀と⒂の間に、新たな論点である⒁が無理に割り込む形で現われるのも不自然であり、この点でリュシアスの弁論にはたしかに構造的な欠陥があるように思われる。ただ、ソクラテスの指摘するような構造を付与することにそもそもリュシアスはまったく関心がなく、彼のスピーチの目的はまったく別のところにあったであろう。それはソクラテスが直後に指摘する（二三五A）とおりである。

三・三　間奏その一（二三四C―二三七A）

リュシアスの弁論を読み終わったパイドロスはソクラテスに尋ねる。これは抜群の出来栄えではないか、特に言葉の選び方が、と。ソクラテスは、パイドロスの舞い上がっている様子をバッコスの秘儀を受けている者にたとえて、パイドロスの顔が（その名前のとおりに）輝いているように見えたことに自分は打たれてしまった、と言ってからかう。パイドロスから真面目に答えろと促されて、ソクラテスはようやくリュシアスのスピーチに対する批判を述べる。言葉の選び方、表現の点では優れているかもしれないけれども、肝心の「作者が語るべきことを述べたかどうか」、「弁論としての側面」ではまったくいいところがない、と。この「弁論としての側面」は多くの訳では、言葉の選び方、表面上の飾りというような意味と理解されているが、そうではない（テクスト註（235A1）参照）。話を聞く相手の心、魂を動かして、自分のもっていきたい方向に導くという本来の目的を表わすものが「弁論としての側面」である。ソクラテスはそこだけに注意を向けていたのであって、他はどうでもよかったのである（そして、注意をしていなくても、言葉のうえでは褒めてもいいぐらいのことはわかったのである）。

パイドロスは納得しない。まさしくその「弁論としての側面」においてリュシアスのスピーチは優れている。それよりも「もっと多くのことを、そして、もっと値打ちのあることを語ることは誰もできはしないでしょう」（二三五B）と。ソクラテスはすでに自分の胸が膨らんで、リュシアスに張り合って負けない話を話せるような気がした。ただ、ソクラテスは自分の無知を自覚しているから、誰か他の人からその話を聞いたはずだ、と考えている。でも誰だったか思い出せない。サッポーからか、アナクレオンか。いけない、どうも忘れてしまったようだ。ともかくソクラテスはそう言う。

パイドロスは、喜んでこれに飛びつく。誰から聞いたかはもう言わないでいいから、今言ったこと、つまり、リュシアスの話よりも「立派で規模も劣らないものを、これとは別に内容もこれを離れて、語る」ことを実行せよ、とソクラテスに迫る。もし本当にそれができたら、何と、パイドロスとソクラテスの金の像を二体デルポイに奉納しましょう、と言うのだ。これがパイドロスからの一つ目の賭け、取り引き、勝負の誘いである。

ソクラテスはこの誘いには乗らなかった（別の解釈については、補註D参照）。リュシアスがすべての面で誤っているなんてことはありえない。すべてを否定して違うことを（同じ主題について）語るなんてことはできるわけがない。この主題の場合では、恋していない人の思慮を褒め、恋している人が思慮を欠いていることをとがめることを放棄して論じることは不可能である、とソクラテスは言う。ここで、ソクラテスは言論、スピーチの評価基準を提出する。そういう「どうしても認めなければならないこと」については、「言論の構成」が評価の対象になる。他方、それ以外のことでは構成に加えて、「発見」も評価の対象になる、と。

パイドロスはこれを認める。そして、「恋している人が恋していない人よりも病気の状態にあると仮定すること」を認めるが、それ以外のことでリュシアスよりも「多くのこと、多くに値すること」を語るようにソクラテスに言う。そうすれば、今度は、オリュンピアにソクラテスの像を献納しましょう、と。これが二つ目の賭け、取り引き、勝負の誘いである。

ソクラテスはまだ乗らない。これに対してパイドロスは、冒頭のやり取りとは立場を逆にして、同じ言葉をやり取りするようなことになりますよ、と警告する。「ソクラテス、ぼくがソクラテスのことが分からないくらいなら、ぼくは自分も忘れてしまってたことだろうよ」とか、「語りたくてうずうずしていたのに、はにかんでみせた」などというやり取りをするのは滑稽でしょう、と。さらにパイドロスは、ソクラテスが語るまでこの場を去るつもりはない、と言う。自分の方が若くて腕力も強いのだと、実力行使も辞さずという態度を見せる。それでもまだ渋っているソクラテスにパイドロスは切り札を突きつける（パイドロスによる像の献納の賭けの結末についての別の解釈については、補註Dを参照）。

その切り札は誓いであった。手近にあったプラタノスにかけてパイドロスは誓ってしまう。「ここに我は誓う、もし他ならぬまさにこのプラタノスの面前で汝がその言論を語らぬならば、我は汝に今後誰の言論であれ、何一つ言論を読み伝えることもなく、教え告げることもないだろう」と。ソクラテスはついに降参する。言論好きな病気にかかっているような男には、パイドロスからの言論というご馳走を断たれるのは耐えられないのである。ソクラテスはとうとう、「君を見てたら恥ずかしくて言葉に詰まってしまう」（二三七A）と言って頭を衣で隠して語り始める。

三・四　ソクラテスの第一のスピーチ（二三七A―二四一D）

さて、そのソクラテスの第一のスピーチであるが、その構成を見てみよう。

(A) ムーサへの呼びかけ。

(B) 前置き

あるとき一人の美しい少年がいた。その子に恋する者は多数いたが、そのうちの一人が狡猾であった。自分は恋しているにもかかわらず、恋していないとその子にあらかじめ思い込ませ、あるときこう迫った。恋している者よりも恋していない者の求めに応じるべきだ、と。

(C) スピーチ本体

一、恋（エロース）の定義

(1) 定義の必要性。定義なしには議論の先で話のつじつまが合わなくなる。主題は恋（エロース）なのだから、それがいかなるものであるか、どのような力を持っているかをまず定義しなければならない。そしてその定義から目を離さずにそれが利益をもたらすか害悪をもたらすかを考察しよう。

(2) 恋（エロース）＝（定義として）美しさの快楽に向かう欲望が、最善を目指す理（ロゴス）を打ち負かす放縦（ヒュブリス）。

(2a)恋は何らかの欲望である。しかし、恋していなくても人は美しいものを欲望する。恋している人と、恋していない人の違いは何か。

(2b)人の中には、二つのものが支配している。快楽への欲望と、最善を目指す理による思いなしである。後者が勝利すれば、それは節制であり、前者が勝利すればそれは放縦である。

(2c)放縦には多くの種類があり、顕著になるものに応じて人はその名で呼ばれる。

・食べ物への欲望の勝利。暴食漢。

・酒への欲望の勝利。

など

(2d)これと並んで恋（エロース）は、美しさへの欲望の勝利である（「エロース」という名の語源解釈が加えられる）。

ここでスピーチに短い中断が挿入される。ソクラテスは自分がすでに神がかりのような状態になっていることに言及する。このままだともしかすると話が進むとニュンペーに取り憑かれてしまうかもしれない。自分は、すでにディテュランボスの語り方になっている。それもこれもパイドロスのせいだ、と。

二、恋（エロース）の評価

(1) 恋している間

(a) 善悪の側面

三つの側面で害悪である。

(i) 魂に対する害悪

恋する者は相手を自分にとって最も快い者にしてしまう。恋という病気にかかっている者にとっては、力が強いもの、対等な者ではなく、抵抗しない者が快い。したがって、恋する者は相手が自分より強い者、対等であることが我慢できず、相手を常に自分より弱いもの、劣った者にしようとする。魂の面では、無知で、臆病で、語る能力を欠いた者、愚鈍な者が、知恵のある者、勇気ある者、弁の立つ者、鋭敏な者よりも劣っている。恋する者は相手がそういう劣った者になると喜ぶのだ。

さらに、恋する者はねたみぶかく、相手が多くの有益な交際を持たないように妨げる。特に重大なのは、愛知の営みから妨げられ、知恵を得ることができないことである。恋する者は、相手が無知のままでいて自分だけに目をむけるようにする。これは最大の害悪である。

そういうわけで、恋する者は相手の魂に大きな害悪を与える。

(ii) 身体に対する害悪（二三九C—D）

恋する者は、身体についても同様に相手が弱く劣っていることを求める。ひ弱で、外面的に飾られた女々しい身体を求める。これらは明らかであるので、一言で要約できる。「戦争やその他すべて重大な試練が起こったときに、敵は安心してそれに立ち向かってくるし、味方はと言えば、恋する者自身でさえその頼りなさに恐れを抱くような、そのような身体」なのだ、と。

(iii) 所有するものに対する害悪（二四〇A）

恋する者は、相手から父母、兄弟、友人が奪われると喜ぶ。恋する者はそういう人たちを、自分との交わりを妨げる邪魔者とみなすからである。また、恋の相手が金銭などの資産、財産を持たないのを喜ぶ。持っていれば、捕まえるのが難しくなるし、捕まえた後も相手を自由に扱うことができないからである。恋する者は、相手が妻も子も家もない者であることを祈り、自分ができるだけ甘い蜜を吸うことを望む。

(b) 快苦の側面（二四〇B―E）

たしかに他にも悪はあるが、それらにはたとえいっときでも快楽が伴うものである。おべっか使いしかり、娼婦しかり。しかし、恋する者はその相手に苦痛を与えるだけである。同年代の付き合いでさえ、飽きることがある。特に強制されるときにはそうである。ましてや、恋する者は年長である。そして、恋する者は誰よりも「強制」を相手の子に差し向ける。彼は相手の子を見て、聞いて、触れていると快楽を感じ、それはまるで虻に追い立てられるようである。一方、相手の子には何の慰め、快楽もない。老いた顔を見なければならないこと、そういう相手と接しなければならないこと、誰と会うにも監視されること、大げさな褒め言葉を聞くかと思えば、非難の言葉を浴びせられる。相手がしらふでもそれは耐えがたいのに、酔っ払ったときには醜悪でもある。

このように、恋する者との付き合いには快楽はまったく欠如していて、苦痛だけがあるのだ。

(2) 恋がさめた後(二四〇E—二四一B)

恋する者は、相手にとって、恋している間は害悪であり苦痛であるが、恋がさめた後は不実な者になる。これまでの恋(エロース)と狂気の代わりに、正気と節制を自分の支配者として立てるようになる。恋する者は、恋している間に多くの約束をした。相手の子は約束された将来の善の希望によって現在の苦痛な交わりを耐えていたのである。しかし、その約束を果たす段になって、恋する人は恋からさめ、これまでとは別人になってしまう。相手の子は、そのことに気がつかず、同じ人と話していると考えて、これまでの約束を果たすように求めるが、恋からさめた者は約束を破り、相手の子から逃げる。相手の子はさっきと逆に追いかけなければならない。怒りのあまり呪いの言葉を口にしながら。追いかける者と追いかけられる者が逆転する。

(3) まとめ(二四一C—D)

最初から知らねばならなかった教訓は、いついかなるときも、恋している者の求めに応じてはならないということである。そうでなければ「不実で、不満が多くて、ねたみ深くて、不快で、財産に害を与え、身体の状態に害を与え、そして何にもまして魂の教育に最大の害を与える者に自分自身を譲り渡すこと」(二四一C)になってしまう。ソクラテスは「狼が子羊を好むそのように、恋する者(エラステース)は子を愛でる」という教訓の言葉を述べたところで、スピーチを中断する。

イソクラテスのパロディーか――このスピーチについては、その話者として具体的にイソクラテスが意図されている、あるいはそこまで行かなくても少なくともイソクラテス的な弁論家、ソフィストが意図されているとの推察（Brown and Coulter）もある。根拠としては、「哲学」や「実在」などのプラトン的な用語が用いられているにもかかわらず、それがプラトン的な意味を排除しない一方で、それらのまったく別な俗な意味も持っている点が、イソクラテスが標榜した amphiboly の方法に合致すること、スピーチの冒頭で話者が自分が恋していることを隠して、表面上高尚な徳を装うにもかかわらず、実際は自分の利益になることを目指すという二重性が、イソクラテスが第二弁論『ニコクレスに与う』の弁論で行なった実践的な意味と合致することなどが挙げられる。このスピーチで徳として挙げられる「知恵」、「勇気」、「弁の立つこと」、「鋭敏さ」のうち最初の二つは少なくとも言葉のうえではプラトン的な徳であるが、後の二つは非プラトン的なものである。これも amphiboly の一つで、対立する聴衆の両方に八方美人的なリップサービスをするイソクラテスのやり方とも見られる。有権者のどの層にも見かけ上納得できるような表面上の言葉遣いを探す政治家のようなやり方である。

このスピーチの対話篇上の役割――しかし、このスピーチをプラトンがイソクラテスのパロディーとして意図していたということがあるとしても、対話篇の中でこのスピーチがどのような役割を与えられているかの方がずっと重要な問題である。決定的に重要なのは、後の箇所で、ソクラテスの二つのスピーチはどちらも、「知識を持った人」が聞き手を逸らせて導く実例とされていることである（二六二C―D）。たしかに、内容的には、第一のスピーチは不敬虔で恐ろしく、愚かで、真実ではないとされている（二四二D—E）。しかし、語る内容はともかく、弁論の技術としては、二つのスピーチに優劣があるとは語られていない。どちらも「知識を持った人」が語ったものであり、対話篇の後半で持ち出される技術による説得の事例なのである。イソクラテスが「知識を持った人」であるかどうかはともかく（おそらくそうではないのだろう）、仮にこのスピーチがイソクラテスのパロディーだとしても、知識を持った人がそのパロディーを通じて聞き手を欺いたのである。このことは対話篇の構成上動かない。

三・五　間奏その二（二四一D—二四三E）

突然ソクラテスはスピーチをやめてしまう。ソクラテスのスピーチの最後はディテュランボスを通り越してすでに叙事詩の調子になっていた。ソクラテスはこのまま続けてニュンペーに取り憑かれるのを避けるためにスピーチを切り上げたのだ。パイドロスはソクラテスのスピーチはまだ話の途中であって、恋する人についてその非難については語ったが、あとの半分は恋しない人の賞賛について同じだけの分量が語られるだろうと思っていた。なぜ半分でやめてしまうのか、とパイドロスは問う。ソクラテスは非難を内容とする部分ですでに賞賛のために用いるべき叙事詩の調子になってしまっていたのに、自分が賞賛をやりはじめたらとんでもないことになって、間違いなくニュンペーに取り憑かれてしまうだろう、と言う。残りの話については、一言「一方の人をぼくはいろいろ悪しざまに言ったが、それらすべての反対の善がもう一方の人には備わっている」（二四一E）で済ませて、川を渡って帰ろうとする。これ以上パイドロスに無理難題を強要されてはたまらない、と。ソクラテスは自分が神がかりになりかけたことでかなり取り乱した様子である。対照的にパイドロスは平気なもので、今ちょうど真昼になったところで暑さもひどいから、もう少し話をして涼しくなってから帰りましょう、と言う。

だが、まさに川を渡ろうとしたときソクラテスはいつものダイモンの声を聞いた。今回もいつもと同じくダイモンの声はソクラテスの行為を止めた。それはソクラテスに償いをしないで立ち去ってはならないと言っている。どうやらソクラテスは過ちを犯してしまったようだ。ソクラテスは先ほどのスピーチの最中にもすでに胸騒ぎを経験し、自分が何か神々に罪を犯しているのではないかと感じてはいたのだが、もうすでに過ちが何なのかはほぼ見当がついた、と言う。ソクラテスは自分の話は愚かで不敬虔な話であって、それゆえ恐ろしい話だったと説明する。エロス神はアプロディテの子で何らかの神であるのは確かだ。そうすると、神である以上それが何か悪いものであるはずがない。それなのに、自分の話もリュシアスの話もエロスを悪く言った。この点で二つの話は不敬虔である。さらに、それらは健全なこと真なることを何も語っていないのに何か値打ちのあるもののように装っている。人間どもをだまして名を上げれば偉いのだ、と言わんばかりに。この点で二つの話はきわめて愚かである。

ここで第一のスピーチの自己批判として述べられる言葉、「人間どもを何人かとにかくだまして、そういう人たちの中で有名になれば偉いのだ」(二四三A)は、後の二七三E—二七四Aにおいて、本当の弁論術は奴隷仲間の人間を喜ばせるのに用いられるべきではなく、主人たる神を喜ばせるのに用いられるべきである、という主張と対応しているとみなせる。これは『パイドロス』の主題である説得の技術にかかわるものではなく、むしろ弁論の内容についての主張であるということに注意しなければならない。ソクラテスの行なう二つの弁論に、後に述べられる言論の技術としての差はない。その内容に差があるのである。

ともかくソクラテスはみそぎを行なわなくてはならないが、過った物語を語ったことについては「古くからの浄め方」がある、とソクラテスは言う。ホメロスはそれを知らなかったから、ヘレネについて悪く言ったことでみそぎを行なわず、盲目にされたままになったが、ステシコロスはヘレネについてホメロスと同様のことを語った後盲目にされたが、このみそぎを行なって視力を回復した。ステシコロスの行なったみそぎとは、「パリノーディアー〔取り消しの歌〕」と呼ばれる歌を歌って、前の誤った歌を取り消したことである。ソクラテスは、ステシコロスよりもさらに一歩進んで、何かひどい目に合う前に自分も取り消しの歌を歌おう、と言う。今度は頭を衣で隠したりせず、堂々と歌うのだ。

パイドロスはまた話を聞けるというので喜ぶ。ソクラテスは先ほどの話がどれほど恥知らずであるかをパイドロスに説く。高貴な性格の穏やかな人がさっきの話を聞いたら、「この話をやっているやつらはどこか船乗りたちの間で育ったろくでもないやつで、自由人にふさわしい恋など見たことがないような連中だ」(二四三C)と考えるだろう。ソクラテスはこの人の前で恥ずかしく思うこと、また、エロス神自身を恐れることから、「耳に残る塩辛さを真水の言論で洗い流す」(二四三D)ように、取り消しの歌を歌うのだと言う。同罪のリュシアスにも同じことをするように忠告したうえで(パイドロスはそれを請け合う)、ソクラテスは再びスピーチを始める。

三・六　パリノーディアー（二四三E―二五七B）

三・六・一　少年への呼びかけ（二四三E）

ソクラテスは、前のスピーチで自分が語りかけた少年に再び呼びかける。「どうかあの子がこれも聞いてくれますように、そして、聞かないで恋していない者の求めに早まって応じることがありませんように」と。そしてパイドロスは、自分がその少年の役割を引き受けるかのように言う。「あの子はあなたのすぐそばにずっといますよ」と。

三・六・二　三つの神的狂気（二四四A―二四五B）

恋が狂気であるからというそれだけの理由で、恋する者よりも恋しない者の求めに応じなければならないと論じるのは間違いである。なぜなら、狂気がすべて悪いというわけではないからである。むしろ、人間にとって最も善きことは狂気、ただし神が与えた狂気によって生じる。このようにソクラテスは言う。後にこのスピーチの中で恋、エロースはそういった神与の狂気の一つであることが明らかにされるのだが、その前にソクラテスはエロース以外の神与の狂気の例を三つ挙げる。第一に挙げられる神的狂気（後の二六五Bでは、これはアポロン神に帰せられる）は、予言の術である。デルポイやドドネにおける予言、その他の予言の術はギリシアに多大な貢献をしてきたが、それらは巫女や神官に神が与えた狂気である。それに比べて、狂気を用いず、正気な者が理性を用いて行なうタイプの予言術は大いにその働きが劣る、とされる。第二の神的狂気（後の二六五Bではこれはディオニュソス神に帰せられる）は、秘儀である。それは「どこか古い罪に由来するきわめて重い病と労苦からの解放」を見つけ、「一族のある者どもの中に狂気が生じて神託を与え、それを必要とする者にそれらの病と労苦からの解放」を発見してやる。第三の狂気はムーサたちの与える詩歌についての狂気である。神から与えられた狂気による詩作は、正気の者の詩作よりもはるかに優っている。

ソクラテスは恋、エロースがこれらの三つの狂気と同じく、神から与えられた狂気であり、それは最大の幸福をもたらすということの「論証」(二四五C)にとりかかる。

三・六・三　魂の不死証明(二四五C―二四六A)

その論証の最初には魂の不死証明が置かれている。自らを動かすものとしての魂が不死であることを示そうとするこの論証は、きわめて簡潔で格調高い文体で書かれていて、詩的表現に満ちたパリノーディアーの中で異彩を放っている。これについては補註Fを参照されたい。

三・六・四　魂の姿――翼をもつ二頭の馬と馭者(二四六A―B)

魂の不死証明を提示したソクラテスは、次に「魂の姿」(二四六A)について述べなければならないと言う。しかし、これについては魂が「何に似ているか」以上のことは述べられない。魂の姿を直接述べるには長大な神の叙述を必要とするからである。そこで有名な魂のイメージが語られる。魂は「翼を持った二頭立ての馬と(翼を持った)馭者の、本来からいっしょになった力」に似ているとされる。神々の馬は二頭とも善い馬であるが、われわれ人間の魂の馬の一頭は悪く、一頭は善い。そのおかげでわれわれの魂の馭者の手綱さばきは難しくなる。

三・六・五　死すべき動物と不死なる動物（二四六B―D）

ここで「死すべき動物」と「不死の動物」がどうしてそのように呼ばれるようになったかについて推察が述べられる。すでに証明されたように魂はすべて不死であるので、この「死すべき動物」という言葉は魂の不死性と両立する仕方で説明されなければならない。魂が翼を失ったときに土の性質を持つ身体をつかまえ、それを動かすようになる。実はその魂と身体の複合体が「死すべき動物」と呼ばれているのである。それに対して「不死なる動物」はわれわれの愚かな思考の産物であり、よく考えられたものではない、とされる。しかし、ソクラテスはこの「不死なる動物」については、断定を避け、神の心にかなうようにそういう仕方であるとしておこう、と述べる。

三・六・六　翼の喪失の原因（二四六D―二四九B）

しかし、いましがた述べられた「魂が翼を失う」のはどういう理由によるのか。その原因が語られなければならない。

翼の本性とそれを育むもの（二四六D―E）――翼の本性は「重いものを上に持ち上げて、神々の種族が住むところまで運ぶこと」にあるとされる。そして、それは「身体［物体］にかかわるものどものうちで、それは何か最大限に神的なものと交わる」。そして、それは「美しいもの、知恵のあるもの、善きもの」などによって養われ、それらとは逆の「醜いもの、悪いもの」などによって衰弱し、滅びる、と言われる。

神々の行進（二四六E―二四八A）――ここでゼウスを初めとする神々とそれに従う魂たちの天空の頂上への行進が描かれる。神々の魂は容易に天頂まで登っていくが、他の者たちは悪い馬に手こずってやっとのことで登っていく。「［神々の］魂たちは、頂点に達すると、外に出て天の背に立つ。立つと彼らを天の回転が運ぶ。そして、彼らは天の外側を眺めるのだ」（二四七B）。その眺めは、魂の食事の宴にたとえられる。魂の翼はその眺めによって育まれるのである。

天を超えた世界（イデア界）についてはは比喩ではなく真実を語らなければならない、とソクラテスは言って、イデア界の描写を始める。色も形もなく触れることのできない真実在イデアは、魂の舵をとる思惟によってのみ見られるのであって、本当の知識はそれについて成立する、と。神の思考、さらに本来の食事に配慮する他の魂の思考は、それによって育まれる。天空の外の眺めはそれらの魂を饗応する食事である。天が一回転する間魂は正義そのもの、節制そのもの、知識そのものを見る、と言われる。知識については、「われわれが今『ある』と呼んでいるようなものごとの中に成立する知識」、つまり、「別のものごとの中では別のものになる」ような知識ではなく、「真に存在するところのものの中に成立する真の知識を見る」と言われている（二四七E）。それらの魂本来の食事を得た魂たちは、再び天の内側の住みかに帰り、馬を休ませて、馬たちにアンブロシアとネクタルを与える。

その他の魂の運命（二四八A―C）――神々の魂がこのような生を送るのに対して、他の魂は最もよく神に従うことができるものであっても、天の外を見るのに相当の苦労を要する。天の外にかろうじて頭を出すが、悪い馬が暴れるので思うようにならない。頭を持ち上げたり沈んだりするので、真実在であるイデアのすべてを見ることができない場合がある。どの魂も上に出ようとするがそこで大変な混雑、混乱が生じ、多くの魂が翼に損傷を受け、羽を折ってしまう。イデアを見ることができなかった魂は、翼に対する本来の栄養を得ることができず、それより劣った「思いなし」による栄養を用いることになる、と言われる。

さらにここでも、天の外の領域に魂の翼の養分があることが繰り返される。ここではそれは「真実の平原（*τὸ ἀληθείας πεδίον*）」と呼ばれ、その養分は牧場からとれる牧草になぞらえられている。

アドラステイアの掟（二四八C）――「アドラステイアの掟」は「不可避の法」の意味であるが、魂が翼を失う原因、そして翼を失った魂がその後にどのような生を送るかについての定めである。

・神に従って天を回転し、真実在のうちの何かを見た魂は次の回転の機会まで無事である。
・真実在を見ることができず、運悪く忘却と悪徳に満たされて地上に落ちた魂は、最初は人間に宿る。
・真実在を見たことがない魂が人間に宿ることはない。
・最初の人間の生においては、魂が真実在をどれだけ見たかに応じて次の順位がつけられる。

第一位――哲学者、美を愛する者、ムーサの徒、恋する者

第二位――合法的な王、戦士、支配者
第三位――政治家、家を取り仕切る者、金儲けをする者
第四位――体育家、医者
第五位――予言者、秘儀にたずさわる者
第六位――詩人、真似にかかわる者
第七位――職人、農夫
第八位――ソフィスト、民衆を扇動する者
第九位――僭主

・正しい生を送ったものは、次回によりよい生の、不正に生を送った者はより悪い生の割り当てを得る。
・翼を失った魂は、もとの場所へは一万年戻ることはない。ただし、哲学した者（哲学とともに子を恋することをした者）は例外で、そういう生を三回連続で選んだならば三千年目にもとの場所に帰還する。
・魂は生を終えると審判を受け、地下の牢獄に行くか、女神ディケによって持ち上げられて天国で過ごす。
・それらの魂は、千年目に（選択の順番を決める）くじと選択によって次の生を選ぶ。そこでは人間に宿っていた魂が獣に宿ることもあるし、その逆もある。

三・六・七　哲学とイデアの想起（二四九B―D）

このように、人間は誰でもかつて神に従って天外に頭を出してイデア、実相（エイドス）を見たことがあり、

それをこの生においては想起することができる。想起は、感覚から由来するのであるが、理知の働きによって達成されると言われる。哲学者は最もよくその想起を行なうので、哲学者の魂がより早く翼を具える定めは正当なのである。「神がそれらのもの［実相］のそばにいることによって神的な存在であるところの、そのそれらのものに、哲学者の魂は記憶によって可能なかぎり常にそばにいるからである」（二四九C）。神を神たらしめるものは、神がイデアのそばにいることによるのであり、哲学者は記憶によってイデアのそばにいることができ、その点で神のあり方をなぞっているのである。しかし、哲学者は想起の手段によって、完全な秘儀を達成した者であるにもかかわらず、普通の人間たちが熱心になっていることをまったく顧慮しないために、大衆によって正気を失っていると言われてしまう。しかし、哲学者本人は大衆のことなど気にかけることはない。

三・六・八　第四の神的狂気としてのエロース（二四九D―二五〇A）

ここに来て、恋、エロースが第四の神的狂気であることがついに明言される。それは、人間の魂がこの地の美、すなわち美しい者（美少年）を見て、かつて神と共に見た天外の美を想起し、再び翼を生やそうとする経験なのである。これは狂気として人々から非難されるが、実は神の与える狂気のうちでも最も善きものである。人間はすべて真実在イデアをかつて見たことがあるのだが、この地のものからかの真実在を想起することができる魂は多くはない。もともと真実在を見たのが短かった魂もあるし、この地で不正に染まってすっかりそれを忘却してしまった魂もある。しかし、真実在を想起できる少数の魂は、その経験によってすっかり打たれてしまい、自分を制御できなくなる。そして自分の経験が何なのか説明できない。

三・六・九　美の記憶（二五〇B—C）

ここでさまざまな真実在イデアのうち、美のイデアの持つ特殊性が述べられる。他のイデア、〈正義〉や〈節制〉などはこの地にあるそれらの似像に輝きがなく、そこからもとのイデアを想起することができるのはほんの少数の者だけである（ここで記憶への捧げものとして、スピーチには脱線があるが（二五〇B—C）、これについては次の段落で述べる）。さて、それらの他のイデアに対して、美のイデアの似像はこの地でわれわれの持っている感覚のうちで最も明瞭なもの、すなわち、視覚を通じてやってくる。たとえば、〈思慮〉の似像は視覚でとらえられない（もしできたとしたら、それは恐ろしいほどの恋をもたらしたはずである）。実際には、美のイデアだけがその割り当てを得た。だから、それは最も明瞭で恋しいのである。

さて、脱線であるが、ここではソクラテスは「私」という一人称を用いて、自分がゼウスに従って至福の光景を見たことの思い出を思わず熱く語ってしまう。われわれが受けていた秘儀は最も幸福な秘儀であった。われわれは（傷つかず）完全で、清らかであった。今のわれわれのように肉体（ソーマ）の墓（セーマ）に縛り付けられていなかった……と。

三・六・一〇　恋に落ちる魂（二五〇E—二五二C）

こうして美のイデアのこの地での似像である美しい者（美少年）の姿を見て魂が恋に落ちるとき、その魂をもつ人間がどのような経験をするかが次に述べられる。まず、「秘儀を受けたのが最近でない者」や「堕落してしまった者」が、肉体的快楽に身をまかせて獣のように相手と交わろうとすることが述べられる。そして、その後で美のイデアの想起ができる者の経験が語られる。その人は、まず相手の子の姿を見たときに、震えに襲われ、天外の美のイデアを見たときと同じ恐れの感情が生じる。そして、神に対するようにその子に生け贄を捧げようとさえする。

ここで描かれる恋の経験は、性的な興奮状態の記述になぞらえて描写されている。そしてその描写は自然哲学者たちの生理学的理論に似た表現で行なわれている。恋する者は目から美の流れを受け取り、それによって内部から熱せられる。その熱で羽が発芽するところが融け、長くかさぶたで塞がっていたところに羽が生え始める。魂全体が沸き立ち、歯が生え始めた人が経験するようなむずがゆさ、いらだたしさを恋する者は経験する。相手の子の姿を見てその美の流れを受け取り、熱せられると苦痛はおさまるが、そうでないと羽の生えるところが固まってしまって、羽の芽が内部に閉じ込められてしまい、それが出口を突っつくことで、狂乱して苦しむが、同時に、子の美を思い出して喜ぶ。

恋する人はこのような快苦の混じった経験からどうしようもなく狂ってしまうのであるが、夜も眠られず、昼はじっとしておられず、ともかく相手の子の美を目にできるところに行こうとする。相手の子だけが自分の苦悶を癒やしてくれる医者であって、その他のものは、親も兄弟も知り合いも、財産も、しきたりも体裁も以前と違ってまったく顧みることがなくなってしまう。

これが人間の言うエロースなのだが、しかし、神々の間では、これは「プテロース〔翼を持つ神〕」と呼ばれているのだとソクラテスは、ホメロスの末裔の作とされる叙事詩の一片を引き合いに出してこの部分を締めくくる。

三・六・一一　従う神々に応じた恋のタイプ（二五二C―二五三C）

次に説明されるのは、恋する者が相手の子に接する仕方が、それぞれの人がかつて付き従った神の性格に対応していることである。各人は付き従っていたそれぞれの神を真似て人生を送る。そして、自分の性格に合った恋の相手を選び出し、その子をできるだけ自分の神に似たものにしようとする。ゼウスに従っていた者は、魂において高貴な者を、さらに、知を愛し、導き手にふさわしい者を相手に選ぶ。そしていっしょに愛知（哲学）の営みに従事することで、自分の神の活動を人間に可能なかぎり獲得する。

他の神の場合も同様である。ヘラに従っていた者は、王の性格である相手を求める。アレスの従者は、相手から不正を受けたと考えたときには、相手を殺して自分も死ぬようなことまでするが、これも自分の神の性格を受け継いでいることによる。そしてアポロンその他の神に付き従っていた者たちについても同様であると述べられる。このように真実の恋をする者は皆、自分も神を真似、相手の子も神に似せようと最大限の努力をする。これは秘儀でもあるのだが、その熱望と秘儀は恋する相手にとって美しく幸福なものとなる。

三・六・一二　恋の相手を捉える（二五三C―二五五E）

しかし、これらの幸福な恋が実現するのも、相手の子が獲得されるという条件が満たされたときである。

では、恋の相手はどのように手に入れられるのか。これが次に語られることになる。

二頭の馬の徳と悪徳（二五三C—E）——ゼウスの徒である哲学者が恋の相手を得るには、大変な格闘が必要であることが明らかになるのだが、それを説明するために、まず魂の姿の似像であった二頭の馬と御者の比喩を引きついで、ここでその馬の素性が語られる。善い馬は姿が美しく、言葉だけで御者の命令に従うので、鞭打つ必要がないのに対して、悪い方の馬は醜く、言葉に耳をかさず、「鞭と突き棒でようやく言うことを聞く」（二五三E）。

恋する魂の格闘（二五三E—二五四E）——恋する者の格闘は、悪い馬を制御することに向けられるが、それには大変な困難が待ち受けている。悪い馬は、相手の子との性的な交わりを求めて御者と善い馬を無理やり引っ張っていく。あまりの強制に御者と善い馬はしぶしぶ相手の子に向かって進んで行くが、その子のそばに来たときに相手の子が映している美の記憶が呼び起こされ、「〈美〉が〈節制〉と伴に清らかな台座に立っているのを」（二五四B）見る。そして、畏怖の念に打たれて、後ろに倒れ、手綱を力いっぱい引く。いったん相手から離れると、悪い馬はみから受けた痛みがやむやいなや御者と善い馬に「臆病だ、勇気がない、持場を捨て同意を破った」（二五四C）と罵倒の言葉を浴びせる。しばらくするとまた悪い馬は前と同じように相手の子の方に御者と善い馬を引っ張って進んでいくが、再び〈美〉のイデアの似像を見て、御者は前と同じように手綱をさらに強く後ろに引っ張る。悪い馬は再び口を血で染めることになる。このようなことを何度も経験することで、ようやく悪い馬は傲慢さを失って、御者の言うことを聞くようになる。このような格闘の末、悪い馬を制御した後ではじめて、恋する者はゼウスの徒にふさわしいやり方で相手の子に接することができるようになるのである。この箇所の格闘と最終的な勝利は、ホメロスの戦闘シーンを彷彿とさせる文体で語られている。

恋反射（二五五A—E）——恋される相手の子は、やがて恋する者との交際を始めるようになる。そして、恋する者の思いやりに打たれ、「他の友人や身内が与えてくれる愛情のすべてを合わせても、神を内に持つ友のそれに比べれば、それらはほとんど無に等しいのだ」（二五五B）と認識するようになる。そうするうちに、少年から流れ出て恋する者を満たしていた美の流れが、恋する者の中でいっぱいになって溢れ、逆にもとの少年の方に帰っていく。そして、恋する者と同じように、その流れは少年の眼から入って魂を興奮させ、翼を生えさせようとする。少年は恋をするのだが、何に恋をしているのかわからない。実は、ちょうど鏡の中に自分を見るように恋する者の中に映った自分に恋しているのだが、少年はそれに気づかない。少年の恋は恋反射（アンテロース ἀντέρως）なのである。彼はそれを友情だと考える。そして、恋する者を求めるようになるが、その度合いは相手よりは少し弱い。やがて、二人はどちらも相手に触れて、口づけをし、いっしょに寝ることを欲するようになり、実際そうするようになる。

三・六・一三　恋の成就（二五五E―二五六E）

ここまでで、恋する者と恋される者は、いっしょに寝るところまで進んでいる。この後はいよいよ恋の成就である。ここでも、最上の恋の形態とそれに少し劣る形態が述べられる。

最上の恋の形態（二五五E―二五六B）――さて、相手の子が恋する者を受け入れてくれたとき、恋する者の魂の悪い方の馬は「ちょっとばかりの肉体的快楽を得るのが正当だ」とそそのかすのに対して、少年の方の悪い馬は途方にくれるが欲望に膨れ、少年はもし求められればそれに応じてもよいという気持ちになる。少年の御者と善い方の馬は、それに対して恥と理性をもって抵抗する。ここが、二人の恋が最上のものとして勝利できるかの分かれ目である。彼らの「よりよい思考の方が秩序ある生活、そう、哲学へと彼らを導いて勝利するなら」彼らのこの世の生は最高に幸福なものとなり、オリンピック競技三番勝負の一つに勝利したことになる。これが最上の恋の成就である。

少し劣る恋の形態（二五六B―E）――それに対して、最上の恋よりも少し劣る形態においては、酒に酔ったときなど何か気が緩んだときに二人の悪い馬が肉体の交わりへとそそのかし、一線を越えてしまう。そして、いったん一線を越えた後は、何回か同じような行為に及ぶが、それは稀であるとされている。この二人の恋も最高のレベルではないにしろ、評価は低くない。二人は親しい者として人生を終わり、もう少しで翼を生やすところまで到達する。彼らが恋の狂気から得る報酬はつまらないものではない。「彼らはいっしょに進みながら輝かしい喜びの生を過ごして幸福となり、もし彼らに翼が生えることがあるなら、恋のおかげでいっしょに翼が生えるのが法の定めなのだ」（二五六E）。

三・六・一四　結論（二五六E―二五七A）

ソクラテスはここでこのスピーチ全体の結論を述べてパリノーディアーを締めくくる。神からの狂気としての恋からはこれまで述べられたような贈り物が与えられるのに対して、恋していない者と交際することが与える施しは、所詮死すべきもの、けちくさいものにすぎない。そのような交際にかかわるひとは畢竟地の下でさまようだけである。

三・六・一五　祈り（二五七A―B）

パリノーディアーは（そして対話篇の前半は）エロス神への祈りによって終わる。このスピーチが「詩的な語り方」をしなければならなかったのは、パイドロスのためであるとソクラテスは述べる。そしてソクラテスはエロス神に、先ほどの話で怒ったりせず、どうか大目に見て、自分に与えてくれた恋の技術を取り上げないでほしいと祈願する。さらに、ソクラテスは、リュシアス、パイドロスの両人が哲学に向かうようにという哲学の勧めの言葉を述べる。対話篇の前半はこれで終了する。

三・七　言論についての問題提起（二五七B―二五九E）

パイドロスはソクラテスのパリノーディアーを聞いて、一応感嘆するが、『パイドロス』後半部におけるソクラテスとパイドロスの対話において、直前のスピーチの内容について（すなわちエロースについて）の議論が続くことはない。後半部においては、話題は、ソクラテスのスピーチの中身についてではなく、そのスピーチに対抗する言論をリュシアスが書こうとするかどうかに移っていく。この話題がきっかけとなって対話篇の後半を通じて議論される問題、すなわち、よい言論、立派な言論とは何かが提起されることになる。

三・七・一　ものを書くことと政治家（二五七B―二五八D）

パリノーディアーを聞いたパイドロスは、ソクラテスのこの驚くべきスピーチの内容には立ち入らず、そのスピーチのおかげでリュシアスが平凡に見えるのではないかと恐れる、と言う。ソクラテスがパリノーディアーを語る前に、パイドロスは自分がリュシアスにソクラテスの話と同じテーマについて言論を書くように強制することを請け合っていた（二四三D）。しかし、パリノーディアーが終わると、パイドロスはリュシアスがソクラテスに張り合ってまた話を書く気になるか疑わしい、と言い出す。その言い訳として、かなり不自然だが、パイドロスが持ち出すのが、最近リュシアスがある政治家から「作文屋（ロゴグラポス）」と呼ばれて罵倒された、という話である。パイドロスは、リュシアスがその悪評を避けるために作文を控えるだろう、と言うのである。

ソクラテスは、このパイドロスの考えに対して二つの間違いを指摘する。第一に、（これはソクラテスが本気で言っているかどうかわからないが）リュシアスが他人の言うことをびくびく恐れると考えるのは、見当違いであること。第二に、リュシアスを罵倒した政治家が作文することを非難するつもりであると考えるのは間違いであること。この二点である。

パイドロスは、第一の点には答えず、第二の点に反論する。国の中で権力を持つ政治家は、評判を恐れ、文章を作って残すことを恥じてやらないではないですか、と。ソクラテスは、政治家たちの言葉を額面どおりの意味にとってはいけないと注意する。ナイル川の長くてつらい航路を「心地よきかな」と逆の意味で言うのと同じように、政治家も逆の意味で言っているのだ、とソクラテスは指摘する。さらに、ソクラテスは、政治家という者は作文すること、作文したものを残すことを何よりも愛しているのだということを示す事実として、政治家の立法における「作文」について語る。「［政治家たちは］いったん何か文章を書いたなら、それを褒めてくれる人がそれはそれは大好きじゃないか。どこでもそれを褒めてくれる人がいたら、その名前を最初のところに並べて書き加えるぐらいだからね」とソクラテスは言う。これが立法のことを指しているとパイドロスは最初気がつかないのは無理もない。

どういう意味かと尋ねるパイドロスに、ソクラテスは政治家たちが立法に際して取っている態度を描写する。政治家の出す法案の最初に「評議会によって認められた」とか「国民によって認められた」とか「評議会と国民によって認められた」という言葉が置かれる習慣があることを指して、政治家は法案の最初に賞賛者の名前を並べるのだ、とソクラテスは言う。そしてその後に法案を提出した自分の名前が置かれることを指して、もったいぶって自分のことを賛美して言うのだ、と指摘する。法案の中身はその後に置かれるのだが、そういう長い前書きを置くのは、政治家が自分の知恵を賞賛者である民衆に示すためなのだ、というのがソクラテスの理解である。そして、政治家は法案が通って石に刻まれると喜び、通らないで消されると悲しむ。これらから、政治家が書くという活動を非難するどころか、崇拝していることは明らかだ、とソクラテスは言う。政治家たちはもし自分がリュクルゴスやソロンやダレイオスのように立法において著名な人物になったら大喜びして、それこそ自分を神のように考えるだろう、そして、後の人たちも彼らに同じような評価を与えるだろう、とソクラテスは言う。だから、そういう政治家が作文をするという点でリュシアスを非難することはありえないことなのだ、とソクラテスは主張し、パイドロスもそれに同意する。

三・七・二　よくて立派な言論とは何か（二五八D―二五九E）

以上のことから、文章を書くことそのものは恥ずべきことではないことが明らかになった。恥ずべきなのは、立派な仕方で語ったり書いたりせずに醜く悪い仕方そうすることなのである。では、語ったり書いたりすることについてどのようにするのが立派であり、また、どのようにするのがそうでないのか、という対話篇後半の主題がここで提起される（二五八D）。これについては、リュシアスを吟味する必要もあるし、書くことにたずさわるあらゆる人々（政治についてであれ、私的なものであれ、韻文であれ散文であれ、専門家であれ素人であれ）を吟味する必要があるとソクラテスは言う。パイドロスは、この吟味を歓迎する。実際、そのような吟味が与えてくれる快楽は、苦痛が先立つような身体的快楽よりも優れているのだ、とパイドロスは言う。

蟬のミュートス（二五八E—二五九D）——そういうわけで、いよいよ対話篇の後半の議論が開始されることになったが、それにとりかかるに当たってソクラテスは、一つの物語、ミュートスを持ち出す。それは頭上で歌う蟬たちについての物語である。蟬たちは昔は人間だったのが、ムーサと歌が誕生したときそれに魅せられてしまい、食べ物をとらずに死んでしまった者たちの末裔なのである。それで、蟬たちはムーサの女神たちに人間たちの誰がどのムーサを尊重しているかを報告するという権限を持つことになった。蟬たちは人間たちの営みを観察し、歌舞においてムーサたちを尊重した人間をテルプシコラに、恋の歌についてはエラトにというふうに、それぞれのムーサに報告することになっている。そして、最高位のムーサであるカリオペとそれに次ぐウラニアには哲学においてムーサたちを尊重した人間を報告する。だから、今ソクラテスとパイドロスも、蟬の声がするこの場所で、居眠りなどしていてはならず、対話によって哲学しなければならないのだ、このようにソクラテスは言う。こうして対話篇後半の本線の議論が始まる。

三・八　本当の弁論術とは何か（二五九E—二七四B）

この長いセクションは、実は『パイドロス』という対話篇の最も中心的な部分であると考えられる。読者は対話篇前半の華やかなスピーチに目を奪われがちであるが、実はそれらのスピーチは、対話篇全体の本筋においては、後半の部分の議論で取り上げられる言論の技術性の有無を示す例示にすぎない。

本当の弁論術とは何かの考察の冒頭においてソクラテスは一つの提案を行なう。よくて立派な語りには、語りの主題になっていることがらについての真実を知っていることが必要なのではないか、と。これは重要な問題提起であって、このセクションのこの後の議論の多くの部分はこの問題を巡って展開されることになる。

ソクラテスの提案に対して、パイドロスは、自分の聞いているところでは「弁論家になろうとする者が知る必要のあるもの」（二六〇A）は真実などではないと応じる。パイドロスが聞いているのは、法廷や議会で知る必要があるのは、善美について本当のことではなく、そう思われることなのだという説である。

三・八・一　馬とロバ、国家と善悪の例（二六〇A―E）

パイドロスの反論を吟味するに当たって、ソクラテスはまず真実を知らないで説得を行なった場合で、その結果が悪くなる仮想的な事例を二つ提示する。一つ目の事例においては、真実を知らない人は、大きな耳を持つ動物（ロバ）のことを「馬」だと誤って考えている人であり、その人が説得を行なう。その人が馬が祖国においても戦地においても、乗用、運搬その他において有用であると説得するという仮想的事例である。パイドロスはその話の途中で思わず「ばかげている」と言ってしまうが、ソクラテスは話を最後まで聞くように言ったうえで、ばかげている方が恐ろしくて害を与える敵よりもまだましであると言って二つ目の事例を提示する。それは、ある弁論家が真実を知らず、悪であるものを善だと誤って考えているのに、国家をその悪をなすように説得してしまうという事例である（二六〇C―D）。

これらの事例においては、説得自体は成立していることに注意する必要がある。これらは、説得は成立するけれども、（真実を知らないことが原因で）その結果が悪くなる例であって、真実を知らないことが原因で説得が不首尾に終わる例ではない。だから、この直後にソフィスト的な弁論術は実際次のように反論する。真実は知るがよい、しかし、その後で私（ソフィスト的な弁論の技術）をもたずしてよりよく説得することはできないだろう、と（二六〇D）。ソクラテスもパイドロスもこの反論が正当であることを認める。議論の本題はあくまで、技術によって説得することは、真実を知ることなしに成立するものなのか、なのである。そして、この後対話はこの本題に向かって進んで行く。

三・八・二　反対弁論をする言論たち（二六〇E―二六二C）

ソクラテスはソフィスト的弁論術の言い分に対して、「ある言論たち」が（まるで法廷で証言するように）進み出て来て「それが言っているのは嘘だ。それは技術ではない。技術を持たない慣れにすぎない」（二六〇E）と強く証言するのを聞くように思う、と言う。そして、その後この言論たちの言い分を聞くという形で、ソクラテスの見解が展開される。

弁論術の領域（二六〇E―二六一D）――第一に、弁論術は「魂を言論を通じて導くこと」であって、それは私的、公的、主題の大小、主題の重大さにかかわらずあらゆる領域にかかわるものである、と主張される。これに対してパイドロスは、それは自分が聞いているところとは違うと異議を述べる。パイドロスが聞いているのは、弁論術はまず何よりも裁判にかかわり、さらに議会にもかかわるということであった。弁論術の領域は裁判での（訴えられている行為、人の）正不正について、議会での（政策、法案の）善悪についてに限られるというのが一般通念であり、パイドロスの意見はそれを反映したものである。しかし、これに対してソクラテスは、裁判や議会で行なわれている議論のやり方は、エレアのゼノンが哲学について行なった議論のやり方と本質的に同じであることを指摘して、あらゆる領域でその技術は同じであると論じる。裁判での弁論術は、同じことが正、不正のどちらにも見えるようにできるし、議会での弁論術は、同じことが善悪のどちらにも見えるようにできる。そして、ゼノンの議論は、同じものが似ている、似ていないのどちらにも、また、一、多のどちらにも、また静止、運動のどちらにも見えるようにできる。このようにそれらは同じ技術なのだ、とソクラテスは主張する。

反対論の技術（二六一D—二六二C）——第二に、このあらゆる場面で同じとされる説得の技術の内容が示される。これはプラトンの考える真の弁論術、本当の説得の技術の内容であり、『パイドロス』という対話篇の一つの核心である。ここで示されている説得の技術によって、人は「［そうできるものなら］どんな二つのものでも似せて見せることができる。そして、他の人がこっそりかくれて似せて見せようとしてもそれを明るみに出すことができる」（二六一E）とされる。さらに、欺きが生じやすいのは、大きく異なっているものよりも少ししか異なっていないものにおいてであり、少しずつ移動するほうが、大きく移動するよりも反対のものに進んでいっても気づかれにくいことが指摘され、そして、他人を欺き、自分が欺かれないようにするためには、「ものごとの類似性と非類似性を正確に知り抜く必要」（二六二A）があり、そしてそのためにそれぞれのものの真実を知る必要がある、との主張がなされる。真実を知らなければ、「一つの有るものから出発して導きながら、その都度少しずつ離れて正反対のものへと類似性を通して少しずつ移動する、あるいは、自分自身はそのことを逃れるという技術を持った者になること」（二六二B）は不可能だ、とソクラテスは述べ、ソフィスト的弁論術が言うところの「言論の技術」は実は技術と言える代物ではないのだ、と結論する。

三・八・三　事例研究（二六二C―二六六C）

ここまでの議論を受けて、弁論の技術の有無についてのいわば事例研究がなされる。対話篇の前半で語られた三つのスピーチが、この事例研究の材料である。ソクラテスは、三つのスピーチについて、「技術に欠けるもの」と「技術によるもの」を見ることを提案し、パイドロスは喜んで応じる。リュシアスのスピーチはまったく技術を欠いたものであることが示唆されるが、それと対照的に「二つの言論（τὼ λόγω）」（二六二C八）の中には、「どうやって、真実を知っている人（ὁ εἰδὼς τὸ ἀληθές）が言論の中で戯れて聞く者たちを逸らせて導く（παράγοι）か」（二六二D一―二）を学ぶ材料がある、と言われる。この箇所での「二つの言論」が何を指すかについては、いくつかの意見があるが、文脈上それがソクラテスの二つのスピーチを指すことは疑いえない。二つのスピーチの語り手が「真実を知っている者」と言われていることが決定的である（補註K参照）。実は、対話篇前半のソクラテスの二つのスピーチは言論の技術を用いて語られていたのである（もっとも、ソクラテスは、いつものとおり、その技術が自分の技術ではなく、この地の神々の技術だと主張するのだが（二六二D))。こうして、リュシアスのスピーチとの対比において、ソクラテスの二つスピーチのどこに技術性があったのかが引き続き吟味されることになる。

リュシアスのスピーチ（二六二E—二六四E）——リュシアスのスピーチの欠陥は、何よりも定義が欠如している点にある、とソクラテスは論じる。言葉には、「鉄」や「銀」のように皆が同じものを思い浮かべるものと、「正」や「善」のように、異論があるものとがある（二六三A）けれども、弁論術は後者の場合により大きな力をもつ。弁論の技術を求める者は、まずこの二つの種類を体系的に分割しなければならない、とされる。「大衆の意見が必然的に定まらないものとそうでないもの、そのそれぞれの種類の特徴的な性格を把握しなければならない」（二六三B）のである。そして、それぞれ自分が出会うものについて「それがどちらの種類に属するかを鋭く知覚しなければならない」（二六三C）。ところで、リュシアスのスピーチの主題である「恋（エロース）」は異論の多い後者の種類に属する。だからこそ、ソクラテスの二つのスピーチは、一つは恋が害悪であると論じた後で、まったく反対に、もう一つは恋が最大の善であると論じることができたのである。ソクラテスのスピーチにおいては、はじめに恋が定義されているのに対して、リュシアスのスピーチにおいては、その定義がない。定義の必要性は、ソクラテスの一つ目のスピーチのはじめにおいても強く主張されていたことである（二三七C—D）。ソクラテスはパイドロスにリュシアスのスピーチの最初を読ませて、そこに定義が欠如していることを確認する。それは定義で始めるべき議論を、むしろ結論から逆に論じてしまっているとソクラテスは指摘する（二六四A）。

さらに、定義の欠如という論点に関連して、リュシアスのスピーチは、有機的構成を欠いている点でソクラテスから批判されることはすでに取り上げた（一八四—一八五頁）。リュシアスの議論を構成する諸部分は、それぞれその場所に置かれている必然性がない。「議論の全体はちょうど動物のように何かそれ自身の身体を持って構成されなければならない、……頭がなくてもいけないし、足がなくてもいけない。まん中も端もなくてもいけない。そして部分のそれぞれと全体にふさわしいことが書かれなければならない」（二六四C）とソクラテスは主張する。さらに、ソクラテスはリュシアスの議論構成を、プリュギアの王ミダスの墓石に刻まれている詩に例える。その詩では、それぞれの行の順番をどのように入れ替えても意味が変らない形式になっている。ちょうどそのように、リュシアスの議論のそれぞれの部分はどこに置かれても構わないようになっているのだ、と。ソクラテスはリュシアスのスピーチを真似するべきではないが、それはいろいろと教訓が得られる実例を含んでいると指摘し、その吟味を終え、自分が行なった二つのスピーチの吟味に移る。

ソクラテスの二つのスピーチ（二六四E—二六六B）——この箇所では、ソクラテスの二つのスピーチが、恋の非難から賞賛へと正反対のことに移行できた理由が吟味される（二六五C）。その核心は、狂気（μανία）という一つの種類の把握とその分割にあった。そしてその方法は問答法（ディアレクティケー）であることが明らかにされる。狂気には「人間的な病から生じるもの」と「慣れ親しんだ習慣からの神的な解放から生じるもの」の二種類があり、後者は四つに分割された。予言術、秘儀、詩的霊感、恋である（二六五B）。問答法は総合と分割の二つの方法からなる。総合の方法は、「多くの場所に散らばっているものを見渡して一つの姿へと導くこと」（二六五D）であり、定義のためになされる、と言われている。分割の方法は、自然本来の関節にそって「再びそれぞれの諸相へと分割できること」（二六五E）である。

その二つの言論は、まず思考が正気を失なった状態を、何か一つの共通な種類として捉えた。そして、一つの身体から自然本来に従って分かれて二つの同名のものがあるように、つまり、左半身と残りの右半身と呼ばれているものがあるように、そういうふうに二つの言論は、思考が狂った状態をわれわれの内に本来ある何か一つの種類とみなしたうえで、一方の言論は左の部分を切り分け、さらにそれを切り分けるのを止めなかったのだ、それらの中に何か左の［悪い］恋と呼ばれるものを見つけて、それを正当にも大変激しく罵倒するまでは。そして、もう一方の言論は、狂気の右側の方へとわれわれを導いて、さっきと同じ名前をもつのだけれども、逆に何か神的な恋を見つけて、それを前面に展示して賞賛したのだ、われわれにとって最大の善の原因だ、とね。（二六六A─B）

これは以下のように解釈できる。真の弁論術を得ようとする者は、まず、さまざまな言葉のうち、「鉄」や「銀」のような異論のないものと、「正」や「善」などのように異論の多いものとを体系的に区別する。そして、「恋」は後者に属することを理解する。「恋」は多義的である、あるいは、多様なものを指示するのであり、真の弁論家はそれを把握しなければならない。問答法のうちの一つの分野、総合の方法はこれを「一つの姿へと導く」のであるが、その一つの姿はもはや「恋」ではなく、「狂気」である。多様なものを「恋」という形で一つに捉えるのではなく、「恋」を他の言葉、この場合「狂気」を用いて一つの姿へと導くのである。その目的は定義を与えることにある。多様なものを「恋」と捉えている間は、それに定義を与えることはできない。「恋」を定義するためには、「恋」を「恋」以外のタームで定義しなければならない。すべての恋は狂気であるが、すべての狂気が恋であるわけではない。すべての恋は狂気の一種であり、その定義は問答法のもう一つの分野である分割の方法を用いることによって成立する。恋には（少なくとも）二つの種類があり、一つは「肉体の美に対する人間的な病から生じる狂気」と、もう一つは「美について神が与える狂気」というふうに定義される。

以上から、弁論の技術の核心は定義にあることが読み取れる。説得においては、主題をどのように定義するかが決定的に重要である。技術によって説得する者は、相手をどちらに導きたいかに応じて、定義を巧妙に選択する。説得の成否はそれに大きく依存するのである。

ソクラテスの自分の二つのスピーチに対する「自己評価」について一つ注目に値するのは、その内容の真実性に対する保留である。二六五Bでは、パリノーディアーについて、「そして、どういうわけかぼくはわからないが、恋の状態をなぞらえて描き、そのとき何か真実に触れてはいたのだろうけれども、たぶん別のところに迷い込んでもいたと思う」とソクラテスは言う。また、分割と総合の方法以外の「他のことはほんとに遊びで戯れに語られたのだとぼくには思える」（二六五C）とも言っている。さらに、ソクラテスは総合と分割の方法で定義を与えることで二つの話が「明確で自分自身に一致したことを」語ることができたと述べるが、それにも、「うまく語られたかまずかったかは別にして」（二六五D）という留保をつけている。ソクラテスの提示する真の弁論術は、真実を知ることを必要とするのであるけれども、その語る内容が必ずしも真実であるわけではない。読者はその点を混同してはならない。

ソクラテスは自分が総合と分割の方法（ソクラテスは総合と分割の方法ができる人を「問答家」と呼ぶ）に恋している者なので、その方法を会得している人がいればまるで神を追いかけるようにその後を追うのだ、と言う。そして、それは自分が「考えたり、語ったりすることができるようになるため」なのだと言う。

三・八・四 「技術指南書」批判（二六六C―二六九C）

以上の検討から、真の弁論術は問答法（ディアレクティケー）をその技術の核心として持つものでなければならないことがソクラテスとパイドロスによって同意された。ここで、果たしてソフィスト的弁論術の「指南書」の著者たちは実際にそれに一致したものを提供しているのか、という問題が取り上げられる。ソクラテスは彼らの指南書に挙げられているさまざまな技法を皮肉たっぷりに列挙し、それが技術の名に値しないと断じる。

ソクラテスが挙げるソフィストや弁論家たちの技法は、その詳細について他に十分な資料が残っていないものも多く、この『パイドロス』の箇所が貴重な情報源になっている。

・まず、言論の構成に関して、(1)序（プロオイミオン）、(2)「事実の陳述（ディエーゲーシス）」、「証言（マルテュリアー）」、(3)「証拠（テクメーリア）」、(4)「蓋然的なこと（エイコタ）」が挙げられる。

さらにそれに加えて「確認（ピストーシス）」と「追加確認（エピピストーシス）」、告発と弁明における

「論駁（エレンコス）」、「追加論駁（エクセレンコス）」がテオドロスに結び付けられて挙げられる。

・エウエノスに結び付けられて、「ほのめかし（ヒュポデーローシス）」、「間接的賞賛（パレパイノス）」、「間接的非難（パラプソゴス）」が挙げられる。

・テイシアスとゴルギアスに結びつけて、真実よりも「もっともらしいこと（エイコタ）」が大事であるという考えが挙げられる。さらに、二人については、「小さいことを大きく、大きなことを小さく見えるように」語る術、「新しいことを古めかしく、逆に古めかしいことを新しく」語る術を、さらに、「すべてのことがらについて、短い言論も果てしなく長いのも」見つけ出した、と言われる（最後の技法は後の二六九Aで言及される「短言法（ブラキュロギアー）」に当たると考えられる）。

・プロディコスはそれを笑い、自分の技術だけが言論の必要な技術であり、それは、「長い言論でも短い言論でもなく、適度な長さの言論」が必要だということだと言った。

そして、ヒッピアスもこの点に関しては同じ意見である。

・ポロスの技法として「畳語言法（ディプラシオロギアー）」、「比喩言法（グノーモロギアー）」が挙げられる（後の二六九Aでは「比喩法（エイコノロギアー）」という語が現われる）。それらを含むポロスの流暢なスタイルが「言論の殿堂」と揶揄され、その殿堂に「流暢さ（エウエペイア）」を作り出すためにリキュムニオスの言葉が贈られた、と言われる。

・それはプロタゴラスのではなかったかというパイドロスに、ソクラテスはプロタゴラスの技法として「正言法（オルトエペイア）」を挙げる。

・トラシュマコスは、嘆きの言論の達人で、さらに大衆を憤慨させたり、逆に静めたりできると言われる。さらに、トラシュマコスは中傷すること、逆に中傷を解くことにかけて並ぶものがない力を持っているとされる。

・最後に、言論の要約が「まとめ（エパノドス）」などの言葉で呼ばれていることが挙げられる。

ソクラテスは、布を日光に照らして吟味することにたとえ、これらのソフィスト的弁論術の技法の吟味を始める。そして、それらを日光に照らすと縦糸にほころびが見られる、とソクラテスは言う。

吟味の結論としては、そういう指南書に書かれているさまざまな「技術」は実は、「技術以前の必要な学びごと」（二六九B）にすぎない、とされることになる。その結論に至る過程で、医者、悲劇作家、音楽家、弁論家のケースが並べて論じられている。医者の場合、体を熱くしたり、冷くしたり、また、嘔吐させたり、下痢をさせたりできることは、医術ではなく、医術以前のことがらである。医術を獲得するためには、「そういうことのそれぞれを誰に、そして、いつ処方するべきか、また、どの程度まで処方すべきかを知っている」（二六八B）必要がある、とされる。同様に、悲劇作家の場合も、小さなことがらについて非常に長い語りを作れることや大きなことがらについてとても短いのも作れること、さらに、嘆きの語りや脅しの語りなどが作れることは、悲劇以前のことがらであり、悲劇には「それらのことがお互いに、そして全体に対してふさわしく構成されている」（二六八D）ことが必要であると言われる。さらに、音楽家についても、「非常な高音と非常な低音に弦を調弦して音を出すこと」（二六八D）は音楽以前のことがらであるとされる。これらと同じようにソフィスト的弁論術の指南書に書かれているさまざまな技法も、弁論の技術以前のことがらであると結論付けられる。

三・八・五　魂の探求（二六九D—二七一C）

ソフィスト的弁論術の教えるところが、技術の名に値しないことを確認した後、議論は、本当の弁論術に必要なのは問答法であるという主張に戻っていくのが自然な流れであろう。しかし、実際の対話では、曲線的なやりとりを経て、弁論の技術についてさらに発展した議論が行なわれる。そこでは最終的に、（問答法の必要性と並んで）説得を作り出す相手である魂の研究の必要性が主張されることになる。

パイドロスは、ソフィスト的弁論術の「指南書」の不適切さに同意したあと、「しかしそうすると、本物の弁論、説得の技術を、どのようにして、また、どこから人は調達できるのでしょうか」と問いかける（二六九C—D）。これまでの議論から考えて、この問いに対する答えは、当然「問答法（ディアレクティケー）によって」であるように思われる。しかし、ソクラテスは直接そのようには答えずに、トップレベルの者になるためには他の領域の場合と弁論術の場合は事情は同じだと答え、それに必要なものとして、素質、知識、訓練の三つを列挙する（二六九D）。弁論の技術を獲得するには真実を知る必要があるというこれまでの議論の文脈から考えて最も重要なのは、二番目に挙げられる知識の中身と役割であるが、その知識の中身と役割は、これまで論じられた問答法（ディアレクティケー）についての内容を越えるものを含んでいる（ただ、問答法がこの内容と無関係であるということではない。魂のタイプの分類には、おそらく問答法、特に分割の方法が用いられると考えられる）。

まず、ソクラテスは理想の弁論家としてペリクレスの名前を挙げ、「技術の中で重大なものはすべて、自然について無駄な長話と天空の探求（ἀδολεσχίας καὶ μετεωρολογίας φύσεως πέρι）をさらに必要とする」（二六九E—二七〇A）と言う。そして、ペリクレスは、弁論については、その素質があったことに加えて、アナクサゴラスから「天空の理論（μετεωρολογίας）」を学び、「知性とその欠如の本性（φύσιν νοῦ τε καὶ ἀνοίας）」に触れ、そこから「言論の技術に対して、それにふさわしいことを引き出した」のだと言う（補註M参照）。その意味を尋ねるパイドロスに対して、ソクラテスは、医術と弁論術を比較して、どちらも同じ方法を用いるのだと言う。医術と弁論術は、どちらもそれが本当の技術であるならば、一方は身体の本性を、他方は魂の本性を分割する必要がある、と（二七〇B）。そして、全体の本性を抜きにして、魂の本性を見て取ることはできない、と言う（二七〇C）。

「全体の本性」については、宇宙全体を指すと考える解釈もあるが、文脈から考えて大多数の解釈に従って魂の全体を指すと理解すべきである。そして、その「魂の全体」は、基本的にさまざまな魂のタイプを網羅した全体を指すのであって、欲望的部分、理性的部分などの魂の諸部分を指すのではないと考えられる（補註N参照）。

ソクラテスの主張はこうである。まず一般的にわれわれが何かに対して技術を持ち、それを他人に教えることができる者になろうとするならば、まず第一にその何かが「単一の相」を持つのかそれとも「多様な相」を持つのかを見なければならない、そして第二に、もしそれが単一なら、何に対してどのような能動的能力を持ち、何によってどのような受動的能力を持つのかを、そして、もしそれが多様な相〔タイプ〕を持つのなら、それらを数え上げたうえで、そのそれぞれについてやはり能動受動の両面で同じことを見なければならない、と。

この一般原則を受けて、弁論術の場合、魂がその「何か」に当たるのだから、本当の弁論術は、まず第一に魂が単一か多様かを見て、第二にそれに応じて能動、受動の両面でそれ（あるいはそれの各タイプ）がどのような能力を持つかを把握しなければならないとソクラテスは言う。そして、さらに第三として、「言論と魂の種類を、また、それ〔魂〕の受ける作用を詳細に分類したうえで、すべての原因を論究するだろう。〔言論の〕それぞれを〔魂の〕それぞれに適合させ、魂がどのようなものである場合にどのような言論によってどんな原因から、必然的にあるものは説得され、あるものは説得されないのかを教えるのだ」（二七一B）と言う。

このように、ソクラテスの提示する本当の弁論術は、魂のさまざまなタイプを見て取って、そのタイプがどのようなタイプの言論によってどのように動かされるかに応じて、用いる言論を使い分け、魂を自分の望む方向に導くものである。パイドロスはそれができればすばらしいでしょう、と述べるが、ソクラテスは、「これとは別のやり方で演示されたものや〔即興で〕語られたものが、技術によって語られたり書かれたりすることはけっしてない」（二七一B）と断言する。

三・八・六　ソクラテスの「指南書」概略（二七一C―二七二B）

ソフィスト的弁論術のいわゆる「指南書」にあるものは、これとは似ても似つかない技法の羅列である。これらの「指南書」の著者は「腹黒い」連中で、本当の弁論の技術を隠しているのだ、とソクラテスは皮肉を言う。そして、ソクラテスは、ソフィスト的弁論術の不適切な指南書に代わって、正しい指南書のアウトラインを示す（二七一C―二七二B）。そこでは、これまでの議論で主張されていたように、さまざまな魂のタイプがどのような言論のタイプによって、どのような原因によってどのようなことがらへと説得されるかを体系的に研究することが求められる。これは本当の弁論家が具えるべき知識の段階である。そして、それに加えてさらに説得の実践の段階が示される。実践の段階では、自分が相手にする人がどのような本性をもつかをふまえて先に学んだ理論に当てはめたうえで、どの言論をどのようなことの説得へと処方しなければならないかを察知する必要性が語られる。さらに、いつ語るべきでいつ語るべきでないかのタイミングを把握し、ソフィスト的弁論術のさまざまな技法についても、それらをいつ使うべきかの機会を把握することが必要とされる。このような方法以外には、技術によって語り、書くことはできない、とソクラテスは再び断言する。

三・八・七　テイシアス論駁（二七二B―二七四B）

このソクラテスの言葉に対して、それは実際に達成するのは大変困難な方法だとパイドロスは不平をこぼす（二七二B）。ソクラテスは、もしこれよりも簡単な道があればもちろんその方がよいだろうと言う。ソクラテスは、結局のところそういう安易な道はないと結論するに至るのだが、「このことの関係者の何人かから」聞いた話として、ソフィスト的弁論術の側から想定される反論を述べる。その概略は、説得を作り出すために大変な苦労をして真実を知るようなことは必要ない、「説得力がある」とは「もっともらしいこと」であって、実際に行なわれたことでもそれが「もっともらしいこと」でない場合は語るべきではないのだ、というものである。

パイドロスはこれに飛びついて、自分の聞いているところはまさにそれだと言う。ソクラテスは、ソフィスト的弁論術の代表者としてテイシアスを相手に選び、テイシアスが実例として挙げたケースを取り上げる。それは、「誰か体が弱々しいが勇猛な人が、体は強いが臆病な人を襲って、着物か何かを奪ったとして、もし彼が法廷に引き出されたなら、そのときはどちらの側の人も真実を言うべきではない」という事例である。この事例にあるように、テイシアスは説得のためには、真実を知る必要などなく、「もっともらしいこと」で十分だと主張するが、テイシアスに向けた反論として、ソクラテスはこれまでの議論の要約を与える形で次のように述べる。

> つまり、誰であれ人は自分の聴衆になるであろう人たちの諸本性をすっかり数え上げて、そして、有るものども（τὰ ὄντα）を形相の下に（κατ᾿ εἴδη）分割し、かつ、一つの形相に照らして（μιᾷ ἰδέᾳ）それぞれを一つのものの下に包括するすることができないならば、その人は言論について人間に可能なかぎり技術を持つ者となることはけっしてないだろう、ということです。（二七三E）

この要約を与えた直後、ソクラテスはテイシアスへの語りを続けながら、この獲得困難な方法を「人間たちに向けて語ったり行為したりするという目的のために引き受ける」（二七三E）ようなことはしてはならず、「神々に喜ばれることを語ることができること、また、神々に喜ばれるような仕方ですべてを可能なかぎり行為することができること」（同）に向けて用いなければならないと言う。真の弁論術自体は、どのようなことがらでも説得できる技術であるが、それをどのように用いるかも当然よく考えなければならない問題であり、弁論術を「神を喜ばせること」に向けるべきだというここでの主張は、それを述べたものであると考えられる。しかし、この「弁論術の正しい使用目的は何か」という問題は、『パイドロス』ではこれ以上論じられていない。この対話篇の主題はあくまで説得の技術としての本当の弁論術が何かであり、その技術によって何を説得するべきかではないので、後者についての議論はこの箇所と次の節でわずかに取り上げられるだけに留まっている。

このあと、ソクラテスは「言論の技術性、非技術性についてはこれで十分としよう」（二七四B）と述べ、対話篇後半の最初に出されていた「書くこと」についての問題へと戻っていく。

三・九　書くことの批判（二七四B―二七七A）

『パイドロス』の議論の最後の部分には、口頭の語りに対して、文字を用いること、そして、一般に書くことに対する批判が置かれている。まず、最初にこの議論が導入される文脈を確認しておかなければならない。二七四Bでソクラテスは言論の技術性についての議論が終わったとみなし、「残っているのは、書くことの適切さと不適切さについてのことだ」と言う。形式的には、二五七Cで「作文屋」と非難されるリュシアスが言論を書くことをためらうだろうというパイドロスの発言について生じた問題（書くことの是非の問題）にここでようやく答えが与えられることになる。そして、ソクラテスはその答えを与える議論を「言論についてどのように行為したり語ったりすれば君は最も神に喜ばれることになるか」という問いで始めている。この問いへの答えを「昔の人たちからの言い伝えなら言ってあげることができる」として、ソクラテスはエジプトの神テウトの物語を語る。このやりとりでの「神に喜ばれること」は、テイシアス論駁の最後の箇所に見られた主張、すなわち、弁論術は「神々に喜ばれること」を語るべきであるという主張に対応するものであるとみなせる。つまり、後の二七八Aの箇所で肯定される「真に魂の中に書かれる言論」の内容が、「弁論術を用いるべき目的は何か」という問題に対する答えの（少なくともその一部）になっているとみなせる。そして、その魂の中に書かれる言論の内容が、対話による哲学の営みであるならば、結局、『パイドロス』の主要部分で提示された本当の弁論の技術は、哲学的対話という目的のために用いられるものだということが示唆されていると考えられる。

三・九・一　テウトの物語（二七四C—二七五C）

ソクラテスは、言論についてどのように行為したり、語ったりすべきかというこの問いに対して、「昔の人たちの言い伝え」なら言ってあげることができる、と言って、エジプトの神話についての一つの物語を語る。エジプトのナウクラティス近郊にイビス（トキの一種）を聖獣とする神テウトが生まれた。テウトは数と計算、さらに、幾何と天文、将棋すごろくを、そしてついに文字を発明した。当時のエジプトの王はタムス（ギリシア人からアンモンと呼ばれていた）であったが、テウトはタムスの城下の（エジプトの）テバイまで出かけて行って、自分が発明したさまざまな技術を披露し、それらの技術をエジプト人たちの間に広めるべきだと説いた。王タムスは、それぞれの技術に批評を加えていった。王の吟味が文字のことになったとき、テウトは「王よ、これを学べば、エジプトの人たちはもっと賢くなり、もっと記憶力がつくでしょう。この発明は、記憶と知恵をもたらす薬です」と言った。王は、技術を産むことのできる者と、技術のもつ害や利益を判断できる者とは別であることを指摘し、このように言った。「これ［文字］はこれを学んだ者たちの魂の中にまず第一に忘却を与えるだろう。記憶しようとしなくなるのだ。なぜなら、書かれたものを信用することによって、その者たちは自分たち自身の力で内から思い出すのではなく、他人の刻印したものによって外から思い出そうとするからだ。だからおまえの発明したのは、記憶することの薬ではなく、思い出させることの薬なのだ。そして次に、これを学んだ者たちにおまえが与えるのは、知恵の思いなしであって、本当の知恵ではない。彼らはおまえのおかげで教えられることなしにたくさんのことを読み、自分たちが大きな知恵を持つと思うようになるだろう。大多数のことについて無知であるにもかかわらず。そして付き合うのが難しい人たちになるだろう。知恵のある者ではなく、知恵があると思う者になってしまうのだ」。

パイドロスは、ソクラテスがエジプトでもどこでも好きな国の話を簡単に作ると揶揄するが、それに対してソクラテスは、ドドネのゼウスの聖地では、最初の予言の言葉は樫の木の言葉だったという言い伝えを持ち出す。当時の人たちはその内容のみに関心があったので、誰が語ったかには注意を向けなかったことをソクラテスは指摘し、話の語り手、創作者が誰かは重要ではなく、話の内容だけが問題なのだとパイドロスに注意する。パイドロスはソクラテスの注意を受け入れ、タムス王の言うとおりだと同意する。それを受けてソクラテスは言う、「そうすると文字の中に技術を残したと考えている人、そしてまた文字から何か明確でしっかりしたことが出てくるだろうと考えてそれを受け取る人」は愚かであると。そして、その誤りは「書かれた言葉が、何かを知っている人が書かれたものの内容を思い出すのに役立つということ以上に値打ちがある」と考えていることにあると指摘する。

三・九・二　書かれた言論の難点（二七六D—E）

次にソクラテスは、書かれた言論の難点を三つ指摘する。第一に、書かれた言論は、絵と同じで、それに対して質問をしても「そいつはいつも同じことばかり一つ覚えのように唱えるだけ」である。第二に、それは語りかける相手を選ばず、ふさわしい人のところにもそうでない人のところにもまったく同じように、どこにでも転がっていく。誰に語るべきで誰に語るべきでないかをわきまえない。第三に、非難を受けても自分で対応できず、いつも（書かれた言論の）父親（である作者）の助けが必要になる。パイドロスはこれに同意する。

三・九・三　生きた言論の種子を蒔く（二七六A—二七七A）

ソクラテスは、書かれた言論に対して、「正嫡」の言論を対比する。その言論は、「学ぼうとする者の魂の中に知識と共に書かれる言論」であり、それは「自分自身を守ることができるし、また誰に語るべきで誰に黙すべきかをわきまえている言論」であると言われる（二七六B）。パイドロスは、それは「知を持つ人の言論、生きていて魂を吹き込まれた言論」であり、「書かれた言論はその言論の何か影のようなもの」だと応じる。

ソクラテスは、書かれた言論をアドニスの祭りで女たちが短期間に育て（そのあと捨て）る植物の種子に、そして先に挙げられた「生きた言論」を農夫が真面目に育てようとする作物の種子にたとえる。思慮のまともな農夫は、大事な種をアドニスの庭に蒔いたりはしない。仮にそういうことをやるとしたら、遊びとお祭りのためであって、真剣な種の方はそれにふさわしい仕方で蒔くだろう。それと同じように、「正しいこと、美しいこと、善きことの知識を持っている人」は、言論について自分の持っている種をふさわしい仕方で蒔くのであって、書かれた言論の中に大事な種子を蒔いて無駄にするようなことはしない。そして、ここでも書かれた言論の欠点が二つ述べられる。一つは先の第三の欠点であって、「自分を言葉で助けること」ができないことであるが、もう一つは、ここでは、「真実を十分に教えることもできないような言論」という言い方で表現されている。

そういう人が「文字で出来た庭」に種を蒔くとすれば、それは遊びのために書くのみである。その際、書かれたものは、自分が歳をとって忘れやすくなったときの備忘録であるとともに、他の人たちが自分の足跡をたどろうとするときの助けのためである。彼は自分の遊びの庭が育つのを喜ぶ。他の人たちが酒宴などで遊ぶのに対して、彼は書くことで遊ぶのである。

パイドロスは、その遊びの美しさに感嘆の声を上げる。それは言論の中で遊ぶことのできる人が、正義やその他について物語を語り（書き）ながら遊ぶ遊びであり、劣悪な遊びとは比べものにならない、と。それに対して、ソクラテスは、そういう遊びよりも、真剣な言論、生きた言論の方がもっと美しいと言う。「すなわち、人がふさわしい魂に出会った後、問答法の技術を用いて、知識とともに言論を蒔き、植え付けるときだ。その言論とは、自分自身と植え付けた相手を助けることができるものであり、さらに必ず実を結ぶように種を持っているものなのだ。それゆえ、（その言論は）異なる性格の中で異なるものに育つことによって、その種子を常に不死とすることができる。そして、それを持つ者を、人間に可能なかぎり最も幸福にすることができる」（二七六E―二七七A）。これにパイドロスは同意する。

三・一〇　結末（二七七A―二七九C）

三・一〇・一　議論の結論（二七七A―二七八E）

ここで対話篇後半の議論の結論が述べられる。この議論の目的は「言論を書くことについての、リュシアスへの非難の正当性を吟味する」ことであったことをソクラテスはパイドロスに思い出させる。議論では、そのために言論のうち「どれが技術によって、どれが技術なしで書かれているのか」をまず吟味した。パイドロスは、それをもう一度思い出させてくださいとソクラテスに頼む。それに答えてソクラテスは、こう要約を与える。「それについて語ったり書いたりするすべてのことがらの真実を人が知り、それ自体の下にすべてを規定することができるようになり、規定したうえで、逆に諸形相に従ってこれ以上切り分けることができないところまで切り分ける知識を持ち、魂の本性についても同じように洞察を持って、それぞれの本性に調和する形を見つけ出し、そのうえで言論を構成して練り上げ、多様な魂には多様であらゆる調子を持った言論を与え、単純な魂には単純な言論を与えるまでは、その前には、技術によって言論の種族を本来の仕方で扱うことはけっしてできないだろう、ということだ」（二七七B―C）。

これを踏まえて、最終的にリュシアスへの非難の正当性の吟味に対する答えが与えられる。これについてソクラテスは「少し前に語られたことが次のことをすでに明らかにしたんじゃないか」と言う。この「少し前に語られたこと」とは、二七四B―二七七Aの「書くことの批判」の箇所を指すということが、ソクラテスが続いて語る内容から明らかになる。いかなる場合であれ、そして、どのような作文であれ、書くことの中に「何か大きな確実さと明確さがある」と考える書き手は非難されるべきである。それに対して、書かれたものには（あるいは場合によっては語られたものでさえも暗唱されたり、吟味や教えなしに説得のために語られる場合には）「遊び」が入らざるをえず、どのような作文であれ大きな真剣さに値するものはないと考えて、そういうものはせいぜい備忘の役に立つだけであると考える人、そして、「正、美、善について教える言論、学びのために語られ、真に魂の中に書かれる言論の中にだけ、明晰で完全で真剣さに値するものが存在すると考える人、そして、そのような言論が自分自身のいわば正嫡の息子であると認めなければならないと考える人、それはまず自分自身の中の言論、そういう言論が自分の中に見出された場合であり、次に何かその言論の子孫、兄弟関係にあるものが他人のもつ別の魂の中にそれに値する仕方で同時に根を張っている場合であり、それに対してその他の言論には目もくれない人」（二七八A―B）になることを人は望まなければならなない。ソクラテスは、そういう人になることをパイドロスも自分も祈らなければならないと言って、パイドロスもいっしょに祈る。

これで言論についての遊びは終わった、とソクラテスは言う。そして、帰ったらリュシアスに次のように告げるようにパイドロスに命じる。われわれはニュンペーの棲む泉、ムーサの館である物語を聞いた。それによれば、ものを書くときには、リュシアスのような作文であれ、ホメロスのような詩であれ、ソロンのような立法であれ、「真実がどうであるかを知ってそれらを書き、書いたものの吟味に際してそれを助けること」ができ、そして「本人自身が語ることによって書かれたものが劣っていることを示すことができる」ような人は「作文屋（ロゴグラポス）」と呼ばれるべきではない。ではどう呼べばいいのかと尋ねるパイドロスにソクラテスは言う。「知者」は神のみにふさわしいので人間には適さない、それには「哲学者（愛知者）」というような名前がいいだろう、と。逆に、「自分が作文して書いたものよりも値打ちのあるものを持っていない人、書くときに四六時中それを上へ下へと引っくり返して、あっちこっちに貼り付けたりこっちから切り取ったりしている人」の方は、「作者（詩人）（ポイエーテース）」とか「言論の作文屋（ロゴーン・シュングラペウス）」とか「法作者（ノモグラポス）」とか呼ぶのがふさわしい、と。

三・一〇・二　イソクラテス（二七八E―二七九B）

リュシアスにそのように告げるように言われたパイドロスは最後にソクラテスに向けて言い返す。私はそうしますが、あなたはあなたの友だち、イソクラテスに何を告げるつもりですか、彼はどちらの名前で呼べばいいのでしょうか、と。ソクラテスは答えて言う。イソクラテスはまだ若い、そして、素質の面でリュシアスたちよりもずっと優れているし、高貴な人間性を兼ね備えている。だから彼が今手がけている言論について将来抜きん出た者となっても不思議はないし、さらに彼がそれに満足せずもっと偉大なことに向かって行くことになっても驚くにはあたらない。イソクラテスの思考には生まれつき哲学（愛知）が内在しているのだから、と。

この唐突な問いかけとそれに対するソクラテスの答えの意味の解釈はさまざまであるが（補註O参照）、ソクラテスは自分はこの答えをイソクラテスに告げるから、パイドロスもリュシアスにさきほどのことを告げるように言う。パイドロスは同意し、最後にソクラテスはパンとこの地の神々に祈りを捧げる。「私が内面で美しくなることをお与えください。そして、外面に関して私が持つかぎりのものが私の内面と仲良くすることを。私が知者を富者とみなしますように。思慮の健全な人が獲得することができるだけの量の金［知］を私が持ちますように」と（この最後の祈りの意味については補註Pを参照）。パイドロスはこの祈りに同調し、二人は帰っていく。

四　『パイドロス』の主題

以上詳しく『パイドロス』の内容を見てきたが、最後にこの対話篇の主題、テーマは何かという古来からの問題を手短に取り上げたい。

『パイドロス』の全体のテーマは何か、それは恋（エロース）なのか、弁論術（レートリケー）なのかは古代から問題とされてきた。最近では、『パイドロス』のテーマが恋ではなく弁論術であることは、研究者の間でほぼ意見の一致を見ている。同時に、恋と弁論術が対話篇の構成において密接に関連していることも多くの学者が論じるところである。『パイドロス』のテーマについては、最近ではD. Wernerの総括的なレビューがある。

『パイドロス』については、イデアや想起などのプラトンの中心思想が大規模に展開されるパリノーディアーにどうしても注目が集まる。しかし、プラトン主義のストレートな表明とみなされがちなパリノーディアーは、上で詳しく見たとおり、対話篇全体の文脈上、まず何よりも聞き手を説得するレトリックの手本として提示されている。「説得の技術」が提示される後半の議論の中で、前半の三つのスピーチが再び参照され、この技術を説明するために用いられている。華々しい前半に比べて後半は地味な議論が続く印象があるが、実際は『パイドロス』の核心は後半にあり、前半は例示にすぎないと言っても過言ではない。

これを理解することがこの対話篇全体の解釈にとってきわめて重要である。プラトンはソフィスト的弁論術を技術を欠くものとして退け、それに代わって技術による説得術、「本物の弁論術」を提示しようとする。しかし、それでもその（本物の）弁論術でさえ、ソフィスト的弁論術と同様に、場合によっては相手を「欺く」技術である。二六二C—Dでは、パリノーディアーを含めたソクラテスの二つのスピーチに「欺き」があるとはっきりと言われていることをすでに見た。プラトンは本当の説得の技術には「真実を知ること」が必要だとしているが、その技術を持つ者がその技術によって語る内容が真であるとはかぎらない。パリノーディアーそのものも、美のイデアに至る哲学の賛美というような単純なものではない。そのどこに欺きの要素があるのかは今後の研究のテーマとなるだろう。

プラトンが「説得の技術」なるものを提示していることを真面目にとらえる研究は多くない。「説得」は真実を追求する哲学の対極に位置するものという印象があり、ソフィストたちならいざしらず、プラトンがそういうものに真面目に取り組むはずがないという通念が研究者の間に存在するように思われる。しかし、それは『パイドロス』の本線の議論をおろそかにすることに他ならない。われわれはこの点で先入見を捨てて、『パイドロス』は真剣に本当の「説得の技術」を提示しようとしている対話篇だと考えるべきである。

その技術は「真実を知る人が問答法を用いて聞き手の魂を導く技術である」と言われているが、対話篇の前半のソクラテスによるスピーチはその技術を説明するための例示とされており、したがって、パリノーディアーの中にもその技術性が見て取れるはずである。しかし、多くの研究では、『パイドロス』の主題が弁論術にあると認める場合ですら、パリノーディアーで展開されるプラトン主義の「内容」(イデア、魂、想起など)に注意が集中し、あいかわらずこの部分の「内容」が対話篇全体の文脈から切り離して論じられる傾向がある。われわれに必要とされるのは、パリノーディアーが説得の技術の例示であるという文脈上の本線を外れることなく、その「内容」ではなく、(説得の)「技術性」がどこに見られるかに焦点を合わせ、そのうえでその技術と哲学との関係を考えることなのではないか。そのようにしてはじめて、『パイドロス』のテーマが弁論術、レトリックにあるという理解を徹底させることができ、さらにパリノーディアーの内容も含めてこの対話篇を統一的に説明することができるのではないか。今後多くの研究者が、これまであまり注目されてこなかったパリノーディアーのレトリック的要素を適切に評価することになれば、真の弁論術を主題とする対話篇において恋（エロース）が登場する理由、さらに、対話篇の中で話題となる文字の価値、美の本性、魂、神、ソフィストたち、技術性などについてのプラトン本来の立場について新しい光が投げかけられると期待できる。

参照文献表

『パイドロス』のテクスト、翻訳、註釈

Ast, F., *Platonis Quae Exstant Opera*, Tom. X, Lipsiae, 1829.

Bekker, I., *Platonis Diologi Graece et Latine*, Vol. I, Berolini, 1816.

Burnet, J., Platonis Opera, Tom. II, Oxford, 1901 (repr. 1947).

de Veries, G. J., *A Commentary on the Phaedrus of Plato*, Amsterdam, 1969.

Fowler, H. N., *Plato*, Vol. I (Loeb Classical Library), Cambridge, Massachusetts / London, 1914 (repr. 1947).

Hackforth, R., *Plato's Phaedrus*, Cambridge, 1952.

Heindorf, L. Fr., *Platonis Dialogi Selecti*, Vol. I, Berolini, 1802.

Hermann, K. Fr., *Platonis Dialogi*, Vol. II (Teubner), Lipsiae, 1851.

Nehamas, A. and Woodruff, P., *Plato: Phaedrus*, Indianapolis / Cambridge, 1995.

Ritter, C., *Platons Dialog: Phaidros*, Leipzig, 1914.
Robin, L., Moreschini, C. and Vicaire, P., *Platon: Phèdre* (Budé), Paris, 1985.
Row, C. J., *Plato: The Phaedrus*, Warminster, 1986.
Ryan, P., *Plato's Phaedrus: A Commentary for Greek Readers*, Norman, 2012.
Stallbaum, G., *Platonis Opera Omnia*, Vol. IV, Sect. I (2nd ed.), Gothae et Erfordiae, 1857.
Thompson, W. H., *The Phaedrus of Plato*, London, 1868.
Yunis, H., *Plato: Phaedrus*, Cambridge, 2011.
藤澤令夫『プラトン「パイドロス」註解』改訂版、東京、岩波書店、一九八四年。

研究書など（単行本）

Brandwood, L., *The Chronology of Plato's Dialogues*, Cambridge, 1990.
Campbell, L., *The Sophistes and Politicus of Plato*, Oxford, 1867.
Denniston, J. D., *The Greek Particles*, 2nd ed. revised by K. J. Dover, Oxford, 1954.
Dodds, E. R., *The Greeks and the Irrational*, Berkeley / Los Angeles / London, 1951.
———, *Plato: Gorgias*, Oxford, 1959.
Dover, K. J., *Lysias and the* Corpus Lysiacum, Berkeley / Los Angeles, 1968.
———, *Plato: Symposium*, Cambridge, 1980.

Griswold, Jr., Ch. L., *Self-Knowledge in Plato's* Phaedrus, New Haven, 1986.

Guthrie, W. K. C., *A History of Greek Philosophy*, Vol. IV: *Plato: The Man and His Dialogues: Earlier Period*, Cambridge, 1975.

Ledger, G. R., *Re-counting Plato: A Computer Analysis of Plato's Style*, Oxford, 1989.

Mohr, R. D., *The Platonic Cosmology*, Leiden, 1985.

Nails, D., *The People of Plato: A Prosopography of Plato and Other Socratics*, Indianapolis / Cambridge, 2002.

Nussbaum, M. C., *The Fragility of Goodness: Luck and Ethics in Greek Tragedy and Philosophy*, Cambridge, 1986.

Riddell, J., *The Apology of Plato, with a Revised Text and English Notes, and a Digest of Platonic Idioms*, Oxford, 1867.

Ritter, C., *Untersuchungen über Platon*, Stuttgart, 1888.

Smyth, H. W., *A Greek Grammer for College*, revised by G. M. Messing, Cambridge, Massachusetts, 1956.

White, D. A., *Rhetoric and Reality in Plato's* Phaedrus, Albany, 1993.

論　文

Baron, C., 'Contributions à la chronologie des dialogues de Platon', *Revue des Études Grecques* 10 (1897), 264-278.

Bett, R., 'Immortality and the Nature of the Soul in the *Phaedrus*', *Phronesis* 31 (1986), 1-26.

Blyth, D., 'The Ever-Moving Soul in Plato's *Phaedrus*', *The American Journal of Philology* 118 (1997), 185-217.

Brown, M. and Coulter, J., 'The Middle Speech of Plato's *Phaedrus*', *Journal of the History of Philosophy* 9 (1971), 405-423.

Burnyeat, M. F., 'The passion of reason in Plato's *Phaedrus*', in M. F. Burnyeat, *Explanations in Ancient and Modern Philosophy*, Vol. 2 (2012), Cambridge, 238-258.

Calvo, T., 'Socrates' First Speech in the *Phaedrus* and Plato's Criticism of Rhetoric', in L. Rossetti (ed.), *Understanding the* Phaedrus: *Proceedings of the II Symposium Platonicum*, Sankt Augustin (1992), 47-60.

Cox D. R. and Brandwood, D. R., 'On a Discriminatory Problem Connected with the Works of Plato', *Journal of the Royal Statistical Society* Ser. B, 21. 1 (1959), 195-200.

Dittenberger, W., 'Sprachliche Kriterien für die Chronologie der platonischen Dialoge', *Hermes* 16 (1881), 321-345.

Erbse, H., 'Platons Urteil über Isokrates', *Hermes* 99 (1971), 183-197.

Hayase, A., 'Dialectic in the *Phaedrus*', *Phronesis* 61 (2016), 111-141.

Hussey, G. B., 'On the Use of Certain Verbs of Saying in Plato', *The American Journal of Philology* 10 (1889), 437-444.

Janell, W., 'Quaestiones Platonicae', *Jahrbücher für classische Philologie*, Suppl. 26 (1901), 263-336.

Kaluscha, W., 'Zur Chronologie der platonischen Dialoge', *Wiener Studien* 26 (1904), 190-204.

Linforth, I. M., 'The Corybantic Rites in Plato', *University of California Publications in Classical Philology* 13 (1946), 121-162.

Robinson, T. M., 'The Argument for Immortality in Plato's *Phaedrus*', in J. P. Anton and G. L. Kustas (eds.), *Essays in Ancient Greek Philosophy* I, Albany (1971), 345-353.

Schanz, M., 'Zur Entwicklung des platonischen Stils', *Hermes* 21 (1886), 439-459.

Scott, D., 'Philosophy and Madness in the *Phaedrus*', *Oxford Studies in Ancient Philosophy* 41 (2011), 169-200.

Sharples, R. W., 'Plato's *Phaedrus*-Argument for Immortality and Cicero's *Somnium Scipionis*', *Liverpool Classical Monthly* 10 (1985), 66-67.

Verdenius, W. J., 'Notes on Plato's *Phaedrus*', *Mnemosyne* 8 (1955), 265-289.

Walbe, E., 'Syntaxis Platonicae Specimen', Diss. Bonn, 1888.

Werner, D., 'Plato's *Phaedrus* and the Problem of Unity', *Oxford Studies in Ancient Philosophy* 32 (2007), 91-137.

Wishart, D. and Leach, S. V., 'A Multivariate Analysis of Platonic Prose Rhythm', *Computer Studies in the Humanities and Verbal Behaviour* 3 (1970), 90-99.

Wycherley, R. E., 'The Scene of Plato's *Phaidrus*', *Phoenix* 17 (1963), 88-98.

早瀬篤「真実における類似性（プラトン『パイドロス』273d)」、『アルケー（関西哲学会年報)』第二十四号、二〇一六年、一〇三―一一四頁。

脇條靖弘「プラトン『パイドロス』における真の弁論術」、『山口大学哲学研究』第二十三巻、二〇一六年、一―一九頁。

――――「問答法と定義――プラトン『パイドロス』265c-266d」、『山口大学哲学研究』第二十五巻、二〇一八年、四九―六〇頁。

索　引

数字とABCDEは、ステファヌス版全集のページ数と、各ページ内の段落づけである。本書では本文欄外上部に記した数字とアルファベットがそれにあたるが、日本語訳に際しては若干のずれが生じるので、その前後も参照されたい。

ア　行

愛情　→友情
愛する　→恋
　—（いい）子、いい子、恋の相手、相手の子、その子、恋される子（παιδικά）　*236B, 239A-B, 240A-C, 241A, 243C, 251A, 252C, 253B, 254A-B, D-E, 256A, 264A, 279B*
愛知　→哲学
相手の子　→愛する
崇める　→尊重
悪　→害悪
　—徳、悪さ、不手際（κακία）　*248B-C, 253D, 256B*
悪態をつく　→罵倒
アクメノス（Ἀκουμενός）　*227A, 268A, 269A*
アグラ（Ἄγρα）　*229C*
アケロオス（Ἀχελῷος）　*230B, 263D*
欺き（ἀπάτη）　*261E*
　欺く（ἀπατᾶν）　*262A-B*
足跡（ἴχνος）　*276D*
悪しざまに言う　→罵倒
アスクレピオスの後裔（Ἀσκληπιάδαι）　*270C*
遊び（παιδιά）　*265C, 276B, D-E, 277E*
　—（をやる）、遊ぶ、茶化す、ふざける、戯れに語る（παίζειν）　*229B-C, 234D, 265C, 276D-E, 278B*
頭の働き、思考、考え、考察（διάνοια）　*234C, 239A, C, 244C, 247D, 249C, 256A, C, 259A, E, 265E, 279B*
　中身、内容（διάνοια）　*228D*
アッティカ（Ἀττική）　*230E*
アドニス（Ἄδωνις）　*276B*
アドラステイア（Ἀδράστεια）　*248C*
アドラストス（Ἄδραστος）　*269A*
アナクサゴラス（Ἀναξαγόρας）　*270A*
アナクレオン（Ἀνακρέων）　*235C*
虻（あぶ）（οἶστρος）　*240D*
アプロディテ（Ἀφροδίτη）　*242D, 265B*
アポロン（Ἀπόλλων）　*253B, 265B*
過ちを犯す、間違う、へまをやる、やり損なう（ἁμαρτάνειν）　*235E, 237C, 242C, E, 243A, 262E*
アルコーン（ἄρχων）　*235D*
アレイオスパゴス（Ἄρειος πάγος）　*229D*
アレス（Ἄρης）　*252C*
アンブロシア（ἀμβροσία）　*247E*
アンモン（Ἄμμων）　*274D, 275C*　→タムス
いい子　→愛する
医者（ἰατρός）　*252B, 268C*
　—（の技術を持つ）、医術の（ἰατρικός）　*268B, 269A*
　医術（ἰατρικὴ（τέχνη））　*268C, 269A, 270B*
イソクラテス（Ἰσοκράτης）　*278E, 279B*
いっしょにコリュバンテスの儀礼を受ける（συγκορυβαντιᾶν）　*228B*
いっしょに寝る（συγκατάκεισθαι）　*255E-256A*
イビス（Ἶβις）　*274C*
イビュコス（Ἴβυκος）　*242C*
イリオン（Ἴλιον）　*261B*
イリソス川（Ἰλισός）　*229A-B*
韻文で、韻を踏んで（ἐν μέτρῳ）　*258D, 267A, 277E*
韻を踏まずに　→散文で
受ける作用　→作用を及ぼす
宇宙　→天
美しさ　→美
馬（ἵππος）　*246A-B, 247B, E-248A, 253D, 254A, C, E, 255E, 260B-C*
生まれつき　→本性
ウラニア（Οὐρανία）　*259D*

詠嘆法（ἐλεινολογία）　272A
エイドス　→実相
鋭敏な（ἀγχίνους）　239A
栄養、養い、養育（τροφή）　248B, 251B, 259C, 270B, 272D
　栄養を得る、育まれる、育つ、調教される（τρέφεσθαι）　239C, 243C, 246E, 247B, D, 248C
エウエノス（Εὐηνός）　267A
エウペモス（Εὔφημος）　244A
エウリピデス（Εὐριπίδης）　268C
エジプト（Αἴγυπτος, Αἰγύπτιος）　274C-E, 275B
エピクラテス（Ἐπικράτης）　227B
エラステース　→恋
エラト（Ἐρατώ）　259D
エリスの（Ἠλεῖος）　267B
エリュクシマコス（Ἐρυξίμαχος）　268A
エレアの（Ἐλεατικός）　261D
エロース　→恋
エロス（神）（Ἔρως）　242D-E, 243B-D, 252B-C, 257A-B, 265B-C
演示する、示す、読み伝える、見せびらかす（ἐπιδείκνυσθαι）　232A, 233B, 234B, 235A, 236E, 258A, 269A
王、王様（βασιλεύς）　248D, 258B, 266C, 274D-E
狼（λύκος）　241D, 272C
　—の言い分（τὸ τοῦ λύκου εἰπεῖν）　272C
臆病（δειλία）　254C　→悪い性格
　—な（δειλός）　239A, 273B
教え、教えられること（διδαχή）　275A, 277E
　教える、教示を与える、伝授する（διδάσκειν）　230D, 265D, 268D, 269B-C, 271B, 272B, 276C, 277C, 278A
　教育する（παιδεύειν）　245A
　教養ある（πεπαιδευμένος）　232C
恐ろしい（ほどの）（δεινός）　240B, 242D, 250D, 254B, 260C, 275D
オデュッセウス（Ὀδυσσεύς）　261B-C
男らしく（ἀνδρικῶς）　265A
思い出させるきっかけ　→似像
思い出させること　→想起
思い出す　→想起
思いなし、思われる（δόξα）　232A, 237D-E, 238B, 251A, 260C, 262C, 275A
　思いなしによる栄養（τροφὴ δοξαστή）　248B
　名声、評判（δόξα）　253D, 257D
オリュンピア（Ὀλυμπία）　236B
　—競技の（Ὀλυμπιακός）　256B
オリュンポスのゼウスの聖域（Ὀλύμπιος）　227B
オレイテュイア（Ὠρείθυια）　229B
愚か（εὐήθης）　242D
　—さ、単純、ばか（さかげん）（εὐήθεια）　242E, 275B-C
音階（ἁρμονία）　268E
音楽にすぐれた・通じた　→ムーサたち
音楽文芸の　→詩作の

カ　行

快、快楽、心地よさ（ἡδονή）　232B, 233B, 237D, 238A, C, E, 240B-D, 250E-251A, E, 258E, 259B
　快い、快楽、心地良い（ἡδύς）　230C, 238E, 239A-C, 240A-B, 243B
　奴隷的な快楽（ἀνδραποδώδης ἡδονή）　258E
　喜ぶ、快楽を得る（ἥδεσθαι）　228B, 233E, 239A, 258E, 276D
害悪、害（βλάβη）　232C, 234C, 237D, 238E, 239B, E, 240B, 263C, 274E
　悪、悪い、悪いもの、災悪（κακός, κακά）　231B, 234B, 239A, 240A, 245A, 246E, 250C, 253D, 254B, 260C, 277E
　害悪、害のある（βλαβερός, βλαβερῶς）　240B, E, 241C, 243C
　害を加える（κακῶς ποιεῖν）　231C
　これほどの悪はない、最大の害（βλαβερώτατος）　239B, 241C
　最大の悪（μέγιστα κακά）　233D
　最大の害悪（μεγίστη (βλάβη)）　239B
　下手な肉屋（κακὸς μάγειρος）　265E
　悪い状態に・仕方で、まずかった（κακῶς）　231A, 258D, 265D
　悪い者が悪い者と（κακὸν κακῷ）　255B
蓋然的なこと（εἰκότα）　266E
回復効果が高い（ἄκοπος）　227A
快楽に囚われる　→世話をする
顔　→視覚

書く、作文する、作る（γράφειν） *227C, 228A, 235B, 243D-E, 257C-258A, D, 259E, 261B, 264B-C, 266D, 269B-C, 271A*（魂を描く）, *271B-C, 272B, 273B, 275D, 276A, C-D, 277B, D-278A, C-D*
　書いたもの、作文（したもの）（σύγγραμμα） *257D-258A, C-D, 277D, 278C*
　書かれた言葉・言論（λόγος γεγραμμένος） *275C, 276A, 277E*
　書かれたもの、書く（という）こと（γραφή） *274B, 275A, D, 277B*
　書く、書き留める、作文する（συγγράφειν） *258A-C, 261B*
　魂の中に書く（γράφειν ἐν ψυχῇ） *278A*
　魂を描く（γράφειν ψυχήν） *271A*
　知識と共に書く（μετ' ἐπιστήμης γράφειν） *276A*
　文字（γράμμα） *242C, 274D-275A, C, 276D*
格言言法（γνωμολογία） *267C*
確信 →説得
確認（πίστωσις） *266E*
影 →似像
賢い →知恵
形 →実相
語り →言論
合唱隊 →歌舞隊
ガニュメデス（Γανυμήδης） *255C*
歌舞隊、歌舞、合唱隊、舞踏（χορός） *230C, 247A, 250B, 259C*
　歌舞隊の一員（χορευτής） *252D*
神（θεός） *236D, 238D, 241C, 242C-E, 244D-E, 245B-C, 246A, D-E, 247A-B, D, 248A, C, 249C, 250B, 251A, 252B, D, 253A-C, 259B, 262D, 265B, 266B, 273E, 274B-D, 278D, 279B*
　神々に喜ばれることを語る・行為する（θεοῖς κεχαρισμένα λέγειν, κεχαρισμένως πράττειν） *273E*
　―に取り憑かれた（ἐνθουσιαστικός） *263D*
　―に取り憑かれた・を内に持つ（ἔνθεος） *244B, 255B*
　―に取り憑かれたような状態（θεῖον πάθος） *238C*
　―に取り憑かれている、―憑りの状態になる、ニュンペーに取り憑かれる（ἐνθουσιάζειν） *241E, 249D, 253A*
　―に取り憑かれる（ἐνθουσιάσις） *249E*
　―に等しい（ἰσόθεος） *255A, 258C*
　―の、神々しい、神的（θεῖος） *230A, 234D, 238C, 239B, E, 242A, C, E, 244A, C, 245C, 246A, D, 247A, 249C-D, 256B, E, 259D, 265A-B, 266A, 279A*
　―の叙述、人間の叙述（διήγησις θεία, ἀνθρωπίνη） *246A*
　―のような（θεοειδής） *251A*
　―に喜ばれる（θεῷ χαρίζεσθαι） *274B*
　神聖な（ἱερός） *250A*
　神像（ἄγαλμα） *230B, 251A, 252D*
　聖地、聖域（ἱερόν） *230B, 275B*
体 →身体
カリオペ（Καλλιόπη） *259D*
カルケドンの（Χαλκηδόνιος） *267C*
乾いた汗（ἱδρὼς ξηρός） *239C*
考え →頭の働き
感覚（αἴσθησις） *240D, 249B, 250D, 253E, 271E*
勘定 →言論
間接的賞賛（παρέπαινος） *267A*
間接的非難（παράψογος） *267A*
完全な（ὁλόκληρος） *250C*
　―、完成した（された）、無傷な（τέλειος） *244D, 246B, 249C, 269D-E, 278A*
記憶 →想起
機会、好都合（καιρός） *229A, 272A*
議会（δημηγορία） *261B, D-E*
気が狂う →狂気
喜劇（κωμῳδεῖν） *236C*
技術、技術性（τέχνη） *244C, 245A, 260D-261E, 262C-D, 265D, 266C-D, 268A, 269C--E, 270B, E, 271B, 272E-273A, C, 274B, D-E, 275C, 277B-C*
　技術以前の必要な学びごと（τὰ πρὸ τῆς τέχνης ἀναγκαῖα μαθήματα） *269B*
　技術書（τέχναι） *261B, 271C*
　技術による（ἔντεχνος） *262C, 277B*
　技術を持たない・に欠ける（ἄτεχνος） *260E, 262C, E*
　技術を持たない慣れ（ἄτεχνος τριβή） *260E*

技術を持つ・である、技術者（τεχνικός） 262B, 263D, 270D, 273A-B, 273E, 274E
熟練（τριβή） 270B
犠牲を捧げる（θύειν） 251A
犠牲に捧げる（καθιερεύειν） 252C
規定する →定義
キマイラ（Χίμαιρα） 229D
キュプセロスの子孫たち（Κυψελίδαι） 236B
教育（παίδευσις） 241C
—する →教え
狂気（μανία） 241A, 244A-B, D, 245A-C, 249D-E, 251A, 256B, D, 265A-B, 266A
気が狂った（μανικῶς） 249D, 265A
—の状態にある・にとらわれる、気が狂う（μαίνεσθαι） 244A-B, 245A, 253C, 268C
—の術（マニケー）（μανική） 244C
（気の）狂った（μελαγχολᾶν） 268E
（思考が）狂った状態（παράνοια） 266A
狂った状態で（ἐμμανής） 251D
狂う（λυττᾶν） 251D
心が乱れている人（κεκινημένος） 245B
正気を失なっている（παρακινεῖν） 249D
神的な—（θεία μανία） 256B
教示を与える →教え
強制、強制力、必然（性）（ἀνάγκη） 231A, 236E, 240D-E, 252B, 264B
強制されること（τό ἀναγκαῖον） 240C
強制する、強要する、強いる、やらざるをえない、無理にでも、無理強いする（ἀναγκάζειν） 233B, 236C-D, 237A, 239C, 241B, 242A, D, 243E, 253A, 254A-B, D, 257A, 260D, 263D
兄弟、類する（ἀδελφός） 252A, 257B, 276A, D, 278B
同族の名前、欲望（ἀδελφὰ ὀνόματα, ἀδελφαὶ ἐπιθυμίαι） 238B
教養ある →教え
馭者（ἡνίοχος） 246A, 247B, E, 248A-B, 253E, 254A-C, E, 255E, 256A
—の（姿をした）（ἡνιοχικός） 253C, 254A
清らかな、曇りない（καθαρός） 229B, 239C, 250C
清らかな台座（ἁγνὸν βᾶθρον） 254B
嫌われる →敵
ギリシア（Ἑλλάς） 244B
—人たち（Ἕλληνες） 234E, 274D
切り分ける →分割する
議論 →言論
金、金銭（χρυσός） 240A, 279C
金の像（χρυσῆ εἰκών） 235D
銀（ἄργυρος） 263A
吟味 →論駁
くじ（κλήρωσις） 249B
薬（φάρμακον） 230D, 270B, 274E, 275A;（φαρμάκιον） 268C
苦痛（λύπη） 233B;（ἀηδία） 240D
—、不快な（ἀηδής） 240C-D, 241C
—の手に引き渡す（ὀδύναις ἔδωκεν） 254E
—を与える（λυπεῖν） 232C
—を先に受ける（προλυπεῖσθαι） 258E
愚鈍な（βραδύς） 239A
曇りない →清らかな
狂う →狂気
黒い墨で水の中に書く（ὕδατι γράφειν μέλανι） 276C
経験（ἐμπειρία） 270B
計算 →理知
形相 →実相／姿
汚されて、墓に入れられて（ἀσήμαντος） 250C
けっして投げ捨ててはならぬ言葉（οὔτοι ἀπόβλητον ἔπος） 260A
ケパロス（Κέφαλος） 227A, 263D
獣（θηρίον） 230A, 240B, 249B
—の（θήρειος） 248D
原因（αἰτία） 243A, 246D, 252C, 271B, D
賢者 →知恵
言動 →言論
賢明な →知恵
言論、話、物語、語り、文章、作文、言動、ことわざ（λόγος） 227C-D, 229D, 230A, D, 231C, 234C-E, 235B, E, 236D（（誓って）言いましょう）, E-237A, 238D, 240C, D（言われる）, 241D-E, E（一言で）, 242A-243A, D-244A, 245B, 249D, 252B, 255B（会話）, 257B-258A, D, 259D-E, 260B, D-261A-B, 262C-D, 263D, E, 264C, E, 265B, D-266A, C-D, 267A-D, 269C,

270A, A（大いに語って）, B, C（言う）, C（言うこと）, E, 271B-272D, 273A, D-E, 274B, E（語る）, 275B, D-276A, C, E-277A-278C, E-279A
勘定（λόγος） 242B
議論（λόγος） 246C, 264A-C, 265C, 277C
言論好き（φιλόλογος） 236E
（リュシアスの）言論そのもの（λόγος αὐτός） 228D
言論に恋する者（τῶν λόγων ἐραστής） 228C
言論について技術を持つ（τεχνικὸς λόγων πέρι） 273E
言論の技術（λόγων τέχνη） 266C-D, 267B, D, 270A, 271C（言論の技術書）, 272B, 273D
—性、非技術性（τὸ τέχνης τε καὶ ἀτεχνίας λόγων πέρι） 274B
言論のご馳走（θοίνη） 236E
—をふるまう（ἑστιᾶν） 227B
言論の殿堂（μουσεῖα λόγων） 267B
言論の中で遊ぶ（ἐν λόγοις παίζειν） 276E
言論を聞くことの病気にかかっている（νοσῶν περὶ λόγων ἀκοήν） 228B
言葉（λόγος） 253E, 275B-D, 276C
理（λόγος） 237E, 238A-B
真なる言論（ἀληθὴς λόγος） 270C
知識とともに言論を蒔き、植え付ける（φυτεύειν τε καὶ σπείρειν μετ' ἐπιστήμης λόγους） 276E
知を持つ人の言論（τοῦ εἰδότος λόγος） 276A
定義（λόγος） 245E
哲学的言論（φιλόσοφος λόγος） 257B
二つの話、言論（τὼ λόγω） 242E, 243C, 262D, 265E-266A
真水の言論（πότιμος λόγος） 243D
問題（λόγος） 237C
理性（λόγος） 256A
理由（λόγος） 254D
リュシアスの言論（Λυσίου λόγος） 228A-B
理論、説（λόγος） 272A, 274A
恋、エロース（ἔρως） 231A, 233B-C, 237C-D, 238C, 239C, 240E-241A, 243C, 245B, 250D, 252B, D（恋の対象となる者）, 253C, 255D-E, 256D-E, 263C-D, 265A, 266A
恋し（てい）ない者・人（μὴ ἐρῶν） 227C, 228D, 231B, 232A-B, 233A, 234B, 235E, 236B, 237B-D, 238E, 241C-D, 243D-244A, 256E, 265A
恋する（している）者・人（ἐρῶν） 228D, 231A, C-D, 232A, C, E, 234B, 237B, C-D, 238E, 239E, 241B, 245B, 249E, 252C, 255A, B, D, 256A, 263C, 265A
恋する（している）者・人、エラステース（ἐραστής） 227C, 228C-D, 231A, 233A, 239A-B, E, 240A（彼）, B-C, 241B-D, 243D, 244A, 249E, 254E, 255C, E, 256E, 257B, 262E, 264A, 266B
恋する・恋の・恋される者・相手（ἐρώμενος） 231B-C, 232A, C, 233B, 238E, 239A, E-240D, 245B, 252C-253A, 254A, 255B, D, 263C
恋の、恋（エロース）を論じた、恋する者（エロースの徒）（ἐρωτικός） 227C, 248D, 256D, 257A, 259D, 263D
恋の技術（ἐρωτικὴ τέχνη） 257A
恋の狂気（ἐρωτικὴ μανία） 256D
恋（を）する、愛する（ἐρᾶν） 231C, 232D, 233C, 237B, D, 240E, 243C, 253C, 255A, C, 257E
子を恋する（παιδεραστεῖν） 249A
分割と総合の方法に恋している者（τῶν διαιρέσεων καὶ συναγωγῶν ἐραστής） 266B
右の恋、左の恋（σκαιός τις ἔρως, ἐν δεξιᾷ） 266A
名誉を愛する者（τιμῆς ἐραστής） 253D
恋される子 →愛する
恋という病にかかっている →病気にかかっている
恋の相手 →愛する
恋反射（アンテロース）（ἀντέρως） 255E
高貴な（δῖος） 252E
高貴で性格の穏やかな人（τις γεννάδας καὶ πρᾷος τὸ ἦθος） 243C
光景 →視覚
神々しい →神

考察　→頭の働き
構成（διάθεσις）　236A
好都合　→機会
幸福（εὐτυχία）　245B
　—な（εὐδαίμων）　247A，250B-C;（εὐδαιμονικός）　253C;（μακαριστός）　256C
　—な、幸せな、至福な（μακάριος）　236D, 241E, 247A, 250B-C, 256A
　—になる（εὐδαιμονεῖν）　256D, 277A
効用　→利益
傲慢さ　→放縦
こがれ　→ヒーメロス
国民（δῆμος）　258A
心地良い　→快
心が乱れている人　→狂気
言葉　→言論
　—の選び方（τοῖς ὀνόμασιν ..... εἰρῆσθαι）　234C, 257A
ことわざ　→言論
理　→言論
　—なしで、—を欠いた（ἀλόγως, ἄνευ λόγου）　238A-B
ゴルギアス（Γοργίας）　261C, 267A
ゴルゴンたち（Γοργόνες）　229D
これほどの悪はない　→害悪
子を恋する　→恋

サ　行

災悪　→害悪
財産（κτῆμα）　239E
　—、資産（οὐσία）　232C, 240A, 241C, 252A
最善（の）（ἄριστος）　231A, 237D-238A, 249E;（βέλτιστος）　231D, 232A, 233A;（κράτιστος）228C
最大の害、害悪　→害悪
最大の善　→善
裁判　→法廷
作文　→言論
　—する　→書く
　—する（こと）（λογογραφία）　257E, 258B
　—屋（λογογράφος）　257C, 258C
捧げものにする　→求めに応じる
作家、作者（ποιητής）　234E, 236D, 258B, 278E
作家、散文作家、作文者、著者、作文屋（συγγραφεύς）　235C, E, 258A, 272B, 278E
サッポー（Σαπφώ）　235C
作用を及ぼす、受ける（ποιεῖν, παθεῖν）　270D, 271A
　受ける作用（πάθημα）　271B
賛美する、賛える（ἐγκωμιάζειν）　235E, 258A
散文作家　→作家
散文で、韻を踏まずに（ἄνευ μέτρου）　258D, 277E
思惟　→知恵
強いる　→強制
視覚、光景、顔（ὄψις）　250B, D, 254B
時間　→暇
始源（ἀρχή）　245C-D
思考　→頭の働き
仕事にさえ勝ることがら（καὶ ἀσχολίας ὑπέρτερον）　227B
詩作の、詩的な、詩人、音楽文芸の（ποιητικός）　245A, 248E, 257A, 265B
事実の陳述（διήγησις）　266E
詩人（ποιητής）　245A, 247C, 258D, 278E
自然　→本性
　—についての無駄な長話と天空の探求（ἀδολεσχία καὶ μετεωρολογία φύσεως πέρι）　270A
親しくすること　→友情
親しさ　→友情
実践（πρᾶξις）　271D
実相、相、形（相）、エイドス、種類（εἶδος）　249B，263B-C，265A，D-E，270D, 271D, 272A, 273E, 277B-C
知っている　→知識
自動機械（ὕσπληξ）　254E
指導者（προστάτης）　241A
支配、支配者（ἀρχή）　238A, 241A
　支配する（ἄρχειν）　238E
　支配権を奪う（τυραννεύειν）　238B
　支配権を握る（δυναστεύειν）　238B
　支配者（ἄρχων）　241A
シビュラ（Σίβυλλα）　244B
至福な　→幸福
自分（ぼく）自身を知る（γνῶναι ἐμαυτόν）　229E

自分自身を探求する（σκοπεῖν ἐμαυτόν） *230A*
自分自身を守る　→守る
自分を制御する（αὑτῶν（ἐμαυτοῦ）κρατεῖν） *231D, 233C*
　自分自身を抑制する（κρείττους αὑτῶν εἶναι） *231D, 233C*
シミアス（Σιμμίας） *242B*
示す　→演示する／論証
習慣　→法
十二（神）（δώδεκα θεοί） *247A*
自由人（ἐλεύθερος） *243C*
自由のなさ（ἀνελευθερία） *256E*
熟慮（βουλή） *237C*
　—する（βουλεύεσθαι） *237C, 238D*
熟練　→技術
種類　→実相
序（προοίμιον） *266D*
正気　→知恵／節制
　—である　→精神がまともである
　—の状態にある（σωφρονεῖν） *244A*
　—を失なっている　→狂気
証言（μαρτυρία） *266E*
証拠（τεκμήρια） *266E*
畳語言法（διπλασιολογία） *267C*
称賛、賞賛、褒め言葉（ἔπαινος） *233B, 240E, 243D, 260B-C*
　称賛者、褒めてくれる人（ἐπαινέτης） *257E-258A*
　称賛する、賞賛する、褒める（ἐπαινεῖν） *233A, 234E, 241E, 256E, 257E, 265C, 266B, 274E, 277E*
少女像（κόρη） *230B*
正体　→本質
少年（μειρακίσκος） *237B*
消滅する（ἀπόλλυσθαι） *245D*
　消滅しない（ἀδιάφθορος） *245D*
勝利（κράτος） *237E*
　—する（κρατεῖν） *233C*（負けない）, *237E;*（νικᾶν） *238C, 256A-B*
如才ない　→有能
叙事詩（の調子）（ἔπη） *241E, 252B*
　非公開の叙事詩（ἀπόθετα ἔπη） *252B*
所有するもの［財産］、所有物（κτῆσις） *239E-240A*
知らない　→無知
思慮（φρόνησις） *250D;*（τὸ φρόνιμον） *235E*　→知恵
　—がまともな・の健全な、まともな—の働く（σώφρων） *245B, 273E, 279C*
　—を欠いている　→無知
事例、実例、学ぶべきもの（παράδειγμα） *262C-D, 264E*
素人（ἰδιώτης） *228A, 236D, 258D*
信じこませる　→説得
真実、真理、本当のこと（ἀλήθεια） *260A, E, 262A, C, 272D, 273D*
　真実在（τὰ ὄντα） *249E*
　真実在、真実（ἀλήθεια） *247C-D, 248B, 249B*
　真実の平原（ἀληθείας πεδίον） *248B*
　真実の類似性（ὁμοιότης τοῦ ἀληθοῦς） *273D*
　真実を知っている人（ὁ εἰδὼς τὸ ἀληθές） *262D*
　真実を眺める（θεωρεῖν τἀληθῆ） *247D, 248C*
　真なること（もの）、真実（ἀληθές） *243A, 245C, 247C-D, 259E, 260D, 262D, 267A, 272E, 273B, D, 275C, 276C, 277B, 278C*
　真なるものを見る（κατιδεῖν τι τῶν ἀληθῶν） *248C*
　何か真実に触れる（ἀληθοῦς τινος ἐφάπτεσθαι） *265B*
　本当の知恵（ἀλήθεια） *275A*
神像　→神
身体、肉体、物体、体（σῶμα） *232E, 238C, 239C-D, 241C, 245E, 246C-D, 248D, 250C-D, 251A, 256D, 258E, 264C, 266A, 268A, 270B-C, 271A*
　身体の美（σωμάτων κάλλος） *238C*
神的　→神
　—な狂気　→狂気
真なる言論　→言論
真の美　→美
神霊、ダイモン（δαίμων） *240A, 246E, 274C*
姿（ἰδέα） *246A, 251A, 253B, 265D*
　形相（ἰδέα） *273E*
　魂の—（ἰδέα ψυχῆς） *246A*
ステシコロス（Στησίχορος） *243A, 244A*

正　→正義
聖域　→神
性格、人間性（ἦθος）　*243C, 277A, 279A*
正義（δικαιοσύνη）　*247D, 250B, 276E*
　正しい、正当な、正（δίκαιος）　*260A, E, 261C-D, 263A, 272C-D, 276C, 277D, 278A*
正言法（ὀρθοέπεια）　*267C*
成功しない　→秘儀
政治家、政治の、政治に関する、政治的な（πολιτικός）　*248D, 257C, E-258A, D, 277D, 278C*
精神がまともである、正気である（εὖ φρονεῖν）　*231D*
精神がまともでない（κακῶς φρονεῖν）　*231D*
生成（γένεσις）　*245E, 247D*
　―する（γίγνεσθαι）　*245D*
　―しない（ἀγένητος）　*245D*
　誕生（γένεσις）　*248D, 252D*
聖地　→神
正嫡の（γνήσιος）　*276A, 278A*
正当な　→正義
セイレーンたち（Σειρῆνες）　*259A*
ゼウス（Ζεύς）　*229C, 234E, 243D, 246E, 250B, 252C, E-253A, 255C, 261B-C, 263D, 275B*
背泳ぎで（ἐξ ὑπτίας）　*264A*
説　→言論
節制、節度、正気（σωφροσύνη）　*237E, 241A, 244D, 247D, 250B, 253D, 254B, 256B, E*
　節制を持つ、正気の状態になる・である（σωφρονεῖν）　*231D, 241B, 244A-B, 245A*
説得、確信（πειθώ）　*270B, 271A, 272A, 277E*
　説得されにくい（δυσπειθής）　*271D*
　説得されやすい、よく言うことを聞く（εὐπειθής）　*254A, 271D*
　説得する、信じこませる（πείθειν）　*232D, 237B, 253B, 260A-D, 261A, 271B, E, 277C*
　説得力がある（πιθανός）　*269C, 272D*
ゼノン（Ζήνων）　→パラメデス（エレアの）
蟬（τέττιξ）　*230C, 258E, 259C*
世話をする、奉仕する（θεραπεύειν）　*239C, 255A*
　快楽に囚われる（ἡδονὴν θεραπεύειν）　*233B*
善、善き（よき）もの（こと）、善いことがら（ἀγαθόν）　*234A, 239C, 241A, D, 244A, 246A, E, 256B, 260C, 263A, C, 266B, 272D, 276C, 277E-278A*
　善美の（καλός τε καὶ ἀγαθός）　*246B, 257A*
　最大の善（μέγιστον ἀγαθόν）　*266B*
僭主の（τυραννικός）　*248E*
全体の本性（ἡ τοῦ ὅλου φύσις）　*270C*
相　→実相
像　→似像
想起（ἀνάμνησις）　*249C*
　記憶、思い出す（ということ）（μνήμη）　*249C, 250A, C, 251D, 253A, 254B, 267A, 274E-275A*
　―する、思い出す（ἀναμιμνήσκειν）　*249D, 250A, 254D, 272C, 273A, 275A*
　―の手段、備忘録（ὑπόμνημα）　*249C, 276D*
　備忘、思い出させること（ὑπόμνησις）　*275A, 278A*
ソクラテス（Σωκράτης）　*passim*
素質　→本性
その子　→愛する
ソフィスト（σοφιστής）　*257D*
　―の（σοφιστικός）　*248E*
ソポクレス（Σοφοκλῆς）　*268C, 269A*
ソロン（Σόλων）　*258C, 278C*
存在　→本質
尊重　→名誉
　―する、崇める（τιμᾶν）　*252D-E, 253C, 259C-D*

タ　行

体育（γυμνάσιον）　*255B*
　―における（γυμναστικός）　*248D*
ダイモン（神霊）（δαίμων）　*240A, 247A*
　―の合図（δαιμόνιον σημεῖον）　*242B*
対話する、会話を交わす、話す（διαλέγεσθαι）　*232A-B, 241A, 242A, 259A, 269B*（問答法）
卓越性、徳、よい素性、善さ（ἀρετή）

232D, 234B, 253D, 256B, E, 270B
助け（βοηθός） 275E
　—る（βοηθεῖν） 275E, 276C, 277A, 278C
賛える →賛美する
正しい →正義
達人の域 →有能
種（σπέρμα） 276B-C, 277A
魂（ψυχή） 241C, 242C, 245A, C, 245E-246E, 247B-D, 248A-C, E, 249B-C, E, 250B, 251B-D, 252E-253A, C, E, 254C, E, 255C-D, 256C, 257A, 270B-C, E-271D, 275A, 276A, E, 277B-C, 278A-B
　—の舵取り（ψυχῆς κυβερνήτης） 247C
　—の姿 →姿
　—の導き・を導くこと（ψυχαγωγία） 261A, 271C
　—のもっともよい部分（ψυχῆς τὸ ἄριστον） 248B
　—を持たない・欠く（ἄψυχος） 245E, 246B
　—を持つ・吹きこまれた（ἔμψυχος） 245E, 276A
　—の中に書く →書く
タムス（Θαμοῦς） 274D-E
多様な相（形態）を持つ（πολυειδής） 270D, 271A;（πλείω εἴδη ἔχειν） 270D
　多様な魂・言論（ποικίλη ψυχή, ποικίλος λόγος） 277C
ダレイオス（Δαρεῖος） 258C
戯れに語る →遊び
短言法（βραχυλογία） 269A, 272A
単純 →愚か
　—、—な相を持つ、単一（ἁπλοῦς） 230A, 250C, 270D, 277C
単一 →単純
男子のすべき →勇気のある
誕生 →生成
知恵（σοφία） 229E, 236B, 258A, 274E-275A
　正気（νοῦς） 241B-C
　—のある、知者、賢者、知識人、賢明な、賢い（σοφός） 229C, 235C, 237B, 239A, 243B, 245C, 246E, 260A, 266C, 267A-B, 269B, 273B, E, 274E, 275B, 278D, 279C
　—のある、思慮がある（φρόνιμος） 235E, 239B
　知性、思惟、洞察、思慮（νοῦς） 244C, 247C-D, 270A, 274A, 276B-C
　知性の欠如（ἄνοια） 270A
　昔の賢者たち（παλαιοὶ καὶ σοφοί） 235B
誓い（ὅρκος） 236D-E, 240E
　誓う（ὀμνύναι） 236D-E
力（ῥώμη） 238C
　—、能力（δύναμις） 231A, 232D, 237C, 246A, C-D, 258C, 265D, 268A, 270D, 271C
　二頭立ての馬と馭者の、本来から一緒になった—（σύμφυτος δύναμις ὑποπτέρου ζεύγους τε καὶ ἡνιόχου） 246A
知識（ἐπιστήμη） 247C-E, 268B, 269D, 276A, C, E
　知っている、わきまえる（ἐπίστασθαι） 230E, 262E, 263E, 268A-E, 269B, 273D, 275E, 277B
　—と共に書く →書く
　—人 →知恵
知性 →知恵
　—の欠如 →知恵
父、父親（πατήρ） 233D, 239E, 257B, 268A, 275A, E
茶化す →遊び
調教される →栄養
著者 →作家
知を愛する →哲学
追加確認（ἐπιπίστωσις） 266E
追加論駁（ἐπεξέλεγχος） 267A
償いをする（ἀφοσιοῦσθαι） 242C
作る →書く
常に動く →動
翼、羽（πτερόν） 246D, 248B-C, 251B-D, 255D
　翼を持たない（ἄπτερος） 256D
　翼を持つ・具える・生やす・が備わる、翼を持った・具えた（ὑπόπτερος） 246A, 256B
　飛び上がる（πτεροῦν） 246C, 249A, C-D, 256D
　再び翼を具える、羽ばたかせる（ἀναπτεροῦν） 249D, 255C
ディオニュソス（Διόνυσος） 265B
定義（ὅρος） 237D →言論

―する、規定する（ὁρίζειν） *238D, 239D, 265D, 269B, 277B*
ディケ（Δίκη） *249A*
テイシアス（Τεισίας） *267A, 273A, C-E*
ディテュランボス（διθύραμβος） *238D, 241E*
テウト（Θεύθ） *274C-E*
テオドロス（Θεόδωρος） *261C, 266E*
敵（ἐχθρός） *238E, 239D*
―意（ἔχθρα） *233C*
―対する、仲違いする、嫌われる（ἀπεχθάνεσθαι） *231C, 232D, 233A*
鉄（σίδηρος） *263A*
哲学、愛知（φιλοσοφία） *239B, 249A, 256A, 257B, 259D, 279A*
知を愛する仕方でない（ἀφιλόσοφος） *256C*
哲学者、愛知者、知を愛するもの、哲学的（φιλόσοφος） *248D, 249C, 252E, 257B, 278D*
哲学する、知を愛する（φιλοσοφεῖν） *249A, 261A*
テバイ（の）（Θῆβαι, Θηβαῖος）（エジプトの）*274D, 275C;*（ギリシアの） *242B*
テュポン（Τυφῶν） *230A*
テルプシコラ（Τερψιχόρα） *259C*
デルポイの（Δελφοί, Δελφικός） *229E, 235D, 244A*
天、天空、宇宙（οὐρανός） *245D, 246B, E-247C, E, 249A, 259D*
天を越えた場所（ὑπερουράνιος τόπος） *247C*
伝授する →教え
動（κίνησις） *245C-D*
常に動く（ἀεικίνητος） *245C*
―の始源・源（πηγή, ἀρχὴ κινήσεως） *245C-D*
自らを動かす（αὐτὸ κινεῖν） *245C-E*
洞察 →知恵
同族の名前、欲望 →兄弟
陶片（ὄστρακον） *241B*
とがめる →非難
徳 →卓越性
独創的（ἄτοπος） *229C*
ドドネ（の）（Δωδώνη, Δωδωναῖος） *244B, 275B*
友（ἑταῖρος） *227A, 237A*
―、―だち（φίλος） *232D, 233D-234A, 239E*
―のものは皆のもの（κοινὰ τὰ τῶν φίλων） *279C*
トラシュマコス（Θρασύμαχος） *261C, 266C, 269D, 271A*
鳥（ὄρνις） *244C, 249D*
取り消しの歌（パリノーディアー）（παλινῳδία） *243B, 257A*
奴隷的な快楽 →快
トロイア（Τροία） *243B*

ナ　行

ナイル（Νεῖλος） *257D*
ナウクラティス（Ναύκρατις） *274C*
長くてけわしい道（πολλὴ καὶ τραχεῖα ὁδός） *272C*
中身、内容 →頭の働き
何か真実に触れる →真実
名前を立てる作業をしていた人たち（οἱ τὰ ὀνόματα τιθέμενοι） *244B*
肉体 →身体
肉屋（μάγειρος） *265E*
似せる（ὁμοιοῦν） *261E*
似像、像（εἰκών） *235D, 250B*
似像、思い出させるきっかけ（ὁμοίωμα） *250A-B*
似像、像、影（εἴδωλον） *250D, 255D, 276A*
似た →類似
日光 →光
二頭立ての馬と馭者の、本来から一緒になった力 →力
二番目の生を選ぶくじと選択（κλήρωσις τε καὶ αἵρεσις τοῦ δευτέρου βίου） *249B*
ニュンペーたち（Νύμφαι） *230B, 238D, 241E, 263D, 278B*
ニュンペーに取り憑かれる →神
庭（κῆπος） *276B, D*
人間性 →性格
ネクタル（νέκταρ） *247E*
ネストル（Νέστωρ） *261B-C*
ねたみ（φθόνος） *247A, 253B*
農夫（γεωργός） *276B*

能力　→力
罵る　→罵倒

ハ　行

パイドロス（Φαῖδρος）　*passim*
拝観する（ἐποπτεύειν）　*250C*
ばか　→愚か
墓に入れられて　→汚されて
育まれる　→栄養
恥（αἰδώς）　*253D, 254A, 256A*
　—を知る、恥じる、恥ずかしい（αἰσχύνεσθαι）　*234A, 243D, 251A, 257D*
　恥ずかしい（αἰσχύνη）　*237A, 241A, 243B, 254C*
　恥ずべき、恥ずかしい、醜い（αἰσχρός）　*244B, 246E, 255A, 258D, 277D*
裸足（ἀνυπόδητος）　*229A*
発見（εὕρεσις）　*236A*
バッコス（Βάκχος）
　いっしょに—の狂宴に与る（συμβακχεύειν）　*234D*
　—の女たち（βάκχαι）　*253A*
　—の狂気へ導く（ἐκβακχεύειν）　*245A*
罵倒（λοιδορία）　*257C*
　—する、悪しざまに言う、罵る、悪態をつく、非難する（λοιδορεῖν）　*241E, 254C, 257C-D, 260D, 266A, 268D, 275E*
話　→言論／物語
はにかむ（θρύπτεσθαι, καλλωπίζεσθαι）　*228C, 236C*
羽　→翼
母（μήτηρ）　*233D, 239E, 252A*
パラメデス（Παλαμήδης）　*261B*
　エレアの—（Ἐλεατικὸς Παλαμήδης）　*261D*
パリノーディアー　→取り消しの歌
パルマケイア（Φαρμάκεια）　*229C*
パロスの（Πάρος）　*267A*
歯を生やしはじめる（ὀδοντοφυεῖν）　*251C*
パン（Πάν）　*263D, 279B*
反対論の術（ἀντιλογική）　*261D*
判別できない　→無知
美、美しさ（κάλλος）　*238C, 249D, 250B-D, E*（美そのもの）*, 251A-C, E-252A, 254B*
　美しいもの、美（τὸ καλόν）　*237D, 244C, 246E, 251D, 255C, 267A, 276C, 278A*
　真の美（ἀληθὲς κάλλος）　*249D*
　美そのもの（αὐτὸ τὸ κάλλος）　*250E*
　美の流れ（κάλλους ἀπορρόη, κάλλους ῥεῦμα）　*251B, 255C*
　美を愛する（φιλόκαλος）　*248D*
光、日光（αὐγή）　*250C, 268A, 269A*
秘儀（τελετή）　*244E, 249C, 250B, 253C*
　最近—を受けた（ἀρτιτελής）　*251A*
　—にかかわる（τελεστικός）　*248E*
　—の術（τελεστική）　*265B*
　—を受けた（τέλειος）　*249C*
　—を受けたのが最近の（νεοτελής）　*250E*
　—を受けない・に与ることがない、成功しない、不完全な（ἀτελής）　*245A, 248B, 269D*
悲劇（τραγῳδία）　*268D, 269A*
非公開の叙事詩　→叙事詩
必然（性）　→強制
ヒッピアス（Ἱππίας）　*267B*
ヒッポクラテス（Ἱπποκράτης）　*270C*
ヒッポケンタウロスたち（Ἱπποκένταυροι）　*229D*
非難（ψόγος）　*240E;*（ὄνειδος）　*231E, 244B, 277A, D*
　—する（ὀνειδίζειν）　*257C-D, 258C*　→罵倒
　—する、とがめる、批判する（ψέγειν）　*236A, 240B, 241E, 243D, 265C, 274E*
批判する　→非難
備忘　→想起
暇、時間（σχολή）　*227B, 228A, 229E, 258E*
ヒメラの（Ἱμεραῖος）　*244A*
ヒーメロス、こがれ（ἵμερος）　*251C-E, 255C*
比喩言法、比喩法（εἰκονολογία）　*267C, 269A*
ビュザンティオン（Βυζάντιον）　*266E*
ピュトクレス（Πυθοκλῆς）　*244A*
評議会（βουλή）　*258A*
病気にかかっている（νοσεῖν）　*228B, 231D, 236B, 238E*
　恋という病にかかっている（ἔχων ἔρωτα）　*239C*
評判　→名声
ピンダロス（Πίνδαρος）　*227B*
不快な　→苦痛
不完全な　→秘儀
不敬虔（ἀσεβής）　*242D*

ふざける　→遊び
不死（ἀθάνατος）　245C, E-246D, 247B, 252B, 258C, 277A;（ἀθανασία）　246A
不実な（ἄπιστος）　240E, 241C
不正（ἄδικος）　250A, 261C-D, 277E
　—を受ける（ἀδικεῖσθαι）　252C
防ぐ　→守る
物体　→身体
不手際　→悪
プテロース（翼を持つ神）（Πτέρως）　252B
舞踏　→歌舞隊
船乗り（ναύτης）　243C
プラタノス（πλάτανος）　229A, 230B, 236E
プリュギア人（Φρύξ）　264C
プロタゴラスの（Πρωταγόρειος）　267C
プロディコス（Πρόδικος）　267B
分割する、分類する（διαιρεῖν）　253C, 263B, 265B, 270B, 271D, 273E
　分割する（διατέμνειν）　265E
　切り分ける（τέμνειν）　266A, 277B
　分割と総合の方法（διαίρεσις καὶ συναγωγή）　266B
　　—に恋している者　→恋
憤激法（δείνωσις）　272A
文章　→言論
分類する　→分割する
ペガソスの類（Πήγασοι）　229D
ヘスティア（Ἑστία）　247A
へまをやる　→過ちを犯す
ヘラ（Ἥρα）　230B, 253B
ペリクレス（Περικλῆς）　269A, E-270A
ヘルメス（Ἑρμῆς）　263D
ヘレネ（Ἑλένη）　243A
ヘロディコス（Ἡρόδικος）　227D
弁論家（ῥήτωρ）　258B, 260A, 269D;（ὁ ῥητορικός）　260C, 269D, 271D, 272D
　弁の立つ（ῥητορικός）　239A
　弁論術、弁論の技術（ῥητορική（τέχνη））　260C, 261A, 263B, 266C-D, 269B-C, E-270B, 271A
　弁論術（τὸ ῥητοριόν）　266C
　弁論としての側面（τὸ ῥητοριόν）　235A
　弁論の作文（γράφειν）　228A
法、習慣（νόμος）　231E
　法作家（νομογράφος）　278E
忘却、忘れる（λήθη）　248C, 250A, 275A, 276D
奉仕する　→世話をする
放縦、傲慢さ（ὕβρις）　238A, 250E, 253E, 254E
　放縦な、放埒者（ὑβριστός）　254C, E
暴食（γαστριμαργία）　238B
法廷、裁判所、裁判（δικαστήριον）　261A, C-D, 272D, 273B
　裁判（δίκη）　261B
放埒者　→放縦
牧草（νομή）　248B
ほのめかし（ὑποδήλωσις）　267A
褒める　→称賛
　褒め言葉　→称賛
ホメロス（Ὅμηρος）　243A, 278C
　—の末裔（Ὁμηρίδαι）　252B
ボレアス（Βορέας）　229B-C
ポレマスコス（Πολέμαρχος）　257B
ポロス（Πῶλος）　267B
本質、正体、存在、本当のあり方（οὐσία）　237C, 245E, 247C, 270E　→本性
本性、本質（φύσις）　245C, E, 248C-D, 251A-B, 253A, 254B, 270B-C, E-271A, 272A, 273E, 277B-C
　自然（φύσις）　240B, 270A
　素質、生まれつき（φύσις）　269D, 272D, 279A
本当のあり方　→本質
本当のこと　→真実
本当の知恵　→真実

マ　行

曲がった航路の心地よきかな（γλυκὺς ἀγκών）　257D
巻物（βιβλίον）　228B, 230D, 235D
まずかった　→害悪
間違う　→過ちを犯す
まとめ（ἐπάνοδος）　267D
まともな思慮の働く　→思慮
学び（μάθησις）　278A
　学ぶのが好き（φιλομαθής）　230D
真昼（μεσημβρία）　242A, 259A, D
守る、防ぐ（ἀμύνειν）　260B, 275E-276A
　自分自身を守る（ἑαυτῷ ἀμῦναι, ἀμύνασθαι）　275E-276A
右に出る者がない　→有能

右の恋、左の恋　→恋
自らを動かす　→動
みせびらかす　→演示する
ミダス（Μίδας）　264C-D
醜い　→恥
ミュリヌス区の（Μυρρινούσιος）　244A
昔の賢者たち　→知恵
無傷な　→完全な
ムーサたち（Μοῦσαι）　237A, 245A, 259B-D, 262D, 265B
　ムーサの術（μουσική）　259D
　ムーサの徒、音楽にすぐれた・に通じた（μουσικός）　237A, 243A, 248D, 268D-E
　ムーサの館（μουσεῖον）　278B
　ムーサに愛される（φιλόμουσος）　259B
無視する　→無知
無思慮な　→無知
無知（ἀμαθία）　235C
　無思慮な、思慮を欠いている（ἀνόητος）　241A-B
　―である・のままでいる、分からない、知らない、判別できない、無視する（ἀγνοεῖν）　228A, 230A, 236C, 239B, 241B, 243A, 250A, 260B-D, 262A, 275C, 277D
　―な（ἀμαθής）　239A
無理強いする　→強制
名声、評判（δόξα）　253D, 257D
名誉、尊重（τιμή）　242D, 253D, 259D
　名誉を愛する（φιλότιμος）　256C
　　―者　→恋
　名誉を重んじること（φιλοτιμία）　257C
メガラまで（Μεγαράδε）　227D
盲者の歩み（τυφλοῦ πορεία）　270E
文字　→書く
もっともらしいこと（εἰκός, εἰκότα）　272E, 273B
　―がら（εἰκότα）　267A
　もっともな理屈（εἰκός）　229E
求めに応じる、喜ばせる、捧げものにする（χαρίζεσθαι）　231B-C, 233D-E, 234B, 235B, E, 237B, 238E, 241B, D, 243D-244A, 250C, 256A, 273E, 274B
　求めに応じるべき（χαριστέον）　227C
物語　→言論
　話（μυθολόγημα）　229C
　―を語る（μυθολογεῖν）　276E
模倣（μίμησις）　248E
モリュコスの（Μορύχιος）　227B
問題　→言論
問答法（ἡ διαλεκτικὴ τέχνη）　276E;（τὸ διαλεκτικόν）　266C
　問答家（διαλεκτικός）　266C
　―（διαλέγεσθαι）　269B

ヤ　行

養い　→栄養
屋根のある走路（ドロモス）（δρόμος）　227B
やり損なう　→過ちを犯す
友愛　→友情
有益さ　→利益
勇気のある、男子のすべき（ἀνδρεῖος）　239A, C
　勇気がない（ἀνανδρία）　254C
　勇猛な（ἀνδρικός）　273B
友好　→友情
友情、友愛、友好、親しさ、愛情、親しくする（こと）（φιλία）　231E, 232B, E-233A, C, 237C, 240C, 241C, 255B, E, 256E
有能、如才ない、右に出る者がない、達人の域（δεινός）　228A, 229D, 245C, 267C
勇猛な　→勇気のある
夢を見ていようが覚めていようが（ὕπαρ τε καὶ ὄναρ）　277D
よい素性　→卓越性
養育　→栄養
容易で滑らかな道（ῥᾴων καὶ βραχυτέρα ὁδός）　272C
よく言うことを聞く　→説得
欲望、欲求（ἐπιθυμία）　231A, 232B, E, 233B, 234A, 237D, 238A-C, E, 264A
　欲求する、欲望する、欲する（ἐπιθυμεῖν）　227D（聞きたくてたまらない）, 228B（気に入る）, C（語りたく）, 232E, 236C（語りたく）, 237D, 240A, 243D（洗い流したい）, 255E
予言者（μάντις）　242C
　予言（者）（の）（μαντικός）　242C, 248D, 275B

予言術（μαντική） *244B-D, 265B*
善さ　→卓越性
欲求　→欲望
より穏やかでより単純な生き物（ἡμερώτερόν τε καὶ ἁπλούστερον ζῷον） *230A*
喜ぶ　→快
喜ばせる　→求めに応じる

ラ　行

ラコニア人（Λάκων） *260E*
利益、有益さ、効用（ὠφέλεια, ὠφελία） *233C, 234C, 237D, 238E, 239E, 245B, 274D-E*
有益な（ὠφέλιμος） *239B, 260C;* （λυσιτελής） *239C*
利益を得る（ὠφελεῖσθαι） *232D*
利益を得る、利益になる（συμφέρειν） *230E, 262E, 263E*
リギュア人たち（Λίγυες） *237A*
リキュムニオス（Λικύμνιος） *267C*
理性　→言論
理知、計算（λογισμός） *249C, 274C*
理由　→言論
流暢さ（εὐέπεια） *267C*
リュクルゴス（Λυκοῦργος） *258C*
リュシアス（Λυσίας） *227A-C, 228A, E, 235A-C, E, 242D, 243D, 257B-C, 258C-D, 262C-D, 263D-E, 264E, 266C, 269D, 272C, 277A, D, 278B-C, 279A-B*
理論　→言論
類似、類似性（ὁμοιότης） *240C, 253B*（似た）, *262A-B, 273D*
似ていない（ἀνόμοιος） *261D*
非類似性（ἀνομοιότης） *262A*
類する　→兄弟
ロバ（ὄνος） *260B-C*
論証（ἀπόδειξις） *245C*
示す（ἀποδεικνύναι） *278C*
論駁、吟味（ἔλεγχος） *267A, 273C, 278C*
吟味（ἀνάκρισις） *277E*

ワ　行

分からない　→無知
わきまえる　→知識
忘れる　→忘却
悪い性格、臆病（κάκη） *247B, 273C*
悪さ　→悪
悪い　→害悪

テクスト註

227A5 *ποιοῦμαι τοὺς περιπάτους* この現在形の意味は、藤澤に従い、「散歩していることにしている」という一般的習慣と解する。

227A6 *ἀκοπωτέρους* 医学用語であると思われる。ヒッポクラテス『箴言集』2. 48 では、「身体の動きすべてにおいては、苦しくなり始めたときにはいつも、すぐ休ませるのが *ἄκοπον* だ」と言われている。また『急性病の摂生法について』66 では入浴の効果の一つとして *ἄκοπον* と言われている。パイドロスは、医者のアクメノスの助言を聞いて散歩の場所を選んだと言い、医学用語を借用してそれを説明しているのである。Cf.『法律』第 7 巻 789D,『ティマイオス』89A.

227B5 *οἰκίᾳ τῇ Μορυχίᾳ* *Μορυχίᾳ* は人物名の固有名詞から出来た形容詞である稀な例である。Cf.『ゴルギアス』482A6-7, *ὁ ..... Κλεινίειος οὗτος*.

227B9-10 *οὐκ ἂν οἴει με ..... ποιήσεσθαι* *ποιήσασθαι* というアオリスト不定法に訂正する(Heindorf, Bekker, Ast, Stallbaum, Thompson, Burnet, Fowler, Hermann)のではなく、(Verdenius, Robin, de Vries, Rowe,(おそらく)Ryan, Yunis らと共に)写本どおり読み、*ἄν* + 直説法未来の間接話法の不定法で *ἄν* が保持されている稀な例と考えなければならないだろう。直接話法では、この組み合わせの例はプラトンにもいくつかある。『国家』第10巻 615D, *οὐκ ἥκει, οὐδ' ἂν ἥξει δεῦρο* など。Cf. Riddell, p. 147, Verdenius, p. 265. Yunis は、*ἄν* は *ποιήσεσθαι* にかかっておらず、途中で引用が入ったためソクラテスが構文を変えた anacoluthon(『国家』第10巻 615D も同様)とみなしている。

227B10 *τὸ σήν* *τεήν* ではなく写本どおり *σήν* と読むべきであろう。プラトンは忠実な引用をしているわけではない。Cf. Verdenius, p. 266.

227C2 *Λέγοις ἄν*. 可能性の希求法は、命令、勧告、要求の意味でも用いられる。Smyth, § 1830 が記しているように、必ずしも命令法より穏やかになるわけではない。

227C5 *πειρώμενόν* Liddell and Scott (s.v. *πειράω*, A. IV. 2), "*make an attempt on* a woman's honour". この「口説き」は、単なるほのめかし（cf. トゥキュディデス『歴史』第6巻第54章3）から暴力的なものまで（cf. リュシアス第1弁論12）幅広いものを含むことを Ryan は注意している。

227C9 *Ὢ γενναῖος.* Ὢ のアクセントに注意。*γενναῖος* は主格である。主格は表現されていない主語の述語として、感嘆文に用いられる。Smyth, § 1288.

228B7 *ἰδὼν μέν, ἰδών* *ἰδὼν* が反復されているが、de Vries は二つ目の *ἰδών* を読まない。Denniston（p. 365）は反復を保持し、この箇所は詩の引用か何かではないかと示唆している。そして、*μέν* は C1 の *δέ* と呼応していないことを反復を保持する根拠としているが、de Vries は *μέν, δέ* が呼応していると反論している。

反復を保持する場合、パイドロスの熱狂の状態（コリュバンテスになぞらえられている）を半ば嘲りながら表現したものとみなされる。

228B7 *ὅτι ἕξοι* *ὅτι* 節は causal clause である。申し立てられた、あるいは、報告された理由を表わす causal clause は、副時制のあとでは希求法をとる。Smyth, § 2242.

228C2-3 *τελευτῶν δὲ ἔμελλε καὶ εἰ μή τις ἑκὼν ἀκούοι βίᾳ ἐρεῖν* プロタシスは、future-less-vivid であるが、帰結は、ソクラテスはプロタシスが成立しないことを確信しているため、*ἔμελλε*＋未来不定法（*ἄν* は省略される。Smyth, § 2318）の形の unreal になっている。

228C4 *αὐτοῦ* A6 からソクラテスはパイドロスを三人称の言葉で指して語っている。「（パイドロス、君が）彼に頼みたまえ」の「彼」はパイドロス自身である。

228C6 *Ἐμοὶ ὡς ἀληθῶς κτλ.* Ryan は、Asyndeton は劇的で、感情の高ぶりを表わすと注意している。

228C9 *Πάνυ γάρ σοι ἀληθῆ δοκῶ.* Stallbaum のパラフレーズ *πάνυ γὰρ ἀληθῆ*

ἐστιν ἅ σοι δοκῶ ποιήσειν「ぼくが君に思われているその思われ方はまったく真実だ」の意味になる。パラフレーズでは *ἀληθῆ* は主格であるが、テクストでは対格であり、*δοκῶ* の内的目的語に一致する形容詞である。Cf. Riddell, p. 119. *γάρ* は Denniston が "assentient" と呼ぶタイプの同意の *γάρ* であるが、理由の意味を表に出して訳すこともできる。

228D3-4　*τὴν μέντοι διάνοιαν σχεδὸν ἁπάντων ..... ἕκαστον*　わずかに anacoluthon である。*ἕκαστον* は前に *ἅπαντα* と言われているかのように続けられている。

229A3　*σὺ μὲν γὰρ δὴ ἀεί*.　de Vries は、*γάρ* は「われわれ」と複数で語られていたのが、直前に裸足の件では単数形で述べていることの理由を示すと考えている。「私は裸足なんですよ。われわれとは言わないのなぜかというと、あなたはいつも裸足ですから」というようなニュアンスである。

229A5-6　*τὴν ὥραν*　与格を予想するが、*ὥρα* や *καιρός* のいくつかの熟語では、持続の観念がなくても対格がもちいられる、と Ryan は注意している。

229C1-2　*ᾗ πρὸς τὸ ἐν Ἄγρας διαβαίνειν*　*ἱερόν* を補う。*Ἄγρας* という属格は *ἐν* と伴に場所を表わす古風な用法と考える。「アグラにある神殿の方向に向かって」。

229C5　*οὐκ ἂν ἄτοπος εἴην*　「当世の風潮に合うことになるだろうね」(藤澤) など、*ἄτοπος* を "out of place"「場違い」というようなネガティブな意味にとる訳が多いが、ここでは Yunis に従い、この語を「独創的である」「目を引く」というポジティブな意味にとる。全体は、「(たとえぼくがこのあと述べるようにこの神話を合理的に解釈してみたところで) それは独創的でもなく陳腐なものになっただろう」というほどの意味になる。ソクラテスによる皮肉の一撃である。

229E1　*πλήθει καὶ ἀτοπίᾳ*　Burnet が採用している写本の読みは *πλήθη καὶ ἀτοπίαι* である。それだと、二つの主格の名詞 *πλήθη* と *ἀτοπίαι* が *πηγάσων* の後の *καὶ* で *ὄχλος* と結ばれて並ぶことになる。この読みも可能であるが、Papyrus Oxyrhynchus 1016 の *πλήθει καὶ ἀτοπίᾳ* と与格で読み、*ἀμηχάνων* にかけて「数と奇妙さの点で」とすれば、*Γοργόνων* と *Πηγάσων* と *ἄλλων τερατολόγων τινῶν*

φύσεων を同じ身分で並べて読むことができる。

230B4-5 *καὶ ὡς ἀκμὴν ἔχει τῆς ἄνθης, ὡς ἂν εὐωδέστατον παρέχοι τὸν τόπον* 一つ目の ὡς を causal にとり、二つ目の ὡς を最上級 *εὐωδέστατον* を強めるものと理解する Hackforth, Yunis（cf. Ryan）らに従った。「（アグノスは）花盛りの最高点にあるので、この場所を可能なかぎり芳しいものにするだろう」。

230B6 *ῥεῖ μάλα ψυχροῦ ὕδατος,* 「泉が……とても冷たい水で流れている」（日本語としては少しおかしいが）。*ῥεῖν*＋（水など流れるものの）与格という形が普通であるが、属格の用法もある（Liddell and Scott, s.v. *ῥέω*, 1. a）。凝った文体である。

230B7 *ὥς γε* de Vries, Yunis, Ryan らに従ってこの読みを取った。写本は *ὥστε γε* であるが読みにくい。プラトンは *ὥς γε* を *εἰρῆσθαι* などと組み合わせて挿入句としてよく用いる。Cf.『プロタゴラス』339E4, 309A4,『エウテュデモス』307A1.

230C1 *τὸ εὔπνουν* 中性形容詞を名詞として使っている。「風通しのよさ」。

230C2-3 *θερινόν τε καὶ λιγυρὸν ὑπηχεῖ τῷ τῶν τεττίγων χορῷ.* *θερινόν, λιγυρὸν* は副詞的対格。主語は形式上は C1 の *τὸ εὔπνουν*「風通しのよさ」であるが、意味上は「風通しのよい空気」。「風通しのよい空気が、夏らしくまた高い声で、蟬たちの声に反響している」。

230C3-4 *ἐν ἠρέμα προσάντει* *χωρίῳ* などを補って考える。Liddell and Scott, s.v. *προσάντης*, I.

230C5 *ὥστε ἄριστά σοι ἐξενάγηται, ὦ φίλε Φαῖδρε.* *ἐξενάγηται* は、完了時制の受動態が非人称的に用いられている例である。Smyth, § 935.「君によって最もよく先導されたのだ」＝「君は最もよく先導したのだ」。

230D1 *οὕτως* de Vries は "to such a degree" とし、先行する主張の説明を導入するという註を与えている。Thompson はラテン語の "adeo" と同じとしている。「それほどまでに〜」asyndeton に注意。

230D6-8　ὥσπερ γὰρ οἱ τὰ πεινῶντα θρέμματα θαλλὸν ἤ τινα καρπὸν προσείοντες ἄγουσιν,　*ἄγουσιν* から *ἀγοντες* を *θρέμματα* の後に補って読む（de Vries）。「腹の減った家畜を（導く人たちが）枝や野菜を振って導くように」。

230E1　φαίνῃ περιάξειν　de Vries は、*περιάξειν* の未来形は "modal future" であるという註を与えている。「君は引っ張り回すだろうと思われる」ではなく、「君は引っ張り回すことができると思われる」。

231C2　φασιν　主語は人々一般ではなく、*οἱ ἐρῶντες* ととる。

232B7　κοινὴν ἀμφοτέροις καταστῆναι τὴν συμφοράν,　Burnet は、*κοινὴν* の後に *ἄν* を挿入する Hirschig の訂正を採用しているが、Yunis, Ryan の言うように、このままでも間接話法のアオリストは格言的用法で、普遍的真実を表現していると見ることができる。「災難は共通のものとなるものだ」。*ἡγουμένῳ* にかかる不定法は三つあるが、一つ目は現在、二つ目がこの格言的アオリストで、三つ目だけが可能性の希求法で *ἄν* を（繰り返して二つも）とっている。さらに、この二行の間に *ἄν* は計四個も使われている。

232C5　ἀποτρέπουσιν　現在形は conative である。Smyth, § 1878.「さまたげる」ではなく「さまたげようとする」。

232C7　ὑπερβάλωνται　Liddell and Scott, s.v. *ὑπερβάλλω*, B. I. 3, "overbid, outbid". 恋する者が恐れるとされているのは、金持ちが単に金銭の所持で上回っていることではなく、それを用いてパイディカを奪うことである。

232C8　γένωνται　*γίγνεσθαι* は通常「～になる」であるが、ここは「～であると判明する」という意味である。教育のある者は、客観的には付き合う以前からすでに勝っているのであって、付き合ってはじめてそう「なる」わけではないが、教育ある者と付き合う者から見て主観的には、そうであると判明する、わかるという意味で「なる」ということである。249E3 の *γίγνεται* も同様である。Cf. Verdenius, p. 16, Dodds on *Grg.* 496A, de Vries, Ryan.

232E1　αὐτοῖς　唐突であるが、「彼らには」は「少年たちには」を指す。

232E4-5 ***ἐπεθύμησαν ..... ἔγνωσαν ..... ἐγένοντο*** アオリストは格言的用法である。

233A1-4 ***τοῖς δὲ μὴ ἐρῶσιν, οἵ καὶ πρότερον ἀλλήλοις φίλοι ὄντες ταῦτα ἔπραξαν, οὐκ ἐξ ὧν ἂν εὖ πάθωσι ταῦτα εἰκὸς ἐλάττω τὴν φιλίαν αὐτοῖς ποιῆσαι, ἀλλὰ ταῦτα μνημεῖα καταλειφθῆναι τῶν μελλόντων ἔσεσθαι.*** *τοῖς μὴ ἐρῶσιν* は（*οὐκ* ではなく *μή* であることに注意）関係の与格（Smyth, § 1495）。*ἀλλήλοις* は、主語の恋しない者だけではなく、恋しない者とパイディカを指す、厳密でない表現である。最初の *ταῦτα* は何も受けずに直接性交渉を指すが、二つ目と三つ目は（内容的にはあまり変らないが）文法的には *ὧν* の先行詞を受ける。*αὐτοῖς* は *τοῖς μὴ ἐρῶσιν* を受け直している。

233B2-5 ***δυστυχοῦντας μέν, ἃ μὴ λύπην τοῖς ἄλλοις παρέχει, ἀνιαρὰ ποιεῖ νομίζειν· εὐτυχοῦντας δὲ καὶ τὰ μὴ ἡδονῆς ἄξια παρ' ἐκείνων ἐπαίνου ἀναγκάζει τυγχάνειν·*** 主語は *ἔρως* である。asyndeton に注意。後半は anacoluthon であるが、口語的な文法の崩れによるものではなく、前半と後半の形式を強引に合わせようとする修辞的な作為によるものである。前半の始まりと合わせるために置かれた *εὐτυχοῦντας* は分詞に対応する対格は放棄され、*παρ' ἐκείνων* という別の形の構文で引き継がれる。

233D6 ***τοῖς ἄλλοις*** 一行上の *τοῖς δεομένοις* と並ぶ与格ではなく、中性で観点の与格ととる解釈もある（Robin, de Vries, Yunis, Ryan, cf. Smyth, § 1516）が、藤澤、Rowe に従って男性ととり *προσήκει* にかける。「他の人々にとって〜することがふさわしい」。

233E7 ***τοῖς ἐρῶσι*** Burnet は Ast の *προσαιτοῦσι* を採用しているが、T, W の *ἐρῶσι* を読む（Yunis, Ryan）。Ryan の言うように、E7 の *τοῖς σφόδρα δεομένοις* との重複を避けられるし、*μόνον* に意味が出る。

234A7 ***παυσαμένου*** Hermann の訂正である。*σοῦ* を暗に補う。「（君が）花盛りを過ぎても」。

234E7-8 ***σαφῆ καὶ στρογγύλα, καὶ ἀκριβῶς ἕκαστα τῶν ὀνομάτων ἀποτετόρνευται***

ἕκαστα τῶν ὀνομάτων は途中から出てくるが、最初から主語であると理解する。*σαφῆ καὶ στρογγύλα* には *ἐστιν* を暗に補う。「表現のすべてが明確で練られていて、精密に工作されている」。

235A1 *τῷ γὰρ ῥητορικῷ* ソクラテスが注意を向けていたこの「弁論に関すること」とは、「作者が語るべきことを述べた」(234E6) かどうかという、弁論術の核心である議論の説得力の側面であり、単に表面上の言葉の側面ではない。藤澤を含めてほとんどの訳は、「弁論に関すること」を言葉の側面とみなしているが、Yunis の注意するように、二つの大きな困難がある。⑴ソクラテスは言葉の側面にもっぱら注意を向けていたことになるが、彼のこれから行なう批判は（234E5-6-の皮肉を除いては）言葉ではなく内容に向けられている。⑵ 235A2 の *τοῦτο* の指すものが直前の「弁論に関すること」ではなく、234E6 までさかのぼって「作者が語るべきことを述べたかどうか」を指すとしなければならない。

対話篇の後半で中心的話題となる、技術を伴って説得力を持つための本当の弁論術が何か、という話題はすでにここから始まっているのである。アリストテレスもプラトンの考えに一致している。アリストテレスによれば、弁論術の最も重要な側面は議論である（『弁論術』第 1 巻第 1 章1354a)。弁論術が単に表面上の言葉の選び方にかかわるという、後の通俗的概念を持ち込んではならない。

235A2 *τοῦτο δὲ οὐδ' αὐτὸν ᾤμην Λυσίαν οἴεσθαι ἱκανὸν εἶναι* Ast は *ἄν* を *οἴεσθαι* の前に挿入して読む。Thompson は挿入の位置を *αὐτόν* の前にした。Burnet は Thompson に従っている。*ἄν* があると、「そして、この点については、リュシアスも自分で十分だとは考えはしないだろうと思った」という意味になる。多くの訳はこれを採用しているが、*ἄν* なしでも、「実際リュシアスが考えていないと思った」で十分意味が通じる。

235B1 *αὐτὸ γὰρ τοῦτο* A2 の *τοῦτο* と同じく、「作者が語るべきことを述べたかどうか」を指す。

236B1-2 *τῶν δὲ λοιπῶν* 特に構文の最初で、発言の主題を述べる属格。Smyth, § 1381.

236C2-3　ἵνα δὲ μὴ ..... εὐλαβήθητι　T の ἵνα δὲ を読み、Cobet が削除している εὐλαβήθητι を削除しない。

236C6　ἐπεθύμει　Burnet の ἐπεθύμε は誤植。

236E4-5　τὴν ἀνάγκην ἀνδρὶ φιλολόγῳ ποιεῖν ὃ ἂν κελεύῃς　Brachylogy（Smyth, § 3017）である。τὴν ἀνάγκην ἀναγκάζουσαν τὸν φιλόλογον ἄνδρα ποιεῖν ὃ ἂν κελεύῃς というような意味。Cf. Ryan.

236E6　Τί δῆτα ἔχων στρέφῃ;　分詞 ἔχων は、「連続して、しつこく」という熟語。Smyth, § 2062a.「なぜあなたはしつこくもがいているのか」。

237B5　ἔπειθεν　未完了過去は conative である。Smyth, § 1895.「説得した」ではなく「説得しようとしていた」。

237D2　ἀναφέροντες　Riddell, p. 167 で、他動詞が目的語なしに用いられる例として挙げられている。

238A2　πολυμελὲς γὰρ καὶ πολυειδές　B の読みを取る。πολυειδές は同じ行の ἰδεῶν とうまく対応する。

238A7-B2　ἐπιθυμία γαστριμαργία τε καὶ τὸν ἔχοντα ταὐτὸν τοῦτο κεκλημένον παρέξεται·　前半に動詞を暗に補う。ἐστι か、あるいは καλεῖται.

238B2-3　περὶ δ' αὖ μέθας τυραννεύσασα, τὸν κεκτημένον ταύτῃ ἄγουσα, δῆλον οὗ τεύξεται προσρήματος·　主語は最初 ἐπιθυμία で、二つの分詞はそれに一致しているが、放置され、宙に浮いてしまっている。anacoluthon. τεύξεται の主語は ὁ κεκτήμενος である。

238B3-5　καὶ τἆλλα δὴ τὰ τούτων ἀδελφὰ καὶ ἀδελφῶν ἐπιθυμιῶν ὀνόματα τῆς ἀεὶ δυναστευούσης ᾗ προσήκει καλεῖσθαι πρόδηλον.　Yunis の解釈に基本的に従う。その都度顕著になる欲望の名前と、それを持つ人の名前の二つの区別が重要である。たとえば、大食／大食漢（酩酊／酔っぱらい）の区別である。その二つが、逆の順序で τἆλλα から δυναστευούσης までの限定の対格の句の中に並

べられる。一つは人の名前で τἆλλα τὰ τούτων ἀδελφὰ ὀνόματα である。τούτων を藤澤は「γαστριμαργία あるいはその他の名前」と解するが、むしろ、テクストでは言われていない（が明らかとされている）γαστρίμαργος などの人の名前と解する。その場合、τούτων は男性（「そういう人々」）ではなく、中性（「そういう人々の名前」）と読める。もう一つは欲望の名前で τἆλλα τὰ ἀδελφῶν ἐπιθυμιῶν τῆς ἀεὶ δυναστευούσης ὀνόματα である。そして、二つのうち人の方だけが ᾗ προσήκει καλεῖσθαι の主語になっている。καλεῖσθαι は形は中動相未来で意味は受動ととる。ἀεὶ は「その都度」である。無理やり直訳すると、「それらの（人の）名前と兄弟関係にある諸々の名前について、そして、（そういう欲望と）兄弟関係にある諸々の欲望のうちでその都度顕著になる欲望の名前については、その人がどのように呼ばれるのが適切であるかは明らかである」。

239A2　*ἀπεργάζεται*　この現在形も conative である。Smyth, § 1878.「仕上げる」ではなく「仕上げようとする」。

239A4-6　*τοσούτων κακῶν καὶ ἔτι πλειόνων* ..... *γιγνομένων τε καὶ φύσει ἐνόντων* [*τῶν*] *μὲν ἥδεσθαι, τὰ δὲ παρασκευάζειν*　ἥδεσθαι はプラトンでは与格を取るので属格 τῶν は異例であるが不可能ではない。τοῖς に修正する（Heindorf）のも有力である。

しかし、τῶν を削除する Burnet, Yunis（cf. Denniston, p. 373）に従う。μέν, δέ が何と何を対比させているかであるが、まず、τῶν を読むと、「生じる悪、生まれつき備わる悪」のうち（あるものを喜び）あるものは調達する、ということになる（藤澤は「τῶν μέν は κακῶν ..... γιγνομένων καὶ φύσει ἐνόντων の全体をそのまま受け」ると解釈している。τῶν を読む場合、これが可能ならこちらの方がよい）が、むしろ、調達するものは「生じる悪、生まれつき備わる悪」以外のものであるのが自然である。一方、τῶν を削除すると対比は自然になる。ただその場合、μέν の位置があまりに後ろに置かれすぎているように思えるが、γιγνομένων τε μὲν καὶ φύσει ἐνόντων ἥδεσθαι, τὰ δὲ παρασκευάζειν では τε と μέν の連続（避けられるべき連続）になるので、それを避けるために μέν が大幅に後ろに置かれたと考えられる。τῶν は、後置された μέν を理解できなかった写し手が字句の表面上安易な対比を得るために挿入されたと考えられる。前半の属格は genitive absolute と見ることができるので、ἥδεσθαι + 属格の形にはならない。「これだけ多くの、そしてさらに多くの悪

が生じたり生まれつき備わっていたりする場合には喜び、（それらの悪のそれ以外は）調達してくれる」。

239B3　μεγίστης δὲ τῆς ὅθεν ἂν φρονιμώτατος εἴη.　多くの論者が指摘するように *μεγίστης δὲ*（*βλάβης αἴτιον εἶναι ἀπείργοντα*）*τῆς*（*συνουσίας*）*ὅθεν ἂν φρονιμώτατος εἴη.* の省略した言い方。

239C3-5　τὴν δὲ τοῦ σώματος ἕξιν τε καὶ θεραπείαν οἵαν τε καὶ ὡς θεραπεύσει οὗ ἂν γένηται κύριος　二つの間接疑問詞 *οἵαν* と *ὡς* を *ἕξιν* と *θεραπείαν* の両方にかけず、振り分ける。*οἵα τε ἡ τοῦ σώματος ἕξις ἔσται καὶ ὡς θεραπεύσει ὁ ἐραστὴς τὸ σῶμα τοῦ ἐρωμένου οὗ ἂν γένηται κύριος*（Yunis）.

240C3-4　κόρον ..... ἔχει　de Vries は *ἔχει* を "involves, admits of" の意味（Liddell and Scott, s.v. *ἔχω*, A. I. 11）と考えている。「飽きがくる」ではなく「飽きがくることがある」。

241C2　εἴη　B6 の *ὅτι* で導かれる間接話法の希求法。B7 の *ἔδει* と並列。

241D1　ὡς λύκοι ἄρνας ἀγαπῶσιν, ὣς παῖδα φιλοῦσιν ἐρασταί　Yunis は、*ὡς λύκοι ἄρν' ἀγαπῶσ', ὣς παῖδα φιλοῦσιν ἐρασταί* という Bekker の推測を採用している。それだとダクテュロス・ヘクサメトロスの韻律は完全になる。しかし、あとわずかで完全に叙事詩の韻律になるところを、ソクラテスはかろうじて切り抜けた状況と考える方が文脈に合うと思われる。

241D6　λέγων　対格であるべきところが主格になっている anacoluthon である。

242A4-5　ἡ δὴ καλουμένη σταθερά　Yunis は、*μεσημβρία* と意味が重複し、後世の書き込みに見えるという理由で、この句を削除している。しかし、*σταθερά* という語は *μεσημβρία ἵσταται* の *ἵσταται* と同根でありながら、天文に関するいくぶん専門的な用語であり、さらに、単に真昼頃というだけでなく、正確に正午を意味すると解釈する Ryan に従う。

242A6　ἀποψυχῇ　第二アオリスト受動相。

242C9-D1　*μή τι παρὰ θεοῖς / ἀμβλακὼν τιμὰν πρὸς ἀνθρώπων ἀμείψω*
プルタルコス『食卓歓談集』748C で引用されているのは、*δέδοικα μή τι πὰρ θεοῖς / ἀμβλακὼν τιμὰν πρὸς ἀνθρώπων ἀμείψω* である。プラトンは一行目の *δέδοικα* を *ἐδυσωπούμην*（当惑する）に変え、前置詞 *πάρ* を通常の *παρά* に変え、二行目から引用としている。元の詩などを自由にアレンジして作品に織り込むのはプラトンの得意技である。

243B3　*γενήσομαι*　（より賢い者）「になるだろう」ではなく、「であると判明するだろう」。232C8 へのテクスト註参照。

243D6-7　*ἐκ τῶν ὁμοίων χαρίζεσθαι*　Rowe, Yunis, Ryan に従って、「同じように（つまり、恋してもらっているのと同じように恋を返して）求めに応じる」という Fraenkel（ad Aesch. *Ag.* 1423）の解釈を採用する。藤澤を含め多くは、「他の条件が同じなら（*ceteris paribus*）」と解釈している。

244B5　*ὤρθωσαν*　gnomic aorist と取る。「正した」ではなく「正す」。

244B6-7　*οἱ τὰ ὀνόματα τιθέμενοι*　現在形に注意。「名前を立てた人々」ではなく、「名前を立てようとしていた人々」。

244D5-245A1　*ἀλλὰ μὴν νόσων γε* ..... *ποθὲν, ἔν τισι τῶν γενῶν ἡ μανία* ..... *προφητεύσασα, οἷς ἔδει* .....　多くの解釈では、Burnet のテクストで D7 の *οἷς ἔδει* の前に置かれているコンマを同じ行の少し前 *γενῶν* の後に移すが、本書ではそのコンマは元の場所に保持し、新たにコンマを *ποθὲν* の後に打つ。これは藤澤が有力と考える解釈の一つに従ったものである。この箇所については藤澤の秀逸な註を参照。そこで藤澤は「..... *ἃ δὴ* ..... *ποθέν* までを関係文章とみて *ἔν τισι τῶν γενῶν* を関係文章の外に出すか、あるいは、関係文章の中に入れるにしても、*ἐγγενομένη* の後にもう一度 *ἔν τισι τῶν γενῶν* を補って考える」という二つの可能性を示し、藤澤自身は後者を採用している。本書では前者を採用した。

244E3　*τὸν ἑαυτῆς ἔχοντα*　*ἑαυτῆς* を削除せず、*ἔχοντα* を *μετέχοντα* の意味に取る。主語は擬人化されている狂気であり、「その狂気自体を分け持つ者

を」健全にしてやった、ということである。

245D3　*ἐξ ἀρχῆς γίγνοιτο*　Verdenius, de Vries, 藤澤、Yunisに従い、写本どおりに読む。主語はD1の *πᾶν τὸ γιγνόμενον*. Buttmanの推察 *ἔτι ἀρχὴ γίγνοιτο*（Burnet, Hackforthが採用している）は、*γίγνοιτο* が *εἴη* と同じ意味に理解できるなら論理的に整った意味を与えるが、*γίγνεσθαι* はこの箇所でずっと「生成」を意味しているので、その理解には無理がある。

245E1　*πᾶσάν τε γένεσιν*　藤澤、Yunisらに従い写本どおりに読む。ピロポノスの読み *πᾶσάν τε γῆν εἰς ἕν* をBurnetは採用しているが、*γένεσις* は *τὰ γιγνόμενα* を意味すると考えて問題はない。

245E6　*ταύτης οὔσης*　*τούτου*（自分を動かすこと）*ὄντος* が、述語の *φύσεως* の性に同化したもの。

246C3-6　*οὗ* ..... *ζῷον τὸ σύμπαν ἐκλήθη*, ... *θνητόν τ' ἔσχεν ἐπωνυμίαν·*　主語は最後まで *ψυχή* であるが、身体と結びついたものとしては女性でなく中性（*τὸ σύμπαν*）で受けられている。

247A6　*πράττων*　主語は *γένος* だが、意味上個々の神なので男性になっている。

247B4-5　*ᾧ μὴ καλῶς ᾖ τεθραμμένος τῶν ἡνιόχων*　条件を表わす関係節である。*ἄν* がないのは散文では稀だが、詩的な表現とみてそのまま読む。

247D6-E2　*καθορᾷ δὲ ἐπιστήμην, οὐχ ᾗ γένεσις πρόσεστιν, οὐδ' ἥ ἐστίν που ἑτέρα ἐν ἑτέρῳ οὖσα ὧν ἡμεῖς νῦν ὄντων καλοῦμεν, ἀλλὰ τὴν ἐν τῷ ὅ ἐστιν ὂν ὄντως ἐπιστήμην οὖσαν·*　*ὧν ἡμεῖς νῦν ὄντων καλοῦμεν* は、（*τούτων*）*ἃ ἡμεῖς νῦν ὄντα καλοῦμεν* が隠れた先行詞 *τούτων* の格に同化したものであるが、その先行詞 *τούτων* をどこにかけるかが問題になる。多くの解釈は、この属格を目的属格として主語の関係代名詞の指すものつまり *ἐπιστήμη* の対象と考える。「われわれが今存在すると呼んでいるものどもを知る知識」。しかし、藤澤が指摘しているように、「イデアとしての知識とわれわれの世界における知識の区別を、単に対象となる存在の性格の区別と考えることが許されないとすれば、この文章

をここに挙げたように訳することは疑問」である。「*ἐν* はあくまでも……*περί* や *ἐπί* と同じではなく、『〜の中に』でなければならない」という藤澤の意見に従う。本書では、*τούτων* を E1 の *ἐν ἑτέρῳ* の *ἑτέρῳ* にかかる部分属格と考える。「われわれが今存在すると呼んでいるものどものうちの異なるものの中では、異なるものであるような知識」。

247E4　*ἐλθούσης δὲ αὐτῆς*　*αὐτῆς* は、形式的にはこれまでの主文の主語を受けて *διάνοια* であるが、意味的には神々の魂とみなせる。

248A1　*Καὶ οὗτος μὲν θεῶν βίος· αἱ δὲ ἄλλαι ψυχαὶ,*　*δὲ* はずっと前 247B6 の *μὲν* と対応する。その間が非常に長いのでプラトンは、*μέν* の内容の要約を与えている。

248B5-C2　*οὗ δ' ἕνεκα* ..... *οὗ ἐστιν*, *ἥ τε δὴ* ..... *τούτῳ τρέφεται*　*τοῦτό ἐστιν ὅτι* というような語句が *ἥ τε δὴ* の前に省略されていると考えるのが一般的である。とりわけ *ὅτι* の省略は大胆である。

248D1-3　*φυτεῦσαι* ..... *τὴν μὲν πλεῖστα ἰδοῦσαν ἐς γονὴν ἀνδρὸς γενησομένου φιλοσόφου* .....　*γονή* は「種族」ではなく「たね」。Liddell and Scott, s.v. II. 1, "that which engenders, seed".「最も多くを見た魂を哲学者……になるであろう男のたねの中に植え付ける」。

248D6　*εἰς φιλοπόνου γυμναστικοῦ*　*φιλοπόνου* の後に *ἢ* を挿入すると意味がおかしくなる。第四位に含まれるのは、単に「労を好む者」ではなく、「体育において労を好む者」である。

248D7-E1　*πέμπτην μαντικὸν βίον ἤ τινα τελεστικὸν ἕξουσαν*.　*πέμπτην*（*εἰς γονὴν*）*ἕξουσαν μαντικὸν βίον ἤ τινα τελεστικὸν* と理解する。「第五位の魂を何か予言者や儀礼の生を持つであろうたねの中に（植え付ける）」。

249B6-C1　*δεῖ γὰρ ἄνθρωπον συνιέναι κατ' εἶδος λεγόμενον*, *ἐκ πολλῶν ἰὸν αἰσθήσεων εἰς ἓν λογισμῷ συναιρούμενον*.　さまざまなテクスト訂正の提案があるが、このまま読む。*λεγόμενον* は分詞が名詞として用いられていると考える。この用例については cf.『リュシス』213C,『メノン』82C. *ἰόν* と *συναιρούμενον*

は、*εἶδος* ではなく、名詞としての *λεγόμενον* に一致する。Yunis は、*συναιρούμενον* は *ἕν* に一致するとしているが、*ἐκ πολλῶν αἰσθήσεων ἰόν* と *εἰς ἓν συναιρούμενον* をペアにする方が形のうえでもよい。「人はエイドスの下で語られるものを知らねばならない、（そのエイドスの下で語られるものは）多くの感覚から出て、理知の働きによって一つに統合されるものである」。

249D5-E1　*ἣν ὅταν τὸ τῇδέ τις ὁρῶν κάλλος, τοῦ ἀληθοῦς ἀναμιμνῃσκόμενος, πτερῶταί τε καὶ ἀναπτερούμενος προθυμούμενος ἀναπτέσθαι, ἀδυνατῶν δέ, ὄρνιθος δίκην βλέπων ἄνω, τῶν κάτω δὲ ἀμελῶν, αἰτίαν ἔχει ὡς μανικῶς διακείμενος* 大きく二つ anacoluthon ないしそれに近いところがある。(1) *ἣν* の関係代名詞がかかるものがなく宙に浮いている。その代わりに「[その人が] 狂っている状態にあると非難を受ける（*αἰτίαν ἔχει ὡς μανικῶς διακείμενος*）」が関係節の本体に置かれる。藤澤は、*ἣν αἰτίαν ἔχει* を「そういう非難を受ける」と読むとしている。こう読めればこの点では anacoluthon とする必要がない。(2) *ὅταν* の中の定動詞はまず *πτερῶται* であるが、それに *τε καί* によって繋がれているのは定動詞ではなく連続するいくつもの分詞である。藤澤は「*ὅταν* c. subj. の構文と part. の構文とが混合しているため、文法的な anacoluthon を結果している」と述べている。

πτερῶταί の現在形は、conative と考える。「翼を生やす」ではなく「翼を生やそうとする」。

249E3　*γίγνεται* （最善に）「なる」ではなく、（最善で）「あることがわかる」という意味。232C8 へのテクスト註参照。

250A7　*οὐκέτ' ἐν αὑτῶν γίγνονται* 藤澤に従い、Burnet の読みを取る。

250D6　*καὶ τἆλλα ὅσα ἐραστά* この句の前にあるダッシュを削除し、この句を D4, *δεινοὺς γὰρ* から始まる挿入文の一部と考える解釈もある（de Vries, Ryan, おそらく Rowe, Yunis）。大きな意味の違いはないが、Burnet らがわざわざこの句の前にダッシュを置くのは理由がないわけではないと思われる。挿入文の前には、思慮が視覚で見られないと言われているだけなので、他のイデアも視覚によって見られないことを述べる文を挿入文の後に置くほうが、次の文「美だけが……」と論理的につながりが良くなると思われる。

251C4 *πέπονθεν*　完了時制は、Smyth（§ 1948）が“Empiric Perfect”と呼ぶもの。経験的事実に基づいた一般的真理を表現する。

252B8-9 *τὸν δ' ἤτοι θνητοὶ μὲν Ἔρωτα καλοῦσι ποτηνόν, / ἀθάνατοι δὲ Πτέρωτα, διὰ πτεροφύτορ' ἀνάγκην.*　この詩句の二行目の韻律が不規則であるのは、*δέ* が *Πτ-* の前であるにもかかわらず短いとみなされている（そうでなければ *Πτέρωτα* の *τέ* の音節が余ってしまう）にもかかわらず、*διά* の二つ目の音節は同じく *πτ-* の前で長いとみなされていることにある。

一行目の第四脚の長短格の後（ヘルマンのブリッジ）に単語の区切りがあるのはホメロスでは非常に稀である。また、*ἤτοι* ..... *ἀθάνατοι*, ... *Ἔρωτα* ..... *Πτέρωτα* ..... *πτεροφύτορ'* という音の重複は意図的に耳障りな効果を狙っているかのようである。プラトンの風刺的な意図が見られる。Cf. Yunis.

252D5-6 *τόν τε ..... ἔρωτα τῶν καλῶν ..... ἐκλέγεται*　Thompson, Fowler, Ritter, Ryan, Yunis に従って、*τῶν καλῶν* を *ἐκλέγεται* の *ἐκ* にかけ、「美しい者どもから」と理解する。「美しい者どもから恋（の相手）を選ぶ」。

253C3 *καὶ τελετή, ἐάν γε διαπράξωνται ὃ προθυμοῦνται ᾗ λέγω*　Yunis に従って、*ἐάν* の条件節は、熱意と秘儀が美しく幸福であるための条件ではなく、*προθυμία* が *τελετή* でもある条件を与えているとみなす。「熱意と秘儀は、（そう、その熱意は）彼らが熱望するものを私の言うような仕方で成就するときには秘儀でもあるのだ、（その熱意と秘儀は）……」。

254A5 *ἀναγκάζει*　現在時制は conative ととる。「強制する」ではなく「強制しようとする」。

254A6-7 *μνείαν ποιεῖσθαι τῆς τῶν ἀφροδισίων χάριτος*　大多数の訳は、（御者とよい馬に）「（相手の子に）性愛のよろこびの話をもちかける」（ように強制しようとする）というものだが、Yunis の言うようにいくつか難点がある。まず、(1) この恋する者の格闘の段階では、恋する者の魂の中における格闘のみが問題になっているように思われる。この点は決定的な難点ではないが、(2) 少年愛の場合、恋される少年が性愛のよろこびを得るとは想定されていないこと、また (3) 恋の経験がほぼゼロに等しいように思われる（255D-256A）少年が性愛のよろこびを知っているか疑わしいことは大きな難点である。

Yunis に従って、*μνείαν ποιεῖσθαι* を *ἀναμιμνήσκεσθαι*（思い出す）と理解する。（御者とよい馬に）「性愛のよろこびを思い出すように」（強制しようとする）。この解釈だと、恋する人の魂の中の綱引きで対立しているのは、一方でかつて見たイデアの記憶と、もう一方でかつての性愛のよろこびの記憶という二つの記憶だということになる。

254D1　*ἀναγκάζων*　現在形は conative.「強制しようとする」。

254D5　*ἐπὶ τοὺς αὐτοὺς λόγους*　254A6 で言われていたことと同じ理由、つまり「性愛のよろこびを思い出せ」という話を持ち出してということである。A6-7 へのテクスト註参照。

254E1-2　*ὥσπερ ἀπὸ ὕσπληγος ἀναπεσών*　解釈の難しい句である。

藤澤を含め多くはこの *ὕσπληξ* を Liddell and Scott の 3 の意味、すなわち、戦車競走などのレースでのスタートのために使われた何らかの装置、機械と理解している。最もシンプルには、二本の棒の間にロープを張ったものなどである。スタート前にはやってその装置にぶつかっていこうとする馬を引っ張って制御する御者のイメージである。この解釈に従うとすると、訳としては「まるで戦車競走の出走ゲートで御者がはやる馬を反り返って引っ張るように」というようになる。

Liddell and Scott は *ὕσπληξ* の二つ目の意味として、何らかの自動機械を作動させるよじった紐（そのよじりを戻すと自動機械が作動する）とし、この箇所を用例として挙げ “throwing himself back as from a *ὕ*. i.e. violently” と訳している。しかし、自動機械の比喩を用いて「激しく」と言うことが適切かどうか疑問が残る。Rowe は、“as he falls back as if from a *husplēx*” と訳したうえで、“i.e. some sort of mechanical contrivance” という註を与えている。おそらく彼の解釈の重点は、後ろに倒れる御者の振る舞いが意志に反した、むしろ自動的で反射的なものであるという点にある。本書の「まるで自動機械のように反射的に」という訳はこの解釈に従った。

ὕσπληξ には動物を捕らえるわなという意味がある（Liddell and Scott, s.v. 1）。これを取り、「わなにかかりそうになった人がするように」という解釈もある（Ryan）。

Yunis は、*ὕσπληξ* を、戦車競走のスタートの装置ではなくレースコースの折り返しの柱であるという解釈をとっている。レースで御者はその柱に衝突

しないように後ろに反り返って馬を制御する。このイメージは文脈によく合うが、*ὕσπληξ* にそのような意味はなさそうである。Yunis の挙げる、ソポクレスの『エレクトラ』743-748 では、レースで御者（オレステス）がその柱に激突し、死んだと報告される（実は偽報であるが）場面があるが、そこで使われている言葉は *στήλη* であり、*ὕσπληξ* ではない。

255A6-7 ***προϊόντος δὲ ἤδη*** めずらしい apodotic な *δέ* である。

255C6-D1 ***εἰς τὸ καλὸν διὰ τῶν ὀμμάτων ἰόν, ᾗ πέφυκεν ἐπὶ τὴν ψυχὴν ἰέναι ἀφικόμενον καὶ ἀναπτερῶσαν*** *ᾗ* の節は *ἰέναι* までで、*ἀφικόμενον* の manner を表わすととる。藤澤の指摘するように、*ἀναπτερῶσαν* に暗に補うべき目的語は *αὐτόν* よりも *ψυχήν* であろう。「美しい者の中に目を通って行き、（その流れが）魂のところに行く本性があるように、（そういうふうに魂のところに）やってきて、（その魂を）興奮させる」。

256A3-5 ***ὅταν τε συγκατακέωνται, ... εἰ δεηθείη τυχεῖν*** 形式上は主語は依然として恋される者の悪い馬であるが、意味上は自然に恋される者に移っている。

256A5 ***αὖ*** Hackforth の解釈をとって、恋する者の善い馬の場合と並べられていると考えた。

256C4-5 ***αἵρεσιν εἱλέτην τε και διεπράξαντο*** 藤澤らに従う。双数と複数の混合はよくあるし、また、*αἵρεσιν* を「選択」ではなく、具体的な「行為」と考えれば、能動相の *εἰλήτην* が文脈にふさわしい。

257A1-2 ***περὶ γῆν κυλινδουμένην*** 249A-B で言われている *τὰ ὑπὸ γῆς δικαστήρια* と *τοὐρανοῦ τινα τόπον* の両方を含めたものと理解する。

257A4-5 ***τά τε ἄλλα*** de Vries に従って、*ποιητικῶς* を暗に補って読む。パリノーディアーが詩的に語られたのは言葉の面だけではない。

257B1 ***ἀπηνές*** Burnet は *ἀπηχές* をヘルメイアスの読みとして採用しているが、de Vries はこれはヘルメイアス自身のコメントであると指摘している。

258A1-2　*ἐν* [*ἀρχῇ*] *ἀνδρὸς πολιτικοῦ συγγράμματι*　Yunis, Ryanと同様、Madvigに従う。*ἀρχῇ*は、A2の*πρῶτος*の意味についてのglossと考える。

258A5　*τὸν αὐτόν*　冠詞に注意。"his own self"（Yunis）. 皮肉のこもった大げさな表現である。

258D6　*Τίς οὖν ὁ τρόπος τοῦ καλῶς τε καὶ μὴ γράφειν;*　この問いをパイドロスが出すのは、"out of character"（de Vries）だという理由で、大多数の訳はこれを次のソクラテスの発言の最初に置いている。しかし、写本を離れる理由はないと考える。Cf. Ryan.

260C3-4　*γελοῖον ἢ δεινόν τε καὶ ἐχθρὸν εἶναι* [*ἢ φίλον*]　*γελοῖον καὶ φίλον ἢ δεινόν τε καὶ ἐχθρὸν*と読み、「ばかげていて親しみのある方が、恐ろしくて悪意のあるよりもよい」と訳する者が多いが、藤澤の指摘するように後者の場合に「悪意または故意によって説得するというようなことは、少しも言われていない」のであって、「両者の相違の重点は、動機よりもむしろ、一にかかって論じられることがらの重要性の程度、説得する人が及ぼす影響の範囲の大小という点にある」。*ἐχθρόν*の意味するところは、「悪意がある」という意図の問題ではなく、「実質的に敵となる」＝「重大な害悪をもたらす」ということである。「ばかげている方が、恐ろしくて（実質的に）敵であるよりもよい」。

263C3-5　*πρὸς ἑκάστῳ γιγνόμενον μὴ λανθάνειν ἀλλ' ὀξέως αἰσθάνεσθαι*　前半は、*μὴ λανθάνειν* [*ἑαυτὸν*] *πρὸς ἑκάστῳ γιγνόμενον*と考えた。*πρὸς*＋属格で、「〜のそばにいる」。249C参照。「それぞれのそばにいるのに気がつかないことがなく」。再帰代名詞を補うことについては、Liddell and Scott, s.v. *λανθάνω*, A. 2. b参照。藤澤は、*γιγνόμενον*と*λανθάνειν*を切り離し、後者を*αἰσθάνεσθαι*と並べて解釈し、「……一つ一つの事物にぶつかったとき、自分が話そうとすることがらが、そもそもどちらの種類に属するか気がつかずにいるようなことなく、……」と訳している。どちらも可能であろう。

264A5　*ἀπὸ τελευτῆς ἐξ ὑπτίας ἀνάπαλιν διανεῖν ἐπιχειρεῖ τὸν λόγον*　*ἐξ ὑπτίας*を、Liddell and Scott（s.v. *ὕπτιος*, III. 2）は、「逆向きに」という意味としている

（“*trace* the argument *backwards* from the conclusion”）が、*ἀνάπαλιν* と意味が重複する。Yunis らに従い、「仰向けに」“on his back” という意味に解釈する。背泳ぎである。

267B3-4　*ηὑρηκέναι* ..... *ὧν δεῖ λόγων τέχνην*　*ηὑρηκέναι τέχνην τῶν λόγων ὧν δεῖ* と解釈する。「必要とされている言論の技術を発見した」。

268A1-2　*ταῦτα δὲ* ..... *ἴδωμεν, τίνα καὶ πότ' ἔχει τὴν τῆς τέχνης δύναμιν*
Thompson らのように *ποτ'* と enclitic に読むとしても、*τίνα ταῦτα ἔχει τὴν τῆς τέχνης δύναμιν* という間接疑問文は読みにくい。それで Hackforth は *τῆς* を *τὰ* に変えて、“to see what power the art possesses, and when” と訳している。テクストを変えないとすれば、Ryan の言うように、*τίνα* には *ἐστί* を暗に補い、“see what they are and when they have the power of the art” と訳するのがよいのではないか。この後の吟味で「これら」は弁論の技術の予備的ことがらであるということになるのだから、「これらの正体は何か」という問いがここで出されるのは文脈に合う。本書では Ryan に従った。

268C1　*Ἔποι ἂν*　写本のとおりに読む。問題は単数になっていることであるが、二人の医者のうち、ここでパイドロスは自分の友であるエリュクシマコスのことだけを意識して単数になっていると解釈する。直後の悲劇作家の場合でも、最初はソポクレスとエウリピデスの二名が挙げられるが、269A ではソポクレス一人になっている。

268D4-5　*τὴν τούτων σύστασιν πρέπουσαν ἀλλήλοις τε καὶ τῷ ὅλῳ συνισταμένην*
二つの分詞は論理的には *τούτων* に一致するべきであるが、*σύστασιν* に *συνισταμένην* が一致する（同族目的語）のが自然なので、このようになっている。意味としては、「構成要素になるそれらのものが、お互いにそして全体とふさわしく（ふさわしいものとして）構成された、その構成」となるであろう。

269A5-C5　*Τί δὲ* ..... *Ἄδραστον οἰόμεθα ἢ καὶ Περικλέα* ..... *πότερον* ..... *ἂν εἰπεῖν* ..... *ἢ ἐπιπλῆξαι εἰπόντας· “Ὦ* ..... *λόγοις”;*　長い疑問文なので、最後の引用符の後に疑問符が必要である。

269B6　***ἀδύνατοι ἐγένοντο***　*γίγνομαι* は「〜になる」ではなく、「〜と判明する」。232C8 へのテクスト註参照。「不可能であるとわかった（としても）」。

270D6　***ἀριθμησαμένους***　写本は *ἀριθμησάμενος* であるが、主格は読みにくい。*ἀριθμησάμενον* との比較であるが、字句としてはどちらも同じ程度にありえると思われるが、意味は複数の方が読みやすい。

272A1　***οὗτός ἐστι καὶ αὕτη ἡ φύσις περὶ ἧς τότε ἦσαν οἱ λόγοι***　*οὗτος* と *αὕτη* を主語ととり、述語は *ἡ φύσις περὶ ἧς τότε ἦσαν οἱ λόγοι* と後者についてだけ言われていて、前者はそれに対応したものを暗に補う。「この人が（あのとき理論がかかわっていた人だ）、そして、この本性があのとき理論がかかわっていた本性だ」。

272A3　***ταῦτα δ' ἤδη***　apodotic な *δέ* であるが、藤澤の指摘するように、*ὅταν* の節と分詞句をつなぐ自然な働きをしている。

272B3-4　***δοκεῖ οὕτως; ἢ ἄλλως πως ἀποδεκτέον λεγομένης λόγων τέχνης;***　写本どおりに読むが、*οὕτως* の後の疑問符を保持する。その疑問符なしに続けて読むことも可能である。ただ、その場合 *οὕτως* と *ἄλλως* をどちらも *λεγομέμης* にかけることになるが、*δοκεῖ* に *εἶναι* などの不定法を暗に補わなければならないのが多少障害である。

272D3　***παντάπασι γάρ***　この文はこれだけで終わりである。この後、すでに述べたことが説明されるが、本体の文章はそれと同じことが言われるはずが、なくなってしまっている。"Original construction abandoned, after interposed clause, in favour of that of the interposed clause"（Riddell, p. 233）. 挿入句にあった *εἶπον* の構文を引き継いで *ὅτι* の節が続くことになり、その前に言われたことは破棄されている。

273D4　***δι' ὁμοιότητα τοῦ ἀληθοῦς***　ほぼすべての訳は、「真実との類似性が原因で」というものであるが、この箇所は 261E-262C ですでに詳しく行なった議論の内容を指して言われているので、内容的には「本当のことがらが相互にもつ類似性を利用することが原因で」という意味でなければならない（早瀬が的確に指摘している）。*τοῦ ἀλητοῦς* という単数の属格を *τῶν ὄντων*（cf.

262A5-8）という複数と同様の意味にとることが可能であると考える。

273E6-8　*ἀλλὰ τοῦ θεοῖς κεχαρισμένα μὲν λέγειν δύνασθαι, κεχαρισμένως δὲ πράττειν τὸ πᾶν εἰς δύναμιν* 藤澤は、最後の *τὸ πᾶν εἰς δύναμιν* を *μέν* ..... *δὲ* ..... で繋がれている「語り」と「行為」の両方にかけて訳している。しかし、*τὸ πᾶν* は、前半にかけるとすると限定の対格で、後半の *πράττειν* は目的語なしの用法とみなさなければならない。むしろ *τὸ πᾶν* は後半では *πράττειν* の目的語ととるのが自然である。本書では、大多数の訳に従い後半だけにかけた。「一方で神々に喜ばれることを語ることができ、そして、他方で何事もできるかぎり（神々に）喜ばれるような仕方でなすこと」。

275A4-5　*αὐτοὺς ὑφ' αὑτῶν ἀναμιμνῃσκομένους* 属格で言われるべきところが、対格になっている anacoluthon であるが、藤澤が指摘するように、A3 にある *παρέξει* によって緩和されている。

275A7-B1　*πολυγνώμονες εἶναι δόξουσιν* 大多数の訳は、「彼らは博識であると思われるだろう」であるが、Ryan の言うように、*δόξουσι* を「思う」（Liddell and Scott, s.v. *δοκέω*, I. 1）と取る方がよいのではないか。後の *δοξόσοφοι* には Liddell and Scott が “wise in one's own conceit” という訳を挙げているので、それにも合う。自分が知者だと思うから付き合いにくい者（*χαλεποὶ συνεῖναι*, B2）になるのである。「彼らは自分が博識だと思うようになるだろう」。

276D2　*ὅταν* [*δὲ*]　この *δὲ* は D6 から誤ってここに挿入されたと見られる。

276D5　*ὅταν* ⟨*δὲ*⟩　D2 へのテクスト註参照。

276E2-3　*τοῦ ἐν λόγοις δυναμένου παίζειν* ..... *μυθολογοῦντα* *μυθολογοῦντα* は属格の *μυθολογοῦντος* であるべきである。直前に *παίζειν* という不定法があるので、パイドロスの頭ではその意味上の主語として対格で出したのであろう。実際はその不定法は *δυναμένου* という属格の分詞にかかるものであることを忘れてしまったかのようである。“This Accusative arising from a mis-recollection of the Infinitive construction last preceding”（Riddell, p. 197）.

276E3-4　*πολὺ δ' οἶμαι καλλίων σπουδὴ περὶ αὐτὰ γίγνεται, ὅταν* .....　「それら（正

義など）についての真剣な努力が生じたならずっと美しい、それは～のときだ」という訳が多いが、ここでは *συπουδὴ περὶ αὐτὰ* を主語にして、それが *πολὺ καλλίων* になる（*γίγνεται*）のは次のとき（*ὅταν* .....）だ、と理解した。

278D9-E1 ***πρὸς ἄλληλα κολλῶν τε καὶ ἀφαιρῶν*** 後半に *ἀπ' ἀλλήλων* を暗に補う。Cf. Riddell, p. 218.

訳者略歴

脇條靖弘（わきじょう　やすひろ）
山口大学教授
一九六一年　大阪府生まれ
一九九一年　京都大学大学院文学研究科博士課程研究指導認定退学
二〇〇六年　山口大学講師、助教授を経て現職

主な著訳書

『イリソスのほとり――藤澤令夫先生献呈論文集』（共著、世界思想社）
マーク・L・マックフェラン『ソクラテスの宗教』（共訳、法政大学出版局）
アルビノス他『プラトン哲学入門』（共訳、京都大学学術出版会）

パイドロス　　西洋古典叢書　2018 第2回配本

二〇一八年七月十八日　初版第一刷発行

訳者　脇條靖弘（わきじょうやすひろ）

発行者　末原達郎

発行所　京都大学学術出版会

606-8315 京都市左京区吉田近衛町六九 京都大学吉田南構内
電話　〇七五-七六一-六一八二
FAX　〇七五-七六一-六一九〇
http://www.kyoto-up.or.jp/

印刷／製本・亜細亜印刷株式会社

ISBN978-4-8140-0171-2

定価はカバーに表示してあります

1　森谷宇一・戸高和弘・渡辺浩司・伊達立晶訳　　2800 円
2　森谷宇一・戸高和弘・渡辺浩司・伊達立晶訳　　3500 円
3　森谷宇一・戸高和弘・吉田俊一郎訳　　3500 円
4　森谷宇一・戸高和弘・伊達立晶・吉田俊一郎訳　　3400 円
クルティウス・ルフス　アレクサンドロス大王伝　谷栄一郎・上村健二訳　　4200 円
スパルティアヌス他　ローマ皇帝群像（全 4 冊・完結）
1　南川高志訳　　3000 円
2　桑山由文・井上文則・南川高志訳　　3400 円
3　桑山由文・井上文則訳　　3500 円
4　井上文則訳　　3700 円
セネカ　悲劇集（全 2 冊・完結）
1　小川正廣・高橋宏幸・大西英文・小林　標訳　　3800 円
2　岩崎　務・大西英文・宮城徳也・竹中康雄・木村健治訳　　4000 円
トログス／ユスティヌス抄録　地中海世界史　合阪　學訳　　5000 円
プラウトゥス／テレンティウス　ローマ喜劇集（全 5 冊・完結）
1　木村健治・宮城徳也・五之治昌比呂・小川正廣・竹中康雄訳　　4500 円
2　山下太郎・岩谷　智・小川正廣・五之治昌比呂・岩崎　務訳　　4200 円
3　木村健治・岩谷　智・竹中康雄・山澤孝至訳　　4700 円
4　高橋宏幸・小林　標・上村健二・宮城徳也・藤谷道夫訳　　4700 円
5　木村健治・城江良和・谷栄一郎・高橋宏幸・上村健二・山下太郎訳　　4900 円
リウィウス　ローマ建国以来の歴史（全 14 冊）
1　岩谷　智訳　　3100 円
2　岩谷　智訳　　4000 円
3　毛利　晶訳　　3100 円
4　毛利　晶訳　　3400 円
5　安井　萠訳　　2900 円
9　吉村忠典・小池和子訳　　3100 円

プルタルコス　モラリア（全 14 冊）
1　瀬口昌久訳　　3400 円
2　瀬口昌久訳　　3300 円
3　松本仁助訳　　3700 円
5　丸橋　裕訳　　3700 円
6　戸塚七郎訳　　3400 円
7　田中龍山訳　　3700 円
8　松本仁助訳　　4200 円
9　伊藤照夫訳　　3400 円
10　伊藤照夫訳　　2800 円
11　三浦　要訳　　2800 円
12　三浦　要・中村健・和田利博訳　　3600 円
13　戸塚七郎訳　　3400 円
14　戸塚七郎訳　　3000 円
プルタルコス／ヘラクレイトス　古代ホメロス論集　内田次信訳　　3800 円
プロコピオス　秘史　和田　廣訳　　3400 円
ヘシオドス　全作品　中務哲郎訳　　4600 円
ポリュビオス　歴史（全 4 冊・完結）
1　城江良和訳　　4200 円
2　城江良和訳　　3900 円
3　城江良和訳　　4700 円
4　城江良和訳　　4300 円
マルクス・アウレリウス　自省録　水地宗明訳　　3200 円
リバニオス　書簡集（全 3 冊）
1　田中　創訳　　5000 円
リュシアス　弁論集　細井敦子・桜井万里子・安部素子訳　　4200 円
ルキアノス　全集（全 8 冊）
3　食客　丹下和彦訳　　3400 円
4　偽預言者アレクサンドロス　　内田次信・戸高和弘・渡辺浩司訳　　3500 円
ロンギノス／ディオニュシオス　古代文芸論集　木曽明子・戸高和弘訳　　4600 円
ギリシア詞華集（全 4 冊・完結）
1　沓掛良彦訳　　4700 円
2　沓掛良彦訳　　4700 円
3　沓掛良彦訳　　5500 円
4　沓掛良彦訳　　4900 円

【ローマ古典篇】
アウルス・ゲッリウス　アッティカの夜（全 2 冊）
1　大西英文訳　　4000 円
アンミアヌス・マルケリヌス　ローマ帝政の歴史（全 3 冊）
1　山沢孝至訳　　3800 円
ウェルギリウス　アエネーイス　岡　道男・高橋宏幸訳　　4900 円
ウェルギリウス　牧歌／農耕詩　小川正廣訳　　2800 円
ウェレイユス・パテルクルス　ローマ世界の歴史　西田卓生・高橋宏幸訳　　2800 円
オウィディウス　悲しみの歌／黒海からの手紙　木村健治訳　　3800 円
クインティリアヌス　弁論家の教育（全 5 冊）

2　根本英世訳　　3000 円
クセノポン　小品集　松本仁助訳　　3200 円
クセノポン　ソクラテス言行録（全 2 冊）
1　内山勝利訳　　3200 円
セクストス・エンペイリコス　学者たちへの論駁（全 3 冊・完結）
1　金山弥平・金山万里子訳　　3600 円
2　金山弥平・金山万里子訳　　4400 円
3　金山弥平・金山万里子訳　　4600 円
セクストス・エンペイリコス　ピュロン主義哲学の概要　金山弥平・金山万里子訳　　3800 円
ゼノン他／クリュシッポス　初期ストア派断片集（全 5 冊・完結）
1　中川純男訳　　3600 円
2　水落健治・山口義久訳　　4800 円
3　山口義久訳　　4200 円
4　中川純男・山口義久訳　　3500 円
5　中川純男・山口義久訳　　3500 円
ディオニュシオス／デメトリオス　修辞学論集　木曽明子・戸高和弘・渡辺浩司訳　　4600 円
ディオン・クリュソストモス　弁論集（全 6 冊）
1　王政論　内田次信訳　　3200 円
2　トロイア陥落せず　内田次信訳　　3300 円
テオグニス他　エレゲイア詩集　西村賀子訳　　3800 円
テオクリトス　牧歌　古澤ゆう子訳　　3000 円
テオプラストス　植物誌（全 3 冊）
1　小川洋子訳　　4700 円
2　小川洋子訳　　5000 円
デモステネス　弁論集（全 7 冊）
1　加来彰俊・北嶋美雪・杉山晃太郎・田中美知太郎・北野雅弘訳　　5000 円
2　木曽明子訳　　4500 円
3　北嶋美雪・木曽明子・杉山晃太郎訳　　3600 円
4　木曽明子・杉山晃太郎訳　　3600 円
トゥキュディデス　歴史（全 2 冊・完結）
1　藤縄謙三訳　　4200 円
2　城江良和訳　　4400 円
ピロストラトス　テュアナのアポロニオス伝（全 2 冊）
1　秦　剛平訳　　3700 円
ピロストラトス／エウナピオス　哲学者・ソフィスト列伝　戸塚七郎・金子佳司訳　　3700 円
ピンダロス　祝勝歌集／断片選　内田次信訳　　4400 円
フィロン　フラックスへの反論／ガイウスへの使節　秦　剛平訳　　3200 円
プラトン　エウテュデモス／クレイトポン　朴　一功訳　　2800 円
プラトン　エウテュプロン／ソクラテスの弁明／クリトン　朴　一功・西尾浩二訳　　3000 円
プラトン　饗宴／パイドン　朴　一功訳　　4300 円
プラトン　ピレボス　山田道夫訳　　3200 円
プルタルコス　英雄伝（全 6 冊）
1　柳沼重剛訳　　3900 円
2　柳沼重剛訳　　3800 円
3　柳沼重剛訳　　3900 円
4　城江良和訳　　4600 円

西洋古典叢書　既刊全 131 冊（税別）

【ギリシア古典篇】

アイスキネス　弁論集　木曽明子訳　4200 円
アイリアノス　動物奇譚集（全 2 冊・完結）
　1　中務哲郎訳　4100 円
　2　中務哲郎訳　3900 円
アキレウス・タティオス　レウキッペとクレイトポン　中谷彩一郎訳　3100 円
アテナイオス　食卓の賢人たち（全 5 冊・完結）
　1　柳沼重剛訳　3800 円
　2　柳沼重剛訳　3800 円
　3　柳沼重剛訳　4000 円
　4　柳沼重剛訳　3800 円
　5　柳沼重剛訳　4000 円
アラトス／ニカンドロス／オッピアノス　ギリシア教訓叙事詩集　伊藤照夫訳　4300 円
アリストクセノス／プトレマイオス　古代音楽論集　山本建郎訳　3600 円
アリストテレス　政治学　牛田徳子訳　4200 円
アリストテレス　生成と消滅について　池田康男訳　3100 円
アリストテレス　魂について　中畑正志訳　3200 円
アリストテレス　天について　池田康男訳　3000 円
アリストテレス　動物部分論他　坂下浩司訳　4500 円
アリストテレス　トピカ　池田康男訳　3800 円
アリストテレス　ニコマコス倫理学　朴　一功訳　4700 円
アルクマン他　ギリシア合唱抒情詩集　丹下和彦訳　4500 円
アルビノス他　プラトン哲学入門　中畑正志編　4100 円
アンティポン／アンドキデス　弁論集　高畠純夫訳　3700 円
イアンブリコス　ピタゴラス的生き方　水地宗明訳　3600 円
イソクラテス　弁論集（全 2 冊・完結）
　1　小池澄夫訳　3200 円
　2　小池澄夫訳　3600 円
エウセビオス　コンスタンティヌスの生涯　秦　剛平訳　3700 円
エウリピデス　悲劇全集（全 5 冊・完結）
　1　丹下和彦訳　4200 円
　2　丹下和彦訳　4200 円
　3　丹下和彦訳　4600 円
　4　丹下和彦訳　4800 円
　5　丹下和彦訳　4100 円
ガレノス　解剖学論集　坂井建雄・池田黎太郎・澤井　直訳　3100 円
ガレノス　自然の機能について　種山恭子訳　3000 円
ガレノス　身体諸部分の用途について（全 4 冊）
　1　坂井建雄・池田黎太郎・澤井　直訳　2800 円
ガレノス　ヒッポクラテスとプラトンの学説（全 2 冊）
　1　内山勝利・木原志乃訳　3200 円
クセノポン　キュロスの教育　松本仁助訳　3600 円
クセノポン　ギリシア史（全 2 冊・完結）
　1　根本英世訳　2800 円